会计岗位综合实训

（第二版）

隋秀娟 何 丽 徐晓静 主编

上海财经大学出版社

图书在版编目(CIP)数据

会计岗位综合实训/隋秀娟,何丽,徐晓静主编. —2版. —上海:上海财经大学出版社,2016.2
ISBN 978-7-5642-2356-4/F·2356

Ⅰ.①会… Ⅱ.①隋… ②何… ③徐… Ⅲ.①会计学-高等学校-教材 Ⅳ.①F230

中国版本图书馆 CIP 数据核字(2016)第 016670 号

□ 责任编辑　何苏湘
□ 封面设计　张克瑶

KUAIJI GANGWEI ZONGHE SHIXUN
会 计 岗 位 综 合 实 训
(第二版)
隋秀娟　何　丽　徐晓静　主编

上海财经大学出版社出版发行
(上海市武东路 321 号乙　邮编 200434)
网　　址:http://www.sufep.com
电子邮箱:webmaster@sufep.com
全国新华书店经销
上海华教印务有限公司印刷装订
2016 年 2 月第 2 版　2016 年 2 月第 1 次印刷

787mm×1092mm　1/16　30.25 印张　399 千字
印数:5 901—9 900　定价:48.00 元

前　言

近年来,会计人才市场上出现了"用人单位找不着所需的会计人员,会计专业毕业生找不到理想的会计工作岗位"的现象,问题出在哪里？人才需求方往往在招聘时十分关注所需人才是否能够胜任会计岗位,以降低培训成本。作为培训方的职业院校,改革传统的教育理念、教学方法、教学模式等势在必行。《会计岗位综合实训》课程组教师在进行大量市场调研的基础上,结合最新的财税法规的变化,在第一版教材编写体例的基础上进行了修订。

本教材在结构设计上分为两部分:第一部分是会计分岗位实训,围绕出纳、资金、存货、固定资产、职工薪酬、财务成果、总账报表7个会计核算岗位开展分岗实训;第二部分是会计综合岗位实训,主要结合目前教育部开展的会计职业技能竞赛项目展开的模拟实训。通过这两部分的实训,使学生在掌握必要的相关会计岗位工作的同时,将技能竞赛融入到教学中来。

本教材配有电子教案、教学课件以及部分视频,把课程改革的主线贯穿其中,遵循了学生的认知成长和能力发展规律,使学生在"教、学、做"中形成完整的工作思维。

本教材是山东省省级精品课程配套教材,由隋秀娟、何丽、徐晓静主编。在教材开发过程中,得到了行业企业专家的大力支持与帮助,上海财经大学出版社的何苏湘副编审也付出了辛勤汗水,提出了宝贵的修改意见,在此一并表示感谢。

由于水平有限,书中难免有疏漏和不当之处,敬请读者在使用过程中提出修改意见和建议,以不断修改完善。

编　者

2015年12月

目　录

前言 …………………………………………………………………………………（1）

会计分岗位实训

实训一　出纳岗位实训 ……………………………………………………………（3）

实训二　资金核算会计岗位实训 …………………………………………………（51）

实训三　存货会计岗位实训 ………………………………………………………（73）

实训四　固定资产会计岗位实训 …………………………………………………（99）

实训五　职工薪酬会计岗位实训 …………………………………………………（133）

实训六　财务成果会计岗位实训 …………………………………………………（157）

实训七　总账报表会计岗位实训 …………………………………………………（195）

会计综合岗位实训

实训八　会计综合岗位实训 ………………………………………………………（239）

参考答案 ……………………………………………………………………………（385）

会计分岗位实训

实训一

出纳岗位实训

【实训目标】
- 了解出纳岗位的职责;
- 完成银行支付结算业务、现金收付款业务相关单据的填制;
- 正确编制银行存款余额调节表;
- 正确登记库存现金日记账、银行存款日记账;
- 明确现金的使用及报销的操作流程。

【技能要求】
- 认识各种银行结算原始凭证;
- 能准确填写支票、借据、差旅费报销单等原始凭证;
- 能正确编制与收付款业务有关的记账凭证;
- 完成日记账的登记工作。

【实训准备】
- 参阅《现金管理暂行条例实施细则》(1988年9月12日中国人民银行发布)、《支付结算办法》(银发[1997]393号)、《中华人民共和国票据法》(1995年5月10日第八届全国人民代表大会常务委员会第十三次会议通过)等法规;
- 参考"中华会计网校"(www.chinaacc.com)、"无忧会计"(www.51kj.com.cn)等网站;
- 准备好多媒体设施、实物展台等教学设施;
- 分配空白的记账凭证、空白的现金日记账、银行存款日记账、银行存款余额调节表等实训物资。

【实训指导】

流程一 了解银行存款账户的性质

企业进行货币资金结算业务,必须开立银行存款账户。根据《银行账户管理办法》的规定,企业的银行存款账户分为基本存款账户、一般存款账户、临时存款账户和专用存款账户。

基本存款账户是存款人办理日常转账结算和现金收付的账户。存款人的工资、奖金等现金的支付，只能通过本账户办理。基本存款账户是存款人的主办账户。存款人可以自主选择银行，银行也可以自愿选择存款人。但一个企业只能选择一家银行的一个营业机构开立一个基本存款账户，不得在多家银行机构开立基本存款账户。基本存款账户的开立、变更、撤销应通过中国人民银行行政许可。

一般存款账户是存款人在基本存款账户以外的银行借款转存、与基本存款账户的存款人不在同一地点的附属非独立核算单位开立的账户。存款人可以通过此账户办理转账结算和现金缴存，但不能办理现金支付。在基本存款账户以外的银行取得借款的单位和个人可以申请开立一般存款账户，必须向开户行出具借款合同或借款借据；与基本存款账户的存款人不在同一地点的附属非独立核算单位开立一般存款账户，必须向开户行出具基本存款账户的存款人同意开户的证明。企业不得在同一家银行的几个分支机构开立一般存款账户，且基本存款账户与一般存款账户不得开立在同一个营业机构。

临时存款账户是存款人因临时经营活动需要开立的账户。存款人可以通过此账户办理转账结算和根据国家现金管理的规定办理现金收付。外地临时机构申请开立临时存款账户时，应当出具当地工商行政管理机关核发的临时执照或者出具当地有关部门同意设立外来临时机构的批件。临时存款账户（不含因注册验资、增资）的开立、变更、撤销应通过中国人民银行行政许可。临时存款账户支取现金，应按照国家现金管理的规定办理。

专用存款账户是存款人因特定用途需要开立的账户。特定用途的资金包括基本建设资金、更新改造资金、其他特定用途需要专户管理的资金。存款人申请开立时应出具经有关部门批准立项的文件或国家有关文件的规定。

流程二 常用银行结算业务

银行结算方式种类很多，在此仅介绍企业常用的支票、银行承兑汇票、汇兑等结算业务。

一、支票的领购与使用

（一）领购支票

企业在向其开户银行购买支票时，应填写一式三联"票据和结算凭证领用单"（由各行自制），填写单位的名称、账号、所购买支票的类型、数量、金额，并在第二联上加盖预留银行签章（如财务专用章和法人章）。在申购人栏填写名字、身份证号码，交给银行职员办理即可（须出示身份证办理）。经银行核对填写正确、签章相符，收取支票工本费和手续费，领购人在签收登记簿上签收后，便可以领取支票。

银行发售支票，每个账户一般一次一本，业务量大的可以适当放宽。银行在出售时应在每张支票上加盖本行行号和存款人账号，并记录支票号码。预留银行签章是银行审核支票付款的依据，客户也可以和银行约定在支票上使用支付密码，作为银行审核支付支票金额的条件。

（二）填写支票（主联）

1. 出票日期必须大写。如出票日为2010年8月5日，应填写"贰零壹零年零捌月零伍日"。月份和日的填写具体如下：(1)"月份"的填写：壹月、贰月前"零"字必须写，叁月至玖月前零字可写可不写。拾月至拾贰月必须写成"壹拾月"、"壹拾壹月"、"壹拾贰月"（前面多写了

"零"字也认可,如零壹拾月)。(2)"日"的填写:壹日至玖日前必须加"零"字,拾日至拾玖日必须写成"壹拾日"或"壹拾×日"(前面多写了"零"字也认可,如零壹拾伍日)。

2. 收款人应全称填写:(1)现金支票收款人可填写本单位名称,此时现金支票背面"被背书人"栏内加盖本单位的财务专用章和法人章,之后收款人可凭现金支票直接到开户银行提取现金。(2)现金支票收款人可填写收款人个人姓名,此时现金支票背面不盖任何章,收款人在现金支票背面填上身份证号码和发证机关名称,凭身份证和现金支票签字领款。(3)转账支票收款人应填写收款单位名称,转账支票背面本单位不盖章。收款单位取得转账支票后在支票背面被背书栏内加盖收款单位财务专用章和法人章,填写好银行进账单后连同该支票交给开户银行,委托银行收款。

3. 付款行名称、出票人账号:即本单位开户银行名称及银行账号,账号小写。

4. 人民币(大写):必须顶头写,数字大写书写方法为零、壹、贰、叁、肆、伍、陆、柒、捌、玖、亿、万、仟、佰、拾。注意:"万"字不带单人旁。"正"写为"整"字也可以,不能写为"零角零分","角"字后面可加"正"字,但不能写"零分",比较特殊。

5. 人民币小写:最高金额的前一位空格用"￥"字打头,数字填写要求完整清楚。

6. 用途:(1)现金支票有一定限制,一般填写"备用金"、"差旅费"、"工资"、"劳务费"等。(2)转账支票没有具体规定,可填写如"货款"、"代理费"等。

7. 盖章:支票正面盖财务专用章和法人章,缺一不可,印泥为红色,印章必须清晰,印章模糊必须将本张支票作废,换一张重新填写,重新盖章,反面盖章同"2. 收款人"一致。

8. 常识:(1)支票正面不能有涂改痕迹,否则本支票作废;(2)受票人如果发现支票填写不全,可以补记,但不能涂改;(3)支票的有效期为10天,日期首尾算一天,节假日顺延;(4)支票见票即付,不记名;(5)出票单位现金支票背面印章模糊,在空白处重新盖一次;(6)收款单位转账支票背面印章模糊,应退回出票单位重开。

(三)使用支票

1. 现金支票的使用:签发现金支票不得低于银行规定的金额起点,起点以下的用库存现金支付。支票金额起点为1 000元,但结清账户时,可不受其起点限制。用公司的支票提取现金,公司须按规定用途使用,收款人为本公司的名称,金额大小写要一致,小写处要封顶,如果是100元,就要在千字位上写"￥"。用途栏要写明用途,检查完,盖印鉴(即预留在银行的财务专用章和法人章),支票背面再盖印鉴,写上提款人的姓名、身份证号、日期,银行验收完毕,按现金支票金额提取现金。另外,存根要撕下来给会计作为记账的凭据。收到现金支票后不用提现可以直接解缴银行(现金支票不能转账,转账支票不能取现),但要在现金支票收款人背书后才能解缴。

2. 转账支票的使用:由于现金使用的局限性,所以企业在业务往来中,经常使用支票划转款项。有时候担心钱划到对方账户,但是对方不发货而受骗,这种情况下可以采用以下方法:直接办理转账支票,如果对方不发货,可于出票后第二天早上到银行柜台办理挂失,挂失后已办理的转账支票作废。

采用支票结算方式,收款单位对于收到的支票,应及时填制进账单连同支票送存银行,根据银行盖章退回的进账单第一联和第三联编制收款凭证;付款单位对于付出的支票,应根据支票存根和有关原始凭证及时编制付款凭证。

二、银行承兑汇票的签发与使用

(一)签发汇票

银行承兑汇票是商业汇票的一种,是出票人签发的,委托付款人在指定日期无条件支付确定金额给收款人或持票人的票据。付款期限由交易双方商定,但最长期限不能超过6个月。

采用银行承兑汇票方式的,企业需要携带贷款卡、购销合同、采购发票等票据到银行办理(初次办理银行承兑汇票,还需要提供企业营业执照等基本证件复印件),根据企业授信情况,提供担保或存入保证金(对于授信企业,只需提供不动产抵押,视企业销售情况,为企业提供相应承兑金额;对于非授信企业,要按承兑金额的100%存入保证金,待票据承兑金额收回后,银行退回保证金)。以上手续办理完毕,即可签发银行承兑汇票(有机打和手写两种)。办理银行承兑汇票,企业需支付工本费以及手续费等费用。

(二)使用汇票

收款单位将要到期的银行承兑汇票连同填制的邮划或电划委托收款凭证,一并送交银行办理转账,根据银行的收账通知,编制收款凭证;付款单位在收到银行的付款通知时,据以编制付款凭证。收款单位将未到期的商业汇票向银行申请贴现时,应按照规定填制贴现凭证,连同汇票一并送交银行,根据银行的收账通知,据以编制收款凭证。使用银行承兑汇票应注意:在银行开立存款账户的法人以及其他组织之间,必须具有真实的交易关系或债权债务关系才能使用。

三、汇兑的流程及使用

(一)汇兑的流程

汇兑是汇款人委托银行将其款项支付给收款人的结算方式,按汇款凭证传递的方式是邮寄还是电报分为信汇和电汇,适用范围十分广泛。主要程序是:汇款人按要求签发汇兑凭证;汇出行受理汇兑凭证;传递汇兑凭证到汇入行;汇入行审核并办理手续。汇兑在一定条件下可以办理撤销和退汇。

(二)汇兑的使用

采用汇兑结算方式,汇款单位应先填写汇款委托书,信汇一式四联,电汇一式三联,并在信、电汇凭证第二联上加盖预留银行印鉴。汇兑凭证上必须填明下列事项:表明"信汇"和"电汇"的字样;无条件支付的委托;确定的金额;收款人名称;汇入地点与汇入行名称;汇出地点与汇出行名称;委托日期;汇款人签章。汇兑凭证上缺少上述任何一项记载,银行不予受理。如汇款人在银行开立存款账户的,必须记载其账号,否则银行不予受理。

汇出行受理汇款人的信、电汇凭证后,按规定进行审核;审核无误后即可办理汇款手续,在第一联上加盖"转讫"章退给汇款单位,并按规定收取手续费;汇款单位根据银行退回的信、电汇凭证第一联,根据不同情况编制记账凭证。汇款单位开户银行受理后将回单联退回汇款单位,并将款项划转收汇银行,收汇银行将汇款收进收款单位或个人存款账户后,将汇款委托书收款通知联转交收款单位或个人办理收款手续。收款个人可根据证明文件,提取少量现金,其余均通过转账结算。办理信、电汇,每笔业务银行收取0.5元的手续费。通过电子汇划系统的,每笔业务金额在10 000元以下的,按每笔5元收取汇划费;每笔业务金额在10 000~100 000元的,按每笔10元收取汇划费;每笔业务金额在100 000~500 000元的,按每笔15元收取汇划费;每笔业务金额在500 000~1 000 000元的,按每笔20元收取汇划费;每笔业务金额在1 000 000元以上的,按0.2‰但最高不超过200元收取汇划费。汇划财政金库、救灾、抚恤金不收取汇划费,只收取手续费。汇划职工工资、退休金、养老金,按每笔2元收取汇划费。如收取上述汇划费,则不再收取邮费、电报费。如需加急计时业务,则在上述收费标准基数基础上加收30%的汇划费。银行按规定从账户中扣收手续费。财务部门根据银行盖章退回的汇款凭证第一联编制银行存款付款凭证,借记"财务费用",贷记"银行存款"。

信、电汇回单只能用作汇出银行受理汇兑业务的依据,而不是收款单位的入账通知,即不能作为该笔汇款已转入收款人账户的证明。由收款人开户银行交给收款人的加盖转讫章的信汇凭证第四联作为款项已汇到收款单位账上的收账通知。由收款人开户银行加盖转讫章的电划贷方补充报单是收款单位电汇入账通知。

流程三　现金收付款业务

一、现金收付款业务操作程序

出纳员在办理现金收付款业务时,一般应按下列程序办理:

首先,审查现金收、付凭证及其所附的原始凭证,检查应填项目是否填写齐全、清楚,两者内容是否一致。对内容不完整、审批手续不完善、原始单据不齐备的现金收付款业务,出纳人员有权拒绝办理。

其次,依据现金收款原始凭证的金额清点现金,先点大额票面金额数,再点小额票面金额数。在点数的过程中,一般应边点数、边在算盘或计算器上加计金额,点数完毕,算盘或计算器上的数字,应与所点数额及现金收、付原始凭证上的金额相一致。需要注意的是:在点数过程中,对于成捆、成把现钞上原有的封签、封条和封纸,应暂时保存,点数无误后方可扔掉。

再次,办理具体的现金收付款手续。经办人在收、付凭证上签字后,出纳人员才能收付款项,并当面点清。收、付款项办理完毕,出纳人员在收、付款凭证上加盖"现金收讫"、"现金付讫"及出纳员名章戳记,对报销的附件加盖"附件"戳记,交会计人员编制会计凭证。

最后,出纳人员根据会计人员填制的内容完整、手续齐全的现金收付凭证,按照业务发生的顺序逐笔登记"库存现金日记账";每日终了,出纳人员应计算当日库存现金收入、支出合计数和结存数,并同库存现金实存额核对,做到账实相符,日清月结。

二、一般业务报销流程

经办人填制报销单→部门负责人签字→财务部审核单证→分管领导签字→财务部报账。即报账时由经办人填制公司统一的报销单,由部门负责人审核签字后交所属财务部审核单证,财务审核后报公司分管领导签字批准,领导审批后再交财务部据以报账。

财务部审核要点:有关单证是否真实、合法、完整,审批手续是否完备、合规,与有关合同、预算是否相符等。如属实物购进(包括办公用品等)是否有收货人签名,原材料、包装材料等是否有入库单、本单位质检部门检验合格证明等凭据;固定资产、低值易耗品的验收人签名、存放地点和使用责任人是否填写清楚等。财务部审核无误后方予以报账并结算原借款或补足备用金。

三、差旅费用报销流程

公司员工因公出差,事先应填报公司统一印制的"出差申请单",说明出差事由、时间、地点、路线、交通方式等内容,经部门领导同意,公司领导批准后才能离开公司。差旅费的借支金额严格按公司的费用报销标准和出差申请(写明出差地点和时间、任务等)计算的往返交通费、食宿费以及批准的专项费(如定额的会议费、专用业务费等)等费用需用额预计。

差旅费报账程序如下:出差人员按规定填制"差旅费"报销单,将有关单证按财务部要求粘贴整齐附后;将填写完整、附件齐全的出差报销单报本部门领导审查签字;交财务部按公司规定审核单证是否合规完整;一般报公司分管领导审批签字,超限额费用同时报公司总经理审批签字;返回财务部报账。凡借支款有剩余的,报账时要将剩余的现金一并交财务部销账。

流程四　库存现金日记账、银行存款日记账的登记

一、库存现金日记账、银行存款日记账的设立与登记

企业设置"现金日记账"必须采用订本式账簿,一般为三栏式账页格式,由出纳人员根据库存现金收付款凭证,按照业务发生顺序逐笔登记。每日终了,应当计算当日的现金收入合计数、现金支出合计数和结余数,并将结余数与实际库存数核对,做到随时发生随时登记,日清月结,账款相符。有外币现金的企业,应当分别人民币和各种外币设置"现金日记账"进行明细核算。

企业应按开户银行和其他金融机构、存款种类等,分别设置"银行存款日记账"。"银行存款日记账"必须采用订本式账簿,一般为三栏式账页格式,由出纳人员根据银行存款收付款凭证,按照业务的发生顺序逐笔登记,每日终了应结出余额。有外币存款的企业,应当分别依据人民币和各种外币设置"银行存款日记账"进行明细核算。

二、库存现金日记账和银行存款日记账期末结账

库存现金日记账和银行存款日记账必须每日结出余额。结账前,必须将本期内所发生的各项经济业务全部登记入账。结账时,应当结出每个账户的期末余额。需要结出当月发生额的,应当在摘要栏内注明"本月合计"字样,并在下面通栏划单红线。需要结出本年累计发生额的,应当在摘要栏内注明"本年累计"字样,并在下面通栏划单红线;12月末的"本年累计"就是全年累计发生额。全年累计发生额下面应当通栏划双红线。年度终了结账时,结出全年发生额和年末余额。年度终了,要把余额结转到下一个会计年度,并在摘要栏注明"结转下年"字样;在下一个会计年度新建有关会计账簿的第一行余额栏内填写上年结转的余额,并在摘要栏注明"上年结转"字样。

流程五　货币资金的清查

一、库存现金的清查

(一)库存现金清查的要求

1. 在库存现金清查前,必须将所有的库存现金业务登记入账,从而使库存现金清查具有

准确的依据。

2. 库存现金清查的时间一般以一天业务开始前或一天业务结束后为宜。这样可以方便清查工作，避免由于业务中库存现金的流入和流出给库存现金清查带来的不便。

3. 库存现金清查方式一般以突击检查为好，从而使清查工作具有一般性，能够及时地发现问题。

4. 库存现金清查必须要有出纳人员在场。出纳人员负责每日清点库存现金实有数额，并与库存现金日记账的余额进行核对。因此，在专门的清查人员进行库存现金清查时，作为相关责任人的出纳人员应该在场。

(二)库存现金清查的程序

现金的保管是企业一项重要的财务安全管理工作，出纳员每天下班前一定要将超库存现金送存银行，定额现金锁在保险柜中，保险柜密码不得告知他人。不得将现金私自带回家或存放在他处，不得挪用现金。

对库存现金清查的最基本方法是实地盘点法，即逐张查点现钞确定现金实存数，然后将其与现金日记账的账面余额进行核对，以查明账实是否相符。库存现金清查包括出纳员每日终了进行的账实核对自查，以及清查小组定期或不定期的检查。

1. 库存现金的日常清查

每日业务终了，出纳员将超库存现金限额的现金送存银行，定额现金锁在保险柜中。出纳员再将现金日记账的账面余额与库存现金的实存数进行核对，做到账实相符。

2. 清查小组专门清查库存现金的程序：(1)出纳员将未入账的收付单据及时登账，结出当日现金日记账余额。(2)清查小组清点现金。清查人员要认真审核收付款凭证和账簿记录，检查经济业务是否符合库存现金管理规定的相关内容，清查人员特别要注意检查企业是否以"白条"或"借据"抵充库存现金。(3)库存现金盘点结束后，应根据清查人员盘点的结果，填制"库存现金盘点报告表"。"库存现金盘点报告表"是重要的原始凭证，它具有实物财产清查的"盘存单"的作用，又有"实存账存对比表"的作用。"库存现金盘点表"填制完毕，应由盘点人员和出纳员共同签章方能生效。(4)如果清查中出现账实不符的情况，应及时找出导致账实不符的原因，并进行相应的会计处理。

二、银行存款清查的流程

(一)银行存款清查的具体步骤

银行存款的清查应当采用对账单法，也就是将企业银行存款日记账的记录同银行送来的对账单逐笔进行核对，以确定双方银行存款账簿收入、支出及其余额记录是否正确的一种方法。

1. 企业将清查日为止所有银行存款的收、付款业务全部登记入账，对发生的错账、漏账应及时查清更正。

2. 清查人员仔细检查、核对银行存款日记账与银行对账单。银行对账单是银行记录企业在银行存取款的明细账的复写联，由银行定期送交企业进行账目核对。

3. 确认是否存在未达账项。未达账项是指在企业和银行之间由于会计凭证传递时间的不同，造成双方在记账上的不一致，即一方已接到有关结算凭证并已经登记入账，而另一方由于尚未接到有关结算凭证尚未入账的款项。当产生未达账项时，应该通过编制银行存款余额调节表对未达账项进行调整。

(二)银行存款余额调节表的编制方法

企业应定期(至少每月一次)将银行存款日记账与银行对账单进行核对。银行对账单是银行记录企业在银行存取款的明细账的复写联,由银行定期送交企业进行账目核对。一张银行对账单,经管人应在3日内核对完毕,每月编制一次银行存款余额调节表,会计主管人员每月至少检查一次,并写出书面检查意见。

在同银行核对账目之前,应先详细检查本单位银行存款日记账的正确性和完整性,再根据银行送来的对账单逐笔核对。但是,即使银行对账单上的存款余额与本单位银行存款日记账上的存款余额都没有错误,也可能会出现不一致的情况,这是由于发生未达账项造成的。如发现有未达账项,应据以编制未达账项调节表,以便检查双方的账面余额。

【实训材料】

一、银行结算凭证的实训

(一)企业银行结算业务相关资料

威海锦尚服装有限公司 2010 年 7 月发生如下银行结算业务:

1. 7 月 2 日,企业出纳员马亮购买转账支票(起止号为 02633405~02633429)、现金支票(起止号为 03168631~03168655)各一本。支票每本 25 张,每张 0.8 元(其中:手续费 0.6 元、工本费 0.2 元)。出纳员马亮填写票据和结算凭证领用单(如表 1—1 所示),银行办理业务,出具收费凭证(如表 1—2 所示)。

2. 7 月 8 日,公司开出汇款凭证一张,用于预付给厦门南方纺织品有限公司购进尼龙绸一批,出纳填制境内汇款申请书(如表 1—3 所示),银行开具人民币汇款/托收贷记通知(如表 1—4 所示)。

3. 7 月 9 日,公司从威海兰花服装辅料有限公司购进纽扣一批,增值税专用发票及企业签发的转账支票如表 1—5、表 1—6 所示,料暂未收到。

4. 7 月 10 日,公司从威海科星电脑公司购买办公用电脑 2 台,单价 4 000 元(不含税)。出纳开出 3 个月期的银行承兑汇票一张支付货款。购货发票、银行承兑汇票、银行承兑协议(编号为 001)如表 1—7、表 1—8、表 1—9 所示。

5. 7 月 25 日,公司向威海华绢服装贸易公司销售风衣 20 件,每件 480 元,开具的增值税专用发票如表 1—10 所示,根据收到的转账支票填写银行进账单(如表 1—11、表 1—12、表 1—13所示)。

(二)实训要求

1. 根据企业相关资料完成表 1—1、表 1—8、表 1—9 的填制。
2. 根据原始凭证,编制相关记账凭证。

表1—1　　　　　　　　中国工商银行票据和结算凭证领用单

客户名称：　　　　账号：　　　　　　　　　领用日期：　　　年　月　日

名称	代码	号码 起	号码 止	单位	数量	金额 万 千 百 十 元 角 分								
													第一联　回执联交领用单位(人)
合计人民币(大写)				小写合计									

（预留印鉴）

复核　　　　　　　　记账　　　　　　　　　领用人签字

注联次说明：

第一联 回执联交领用人单位(人)；第二联 银行作借方记账传票(此联要加盖企业预留的财务公章和法人章)；第三联 银行作贷方记账传票；第四联 银行作表外付出传票附件。

表1—2

中国工商银行

收　费　凭　证

2010 年 07 月 02 日

付款单位名称：	账号：	客户签章：
摘要：		

银行专用栏：

交易码：0017　　　　　　交易日期：20100702
任务号：0812257363110135100356　　柜台交易号：73631101350182
账号：7363110182800004410
付款名称：威海锦尚服装有限公司
公司结算业务手续费收入：　　30.00
工本费收入：　　　　　　　　10.00

　　　　　　　　　合计金额：40.00
摘要：售重空 04 起 2633405 止 2633429；05 起 3168631 止 3168655

中国工商银行威海分行
2010.07.02
转讫
(10)

第二联　客户留存

会计主管　　　　　　复核(授权)人　　　　　　柜员　刘林

表 1-3

中国工商银行

境内汇款申请书

鲁中 1109（三联）

请将下述款项用以下方式汇出：

委托日期：2010 年 07 月 08 日　　□ 实时汇划
业务编号：B245412709000765　　□ 普通汇款
　　　　　　　　　　　　　　　　□ 同业汇款 NO：HK 10201430

汇款申请人	全　称	威海锦尚服装有限公司	收款人	全　称	厦门南方纺织品有限公司	银行打印
	账　号	7363110182800004410		账　号	9522105540000001088	汇款金额：CN¥2 000.00
	汇款人地址	山东省(区)威海市(县)		汇入人地址	福建省(区)厦门市(县)	手续费：CN¥5.50
	汇出行名称	工行威海分行		汇入行名称	中行湖里支行	
客户填写	身份证件号		扣账方式	□转账　□现金　□其他	电子汇划费：(邮费)
	金额(货币大写)	贰仟元整		亿千百十万千百十元角分 ¥ 2 0 0 0 0 0	
	汇款用途	货款	支付密码：	总金额：CN¥5.50
	汇款人联系电话	0631－5892888			
	收款人联系电话	0592－5665426	（银行转讫章/现讫章：）	汇率：

中国工商银行威海分行
2010.07.08
转讫
(10)

业务主管：　　　　复核：　　　　经办：刘林

第三联　客户付款通知

表 1-4

人民币汇款/托收贷记通知
国内汇出汇款证实书——客户汇款

鲁中 1111（二联）

业务编号　B245412709000765
交易日期　2010/07/08

相关业务编号　　　　　　　　　　记账状态　W 经办
汇款货币　001　汇款金额 2 000.00　　人民币　贰仟元整　　　汇率
到账时间　1 普通　　　　　　　　　　外汇表示　0　现汇

汇款账号一　7363110182800004410　　支出金额一　2 000.00
汇款账号二　　　　　　　　　　　　　支出金额二
费用账号　7363110182800004410　　　手续费 0.5　　　邮电费 5.00
汇款人名　称　威海锦尚服装有限公司
　　　　地　址
　　　　开户行　中国工行银行威海分行
中间行
收款人开户行　44484　开户行账号
　　　行　名　中行湖里支行
　　　账　号　9522105540000001088
　　　名　称　厦门南方纺织品有限公司
　　　地　址
摘要　钞汇标识　　0　现汇　　　　　汇款用途　货款
　　　　复核：部门 GG　　经办：交易柜员 JFB5　　转讫/现讫章：

中国工商银行威海分行
2010.07.08
转讫
(10)

第二联　客户回单作收账通知

表1-5

山东省增值税专用发票

3700062620

校验码：05698 73827 37924 34420　　　　　　　开票日期：2010 年 7 月 9 日

购货单位	名　　称：威海锦尚服装有限公司 纳税人识别号：370620795309888 地　址、电　话：威海市文化东路58号，0631-5892888 开户行及账号：工行威海分行：7363110182800004410	密码区	—9/>>/<6/66*033*—28+— +4—16710228 * 9—19—— + >*8719<16625268/0>> 6*7532926<078+593 — //61	加密版本：01 3700062620 06694787

货物或应税劳务名称	规格型号	单位	数量	单价	金　额	税率	税额
纽扣	6G 铜黑	个	1 000	12.00	12 000.00	17%	2 040.00
合计					12 000.00		2 040.00

价税合计（大写）	⊗壹万肆仟零肆拾元整	（小写）¥14 040.00

销货单位	名　　称：威海兰花服装辅料有限公司 纳税人识别号：371002741110089 地　址、电　话：威海市谷寨西路26号，0631-5811237 开户行及账号：农业银行环翠支行：560101040010886	备注	

收款人：于艳　　　　复核：　　　　开票人：于艳　　　　销售单位盖章：

第二联：发票联　购货方记账凭证

表1-6

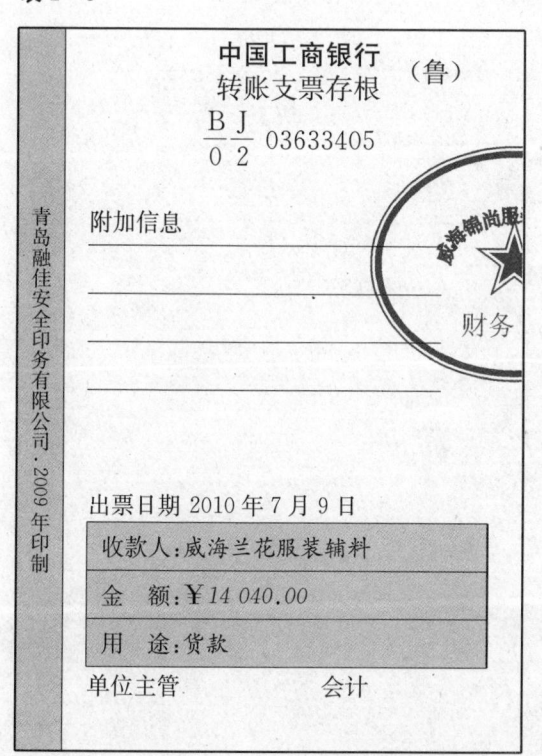

中国工商银行（鲁）
转账支票存根
B J
0 2　03633405

附加信息

出票日期 2010 年 7 月 9 日

| 收款人：威海兰花服装辅料 |
| 金　额：¥14 040.00 |
| 用　途：货款 |

单位主管　　　　会计

青岛融佳安全印务有限公司·2009年印制

表1-7

山东省增值税专用发票

3700081620

校验码：50918 58662 37924 13128

开票日期：2010 年 7 月 10 日

购货单位	名　　称：威海锦尚服装有限公司 纳税人识别号：370620795309888 地址、电话：威海市文化东路58号，0631-5892888 开户行及账号：工行威海分行：7363110182800004410	密码区	2171-*+<6/66*033*-28+- +4-16710228*9-19--+ >*8719<16625-/268/06* 7532926<078+593>>/71	加密版本：01 3700081620 01914596

货物或应税劳务名称	规格型号	单位	数量	单价	金额	税率	税额
清华同方微机	超越200	台	2	4 000.00	8 000.00	17%	1 360.00
合计					8 000.00		1 360.00

价税合计（大写）　⊗玖仟叁佰陆拾元整　　　　　　　（小写）¥9 360.00

销货单位	名　　称：威海科星电脑公司 纳税人识别号：371002778415100 地址、电话：威海市奈古山路2号，0631-3667766 开户行及账号：商行西城区支行：8700013090001818	备注	（威海科星电脑公司 税号371002778415100 发票专用章）

收款人：江月波　　　复核：史权　　　开票人：江月波　　　销售单位盖章：

第二联：发票联　购货方记账凭证

表1-8

银行承兑汇票　　3

出票日期（大写）　　　年　　月　　日　　　　　　　　汇票号码 05071201

出票人全称					收款人	全称	
出票人账号						账号	
付款人全称		行号				开户行	行号

出票金额	人民币（大写）		亿	千	百	十	万	千	百	十	元	角	分

| 汇票到期日（大写） | | 付款行 | 行号 | |
| 承兑协议编号 | | | 地址 | |

备注：　　　　　　　　　　　　　　复核　记账

表 1-9

银行承兑协议

编号：_____

银行承兑汇票的内容：
出票人全称_____   收款人全称_____
开 户 银 行_____   开 户 银 行_____
账　　　号_____   账　　　号_____
汇票号码_____   汇票金额（大写）_____
签发日期___年_月_日 到期日期___年_月_日

以上汇票经承兑银行承兑,承兑申请人(下称申请人)愿遵守《银行结算办法》的规定以及下列条款。

一、申请人于汇票到期日前将应付票款足额交存承兑银行。

二、承兑手续费按票面金额千分之（　）计算,在银行承兑时一次付清。

三、承兑汇票如发生任何交易纠纷,均由收付双方自行处理,票款于到期前仍按第一条规定办理。

四、承兑汇票到期日,承兑银行凭票无条件支付票款。如到期日之前申请人不能足额交付票款时,承兑银行对不足支付票款转作承兑申请逾期贷款,并按照有关规定计收罚息。

五、承兑汇票款付清后,本协议自动失效。本协议第一、二联分别由承兑银行信贷部门和承兑申请人存执,协议副本由承兑银行会计部门存查。

承兑申请人_____（盖章） 承兑银行_____（盖章） 订立承兑协议日期　年　月　日

表 1-10

山东省增值税专用发票

3700098620　　　　　记账联　　　　　No 00392266
开票日期：2010 年 7 月 25 日

购货单位	名　　称：威海华绢服装贸易公司 纳税人识别号：350250008452208 地址、电话：威海市文化路5号 开户行及账号：工行威海分行；44037601040000955	密码区	93>>—*+<6/66*033*—28+— +4—16710228 * 9—19—－+ >*8719<16625—/268/06* 7532926<078+57/712171	加密版本：01 3700098620 01919645

货物或应税劳务名称	规格型号	单位	数量	单价	金　额	税率	税额
风衣	黑 ZD	件	20	480.00	9 600.00	17%	1 632.00
合计					9 600.00		1 632.00
价税合计（大写）	⊗壹万壹仟贰佰叁拾贰元整				（小写）¥11 232.00		

销货单位	名　　称：威海锦尚服装有限公司 纳税人识别号：370620795309888 地址、电话：威海市文化东路58号,0631-5892888 开户行及账号：工行威海分行；7363110182800004410	备注	

收款人：王力　　　复核：权英花　　　开票人：王力　　　销售单位盖章：

第四联：记账联　销货方记账凭证

表1-11　　　　　　　　　　　　　转账支票正面

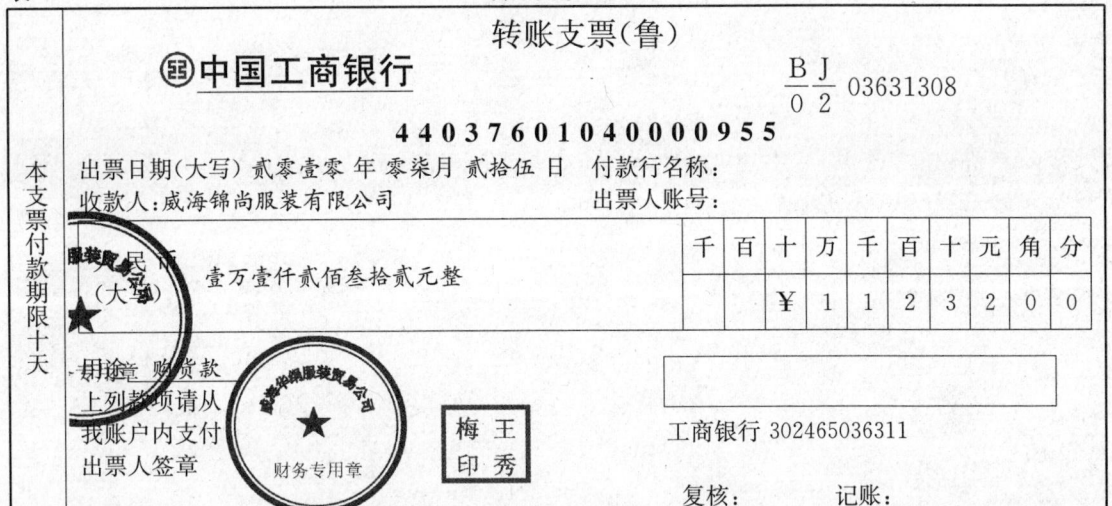

中国工商银行　　　　　　转账支票（鲁）　　　　$\frac{BJ}{02}$ 03631308

4403760104000955

出票日期（大写）贰零壹零 年 零柒月 贰拾伍 日　付款行名称：
收款人：威海锦尚服装有限公司　　　　　　　　出票人账号：

千	百	十	万	千	百	十	元	角	分
		¥	1	1	2	3	2	0	0

壹万壹仟贰佰叁拾贰元整

用途：贷款
上列款项请从
我账户内支付
出票人签章

工商银行 302465036311

复核：　　　记账：

本支票付款期限十天

表1-12　　　　　　　　　　　　　转账支票背面

附加信息

收款人签章
2010年7月25日

青岛融佳安全印务有限公司·2006年印制

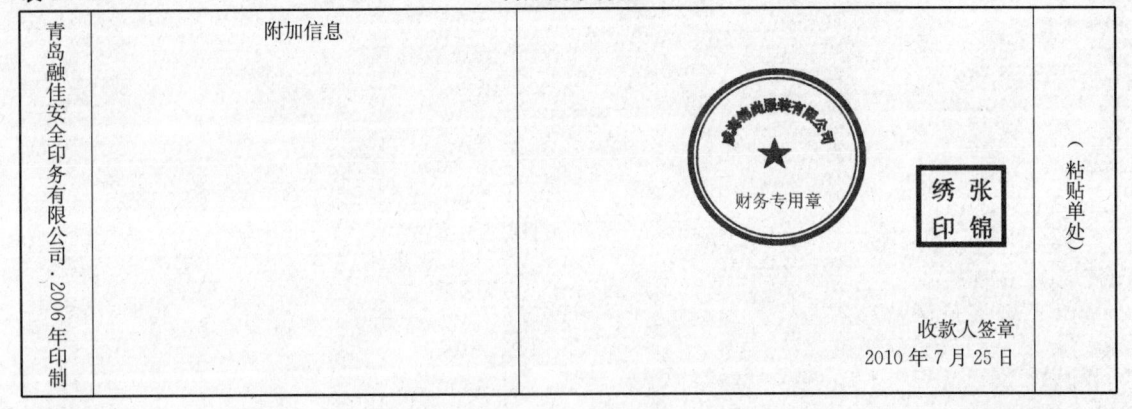

（粘贴单处）

表1-13

鲁中1007（三联）

中国工商银行进账单（回单）　1

2010年7月25日

付款人	全　称	威海华绢服装贸易公司	收款人	全　称	威海锦尚服装有限公司
	账　号	44037601040000034		账　号	7363110182800004410
	开户银行	工行威海分行		开户银行	工行威海分行

金额货币（大写）	壹万壹仟贰佰叁拾贰元整	亿	千	百	十	万	千	百	十	元	角	分
	中国工商银行威海分行				¥	1	1	2	3	2	0	0

票据种类	转账支票	票据张数	壹张
票据号码	03631308		

2010.07.25
转讫
(10)

复核：　　记账：　　　　　　　　　开户银行业务公章

此联开户银行给持票人的回单

青岛中苑金融安全印刷有限公司印制

二、现金收付款业务实训

（一）企业现金收付款业务相关资料

威海锦尚服装有限公司 2010 年 7 月发生如下现金收付款业务：

1. 7月4日，企业提现金备用，开出现金支票一张，金额 5 000 元，如表 1—14—1、表 1—14—2 所示。

2. 7月5日，企业购买办公用品，发票如表 1—15 所示。

3. 7月10日，公司向个体经营者金萍销售边角料，金额 200 元，当日，出纳员将上述款项送存银行。销售发票与现金缴款单如表 1—16、表 1—17 所示。要求：根据原始凭证编制记账凭证。

4. 7月16日，销售部李建伟报销餐费（如表 1—18 所示）。

（二）实训要求

1. 根据企业相关资料完成表 1—14—1、表 1—14—2 的填制。
2. 根据原始凭证，编制相关记账凭证。

表 1—14—1　　　　　　　　　现金支票正面

表 1—14—2　　　　　　　　　现金支票背面

表 1-15

```
       山东省商业销售统一发票
       发票代码：137100922781
       发票号码：35157849
       客户名称
   ※※※※※※※※※※※※※※※※※
         家家悦西北山店销售小票
       时间：2010-07-05 09:01    机号 006
       票号：1005001G0013414    收银：802201
       序号   品名    单价    数量   折扣   小计
        1    账簿    15.00×10＝150
        2    记账凭证  3.00×30＝90
除  ※※※※※※※※※※※※※※※※※
客   购物件数＝2    销售总额＝240.00
户   计奖金额＝
名   付款：现金(人民币)300.00
称   找零：现金(人民币)60.00
手        山东家家悦集团有限公司
写         税号3710012166697725
无
效   请当场核对商品票据价格是否一致
     退还商品以此票为据。电话：5804771

         鲁国税发票字【2010】124
        卷数 10万×200份×(75×127)
    ※山东多利达印务有限公司 2009年12月印※
```

表 1-16

山东省商业销售统一发票

开票方识别号：370620795309888　　　　机打号码：00123102
校验码：1676 5578 0008 2567 3918　　　发票代码：137100820163
　　　　　　　　　　　　　　　　　　　　发票号码：04466851
客户名称及地址　金萍　　　2010 年 7 月 10 日填制

品　名	规格	单位	数量	单价	金　　额 百 十 元 角 分	备注
布头	黑色	公斤	40	5.00	2 0 0 0 0	
		现金收讫				
合　计 (大写) 人民币			贰佰零拾零元零角零分		2 0	

填票人　李惠　　　收款人　　　　单位名称(盖章)
注：此发票 2011 年底前开具有效。

第三联：记账联(填票单位作报销凭证)

表 1-17

中国工商银行 现金交款单 1 鲁中1006(二联)
2010年07月10日

交款人	全称	威海锦尚服装有限公司	款项来源	销售边角料
	账号	7363110182800004410	交款部门	

| 金额货币大写 | 贰佰元整 | | | | | | | | | ￥ 2 0 0 0 0 |

券别	张数	百	十	万	千	百	十	元	券别	张数	千	百	十	元	角	分
百元	2					2	0	0	二元							
五十元									一元							
二十元									五角							
十元									二角							
五元									一角							

上列款项已如数收妥入账

（中国工商银行威海分行 2010.07. 银行现讫章 现讫(1)）

此联银行作交款人回单

表 1-18

山东省威海市服务业、娱乐业、
文化体育业通用发票(券)
WEIHAI SHANDONG GENERAL INVOICE FOR SERVICE INDUSTRY
ENTERTAINMENT INDUSTRY AND CULTURE AND SPORT INDUSTRY

INVOICE

密 码:
PASSWORD

发票代码:237100800100
INVOICE CODE

发票号码:02044446
INVOICE NO.

机打号码:020244446
PRINTING NO.

机器编号:046010001334
RECEIVER NO.

收款单位:威海盛行园快餐
PAYEE

税务登记号:3706206901290510
TAX REGISTRY NO.

开票日期:20100715　　收款员:操作员02
DATE ISSUED　　　　　RECEIVED BY

付款单位:(个人):000000
PAYER

经营项目　　　　　　金额
ITEMS OF BUSINESS　AMOUNT CHARGED
餐费　　357.00　　1　　357.00

合计(小写):￥357.00
TOTAL IN FIGURES
合计(大写):叁佰伍拾柒元整
TOTAL IN CAPITALS
税控号:4243 0183 0432 9104 2343
ANTI-FORGERY CODE

除付款单位外手写无效　HANDWRITING EXCEPT PAYER

收款单位签章　PAYEE (SEAL)

奖区　　　　　密码
AWARD AREA　　PASSWORD

兑奖联

发票代码:237100800100
INVOICE CODE
发票号码:02044446
INVOICE NO.

三、差旅费报销实训

(一)企业差旅费报销业务相关资料

威海锦尚服装有限公司 2010 年 7 月发生如下差旅费报销业务:

1. 7 月 4 日,采购部业务员吴友鹏借支差旅费 5 000 元,到武汉、长沙、上海等地采购原材料,借款单如表 1—19 所示。

2. 7 月 20 日,采购员吴友鹏报销差旅费,原始单据如表 1—20~表 1—31 所示。(公司规定采购员外出,伙食费补助 50 元/天。)出纳员根据原始凭证填写差旅费报销汇总单(如表 1—32 所示)。

(二)实训要求

1. 根据企业相关资料完成表 1—19、表 1—32 的填制。
2. 根据原始凭证,编制相关记账凭证。

表 1—19

借 款 单
年 月 日   № 000301

借款单位		金 额
人民币(大写):		十 万 千 百 十 元 角 分
借款事由		现金收讫
领导批示	财务负责人　借款部门负责人　借款人	

第二联 财务记账

表 1—20

B049034　1064次　威海
威海　　　　　　　汉口　(售)
Weihai　　　　　　Hankou

2010 年 7 月 5 日 08:32 开　06 车　20 号　上铺

¥156.00 元　　　硬座普快卧

限乘当日当次车
在 3 日内到有效

9993201050214B04903457481742432432828073772346127

表 1－21

湖北省公路旅客运输发票

发票代码：242010910601
发票号码：03818785

至　　　　票价：¥

宏县客运公司咨询订票电话：8008809166

N. JTGSDZ1700380

武昌　　长沙　　全 210.00 元

投诉咨询电话
027－85603213

承运人：

乘车日期	开车时间	车次	座号	售票员	检票口
2010.07.06	15:00	AAA261	22座	188	25

旅客须知：承运途中发生安全事故由承运人负责。

表 1－22

Y0010185　　　　　稽核一组　　　　　(补)

长沙 ——→ 上海南　K135 次

2010 年 7 月 10 日 18:30 开　　11 车 22 组硬卧上
全价 261.00 元　全价票
　　　含手续费　　新空调硬座特快卧

限乘当日当次车
在 3 日内到有效
6 423 7091 17022 0Y00 10185

表 1－23

79A001477　　　　　　沪 AD (售)

上　海 ——1064次→ 济　南
Shanghai　　　　　　Jinan

2010 年 7 月 14 日 21:57 开　加 1 车 007 号　下铺
¥352.00 元　　新空调软座特快卧

限乘当日当次车
在 3 日内到有效

3201050214B04903457481742432828073772234

表1—24

山东省公路汽车客票

济长 **5994739**

始 站	到 站	票 价	车 次
济南广场站	威海	150.00元（全）	1401次
检票口	座号	乘车日期	发车时间
13号	4座	2010年07月16日	08时30分

1. 本客票含旅客站务费，具有商务合同、保护旅客合法权益的作用。
2. 限乘当日当次车，过期、涂改、污染、撕毁即失效。

表1—25

济南铁路局铁路客票销售服务费专用定额发票

发票代码：237100871014
发票号码：00075258

人民币　　　　　　　　　伍　元
收款单位（盖章）66681600

时间 2010年07月16日

表1—26

5　　湖南省长沙市服务、娱乐业定额发票

收款单位（个人）：　　　发票代码：243010870570
经营项目：　　　　　　　发票号码：81228135
　　　　　　　　　　　　连环奖密码：

243010870570
81228135
刮奖区：

伍元　　¥**5.00**元

收款单位（盖章生效）：
本票使用至2010年底　　开票日期　　　年　　月　　日

表1-27

中国太平洋人寿保险股份有限公司山东分公司
乘客人身意外伤害保险单
（代保险费收据）

保单号：AA131709 00073352
保险费：人民币　　　壹元　￥1元
保险金额：意外伤害保险金额　　人民币肆万元
　　　　　意外伤害医疗保险金额　人民币壹万元
保险期限：自登上交通工具时起至离开交通工具时止

售票时间：2010-7-14　客票号码：JC06003202
乘车时间：2010-7-14　到站名称：威海
系统编号：0111-09022207420600007352

表1-28

泰康人寿保险股份有限公司湖南分公司
乘客人身意外伤害保险单暨发票

　　　　　　　　　　　　发票代码：243000930004
内部识别码：150019
保险费：人民币　贰元整　　发票号码：50154010
意外伤害保险金额：人民币壹万贰仟元整
意外医疗保险金额：人民币贰仟肆佰元整
保险期限：保险人持当日有效车（船）票及保险单上车（船）至车（船）票所达目的地下车（船）时止。
生效日期：　　　年　　月　　日

注：1.本保险单每一保险人限参保壹份，本公司对每位被保险人所承担的保险给付责任以壹份为限；
　　2.本保险单遗失不补，请与车（船）票妥善保管。
服务专线：95522

表1—29

长沙市服务业、娱乐业税控专用发票

刮奖区
243000870903
20190163

发票代码:243000870903
发票号码:20190163
连环奖密码:

客户名称: 时间:2010—07—08

纳税人识别号	4301047790154790	水印号	4262 9156 4403 3168 3687	备 注	②收执方付款凭证
机器注册号	00100026145	机打发票号	20190163	一、咨询电话 0731—12366"税信通" 短信查询号码:10621-2366,网址:www.cstax.gov.cn 二、本票使用至2010年底,过期作废 三、本票手写无效	
项目名称	数量/单位	单价	金额		
住宿费	3	360.00	1 440.00		
合计金额（大写）	⊗壹仟肆佰肆拾元整		￥1 440.00		

开票单位:长沙时代帝景大酒店有限公司   开票人:邓佳   收款人:邓佳

表1—30

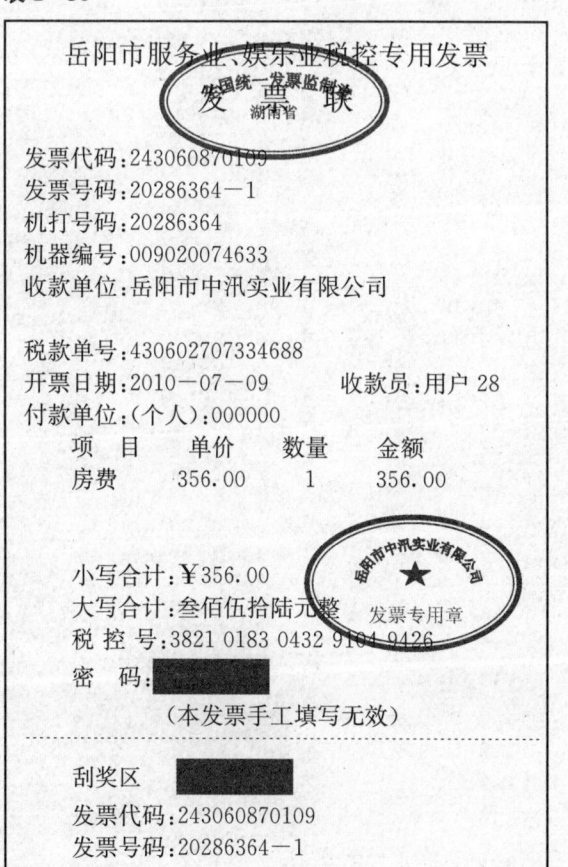

岳阳市服务业、娱乐业税控专用发票

发票联
湖南省

发票代码:243060870109
发票号码:20286364—1
机打号码:20286364
机器编号:009020074633
收款单位:岳阳市中汛实业有限公司

税款单号:430602707334688
开票日期:2010—07—09   收款员:用户28
付款单位:(个人):000000

项目	单价	数量	金额
房费	356.00	1	356.00

小写合计:￥356.00
大写合计:叁佰伍拾陆元整
税控号:3821 0183 0432 9104 9426
密 码:
（本发票手工填写无效）

刮奖区
发票代码:243060870109
发票号码:20286364—1

表1-31

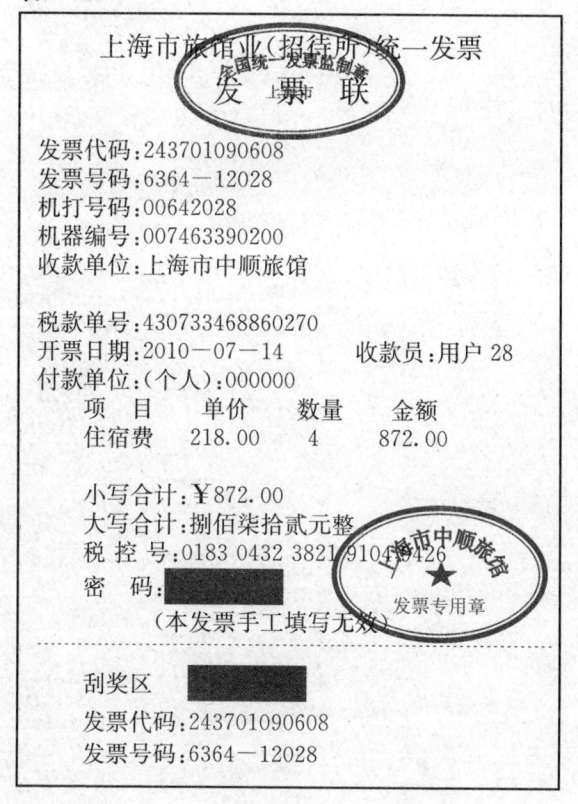

```
上海市旅馆业（招待所）统一发票
发 票 联

发票代码：243701090608
发票号码：6364-12028
机打号码：00642028
机器编号：007463390200
收款单位：上海市中顺旅馆

税款单号：430733468860270
开票日期：2010-07-14    收款员：用户28
付款单位：(个人)：000000
  项  目    单价    数量    金额
  住宿费   218.00    4     872.00

小写合计：¥872.00
大写合计：捌佰柒拾贰元整
税 控 号：0183 0432 3821 9104 9426
密  码：
        （本发票手工填写无效）

刮奖区
发票代码：243701090608
发票号码：6364-12028
```

表1-32

差 旅 费 报 销 汇 总 单

单位_____   年   月   日   附单据共   张

出差人姓名				起止日期			
出差地点、事由							
支出项目	金 额	单据张数	支出项目	标 准	金 额	备 注
车 船 费			县境内 天			
旅 馆 费			住勤补助 类区 天			
全程票价补助			类区 天			
就餐补助			类区 天			
支出合计(大写)						
预借金额		结算后应退		结算后补额		

主管审批   财务审核   报销人

四、库存现金、银行存款日记账的登记实训

（一）相关资料

威海锦尚服装有限公司2010年7月1日库存现金日记账余额为8 350元，银行存款日记

账余额为543 700元,公司7月份有关现金、银行存款业务见实训材料一、二、三。

（二）实训要求

根据有关资料登记库存现金、银行存款日记账(如表1—33、表1—34所示)。

表1—33

库存现金日记账

年		凭证字号	摘要	借方									贷方									余额								
月	日			百	十	万	千	百	十	元	角	分	百	十	万	千	百	十	元	角	分	百	十	万	千	百	十	元	角	分

表1—34

银行存款日记账

年		凭证字号	摘要	借方									贷方									余额								
月	日			百	十	万	千	百	十	元	角	分	百	十	万	千	百	十	元	角	分	百	十	万	千	百	十	元	角	分

五、库存现金清查实训

(一)企业现金清查业务相关资料

威海锦尚服装有限公司2010年7月发生如下现金清查业务：

1. 7月15日下班前,清查小组对库存现金实有数进行清点,发现短缺现金256元,"库存现金盘点表"如表1-35所示。

2. 7月16日,经查明上述盘亏的库存现金,其中200元系销售边角料款,应计入"银行存款"账户,误计入"库存现金"账户;其余为出纳失职造成(如表1-36所示)。

(二)实训要求

根据原始凭证,编制相关记账凭证。

表1-35

库 存 现 金 盘 点 表

单位名称:威海锦尚服装有限公司　　　　2010年7月15日

账面金额	实存金额	清查结果		备注
		盘盈	盘亏	
3 016	2 760		256	

财务负责人:张燕　　　出纳:马亮　　　监盘人:张燕　　　盘点人:李惠

表1-36

库 存 现 金 盘 点 表

单位名称:威海锦尚服装有限公司　　　　2010年7月15日

账面金额	实存金额	清查结果		备注
		盘盈	盘亏	
3 016	2 760		200	误计错账
			56	出纳失职
合　　计			256	

财务负责人:张燕　　　出纳:马亮　　　监盘人:张燕　　　盘点人:李惠

六、银行存款清查实训

(一)企业银行存款清查业务相关资料

威海锦尚服装有限公司2010年8月1日银行存款的期初余额为690 352元,本月发生银行存款业务如下:

1. 3日,开出现金支票,从银行提取现金1 000元备用。

2. 6日,公司开出支票一张,金额为15 350元,支付增值税。

3.12日,收到威海百货公司上月销货款23 400元,款存银行。

4.15日,把现金500元存入银行。

5.19日,商贸公司开来的商业承兑汇票到期,收到票据款50 000元。

6.20日,采购服装面料一批,增值税专用发票注明价款15 000元,税金2 550元,款项已通过银行转账支付,服装辅料尚未到货。

7.25日,陈小琪预借差旅费1 000元,企业开出金额为1 000元的现金支票一张。

8.26日,销售产品一批,增值税专用发票注明的货款为3 000元,税金510元,货款已收到并存入银行。

9.27日,企业采用预收货款的形式销售A商品给丙企业,预收货款5 000元已存入银行。

10.29日,本月支付水电费1 258元。

11. 公司银行存款日记账如表1-37所示。

12.9月3日,公司收到银行送来的8月份对账单(如表1-38所示),对账单与银行存款日记账进行对账,发现如下经济业务有差异:

(1)8日6日企业支付的增值税15 350元,企业误记为15 530元;

(2)8月24日,银行将威海锦尚公司的存款1 170元误记入本公司账上;

(3)8月25日,企业开出金额为1 000元的现金支票一张支付职工预借差旅费,企业误记在"库存现金"账上;

(4)8月31日,银行从本公司存款中扣除结算的利息费用3 000元,但是公司没有收到有关凭证而未入账。

(二)实训要求

1. 根据上述相关资料,编制银行存款余额调节表(如表1-39所示)。

2. 根据清查结果进行账务处理。

表1-37

银行存款日记账

2010年		记账凭证		摘要	对方科目	借方	贷方	余额
月	日	字	号					
8	1			期初余额				690 352.00
8	3	现付	01	提现			1 000.00	689 352.00
8	6	银付	01	支付增值税	应交税费		15 530.00	673 822.00
8	12	银收	01	收销货款	应收账款	23 400.00		697 222.00
8	15	银付	02	存现	库存现金	500.00		697 722.00
8	19	银收	02	收到票据款	应收票据	50 000.00		747 722.00
8	20	银付	03	采购材料	在途物资		17 550.00	730 172.00
8	26	银收	03	销售产品	主营业务收入	3 510.00		733 682.00
8	27	银收	04	预收货款	预收账款	5 000.00		738 682.00
8	29	银付	05	支付水电费	管理费用		1 258.00	737 424.00
8	31			本月合计		82 410.00	35 338.00	737 424.00

表 1—38

机构名称：威海分行　　　　　　　　　　机构地址：威海市新威路 18 号
Org. Name：　　　　　　　　　　　　　Org. Address：

账 户 对 账 单[正本]
STATEMENT OF ACCOUNT

客户名称：威海锦尚服装有限公司　　　　出账日期：2010—8—31
Name　　　　　　　　　　　　　　　　Statement Date
客户地址：威海市文化东路 58 号　　　　 客户账号：7363110182800004410
Address　　　　　　　　　　　　　　　Account No.

邮政编码：264200　　　　　　　　　　　账页编号：08000010
Post Number　　　　　　　　　　　　　Statement No.
　　　　　　　　　　　　　　　　　　　上页余额：690 352.00
　　　　　　　　　　　　　　　　　　　Last Balance

记账日期 Date	传票编号 Vch. No.	摘要 Particulas		借方发生额 Debit Amount	贷方发生额 Credit Amount	余额 Balance
20100803	J323000201	10402150515	1040215015	1 000.00		689 352.00 Cr
20100806	J326002601	10402150516	1040215016	15 350.00		674 002.00 Cr
20100812	J31R008310				23 400.00	697 402.00 Cr
20100815	JE8K004101		20109161362		500.00	697 902.00 Cr
20100819	J31R008311				50 000.00	747 902.00 Cr
20100820	J326002601	10402150517	1040215017	17 550.00		730 352.00 Cr
20100824	JE8K004102		20109161363		1 170.00	730 522.00 Cr
20100825	J323000202	10402150518		1 000.00		730 522.00 Cr
20100826	J31R008313				3 510.00	734 032.00 Cr
20100827	J31R008314				5 000.00	739 032.00 Cr
20100829	J31R003212	20109161364		1 258.00		737 774.00 Cr
20100831	J31R003217	20109161364		3 000.00		734 774.00 Cr

凡金额后标注"Dr"，代表借方余额；凡金额后标注"Cr"，代表贷方金额。　　本页金额：734 774.00 Cr

　　对账单中如出现错误或遗漏情况，请于收到后七日内通知我行，否则将视同此对账单无误。请妥善保管对账单，并在您的地址发生变更时，及时书面通知我行。
　　In case error or omission in this statement, please notify me within 7 days after receipt of Bank, otherwise this account shall be considered as correct. Please keep this statement for future reference and immediately.

表 1—39

银行存款余额调节表(锦尚服装)(2010年8月)

存款种类：　　开户银行：中国工行银行威海分行　　账号：7363110182800004410　　2010.9.3

项　目	金　额	项　目	金　额
银行对账单上的余额		银行账面上的存款余额	
加：企业已收银行未收款项合计		加：银行已收企业未收款项合计	
其中：1.		其中：1.	
2.		2.	
3.		3.	
4.		4.	
5.		5.	
减：企业已付银行未付款项合计		减：银行已付企业未付款项合计	
其中：1.		其中：1.	
2.		2.	
3.		3.	
4.		4.	
5.		5.	
调节后的存款余额		调节后的存款余额	

制表人：马亮

注：1. 本表按月填制，与银行对账单一起保管，保管期为三年。
　　2. 需与开户银行对账时，应携带本表与银行存款账进行核对。

实训二

资金核算会计岗位实训

【实训目标】
- 正确填写接受货币资金投资业务的记账凭证;
- 正确填写接受实物资产投资业务的记账凭证;
- 在相关人员的协助下,办理银行贷款业务;
- 区分长短期借款的区别,并会计算借款费用。

【技能要求】
- 熟悉投资者出资符合相关法律法规及公司章程的规定及资本金足额到位的时间要求;
- 认识所有者投入资本金业务中涉及的原始凭证;
- 认识银行借款业务中涉及的原始凭证;
- 能掌握银行借款业务核算的程序和方法。

【实训准备】
- 参阅《中华人民共和国公司法》、《中华人民共和国公司登记管理条例》、《公司注册资本登记管理规定》、《企业会计准则第17号——借款费用》等法规;
- 参考"中华会计网校"(www.chinaacc.com)、"无忧会计"(www.51kj.com.cn)等网站;
- 准备好多媒体设施、实物展台等教学设施;
- 分配空白的记账凭证、空白的收款收据、利息计算表等实训物资。

【实训指导】

流程一 企业接受投资业务

一、新《公司法》规定的变化

自 2014 年 3 月 1 日起施行的《公司法》修改主要涉及以下三个方面:

首先,将注册资本实缴登记制改为认缴登记制。也就是说,除法律、行政法规以及国务院决定对公司注册资本实缴有另行规定的以外,取消了关于公司股东(发起人)应自公司成立之日起两年内缴足出资,投资公司在五年内缴足出资的规定,取消了一人有限责任公司股东应一次足额缴纳出资的规定,转而采取公司股东(发起人)自主约定认缴出资额、出资方式、出资期限等,并记载于公司章程的方式。

其次,放宽注册资本登记条件。除了对公司注册资本最低限额有另行规定的以外,取消了有限责任公司、一人有限责任公司、股份有限公司最低注册资本分别应达 3 万元、10 万元、500 万元的限制,不再限制公司设立时股东(发起人)的首次出资比例以及货币出资比例。

第三,简化登记事项和登记文件。有限责任公司股东认缴出资额、公司实收资本不再作为登记事项,公司登记时不需要提交验资报告。

二、企业接受投资的会计处理

(一)投资者投入货币资金

企业收到的投资者以货币资金方式投入的资本时,应以实际收到的或存入企业开户银行的金额作为实收资本入账。初建有限责任公司时,各投资者按照合同协议章程投入企业的资本,应全部计入"实收资本"科目。对于在企业经营过程中,由于生产规模的扩大需要增资时,如有新投资者介入,新介入的投资者缴纳的出资额往往大于其按约定比例计算的其在注册资本中所占的份额,超额部分不计入"实收资本"科目,而计入"资本公积"科目。

(二)投资者投入实物资产

企业接受投资者以实物、知识产权、土地使用权等可以用货币估价的非货币财产作价出资时,对于出资的非货币财产应当评估作价,核实财产,不得高估或低估作价,并且在评估的基础上按投资各方确认的价值入账。

流程二 银行贷款业务

一、贷款业务流程

企业流动资金贷款适合各类企业,主要为满足企业日常经营中合理的原材料采购等临时资金扶持使用需求,信贷资金不得以任何形式流入证券市场、期货市场和用于股本权益性投资。企业的贷款期限原则上不超过一年。

企业因生产和经营的需要或企业自身流动资金不足需要向银行申请借款,可办理房地产抵押或专业担保公司保证方式的贷款业务。企业是借款人,银行是贷款人。

借款业务的流程如下:

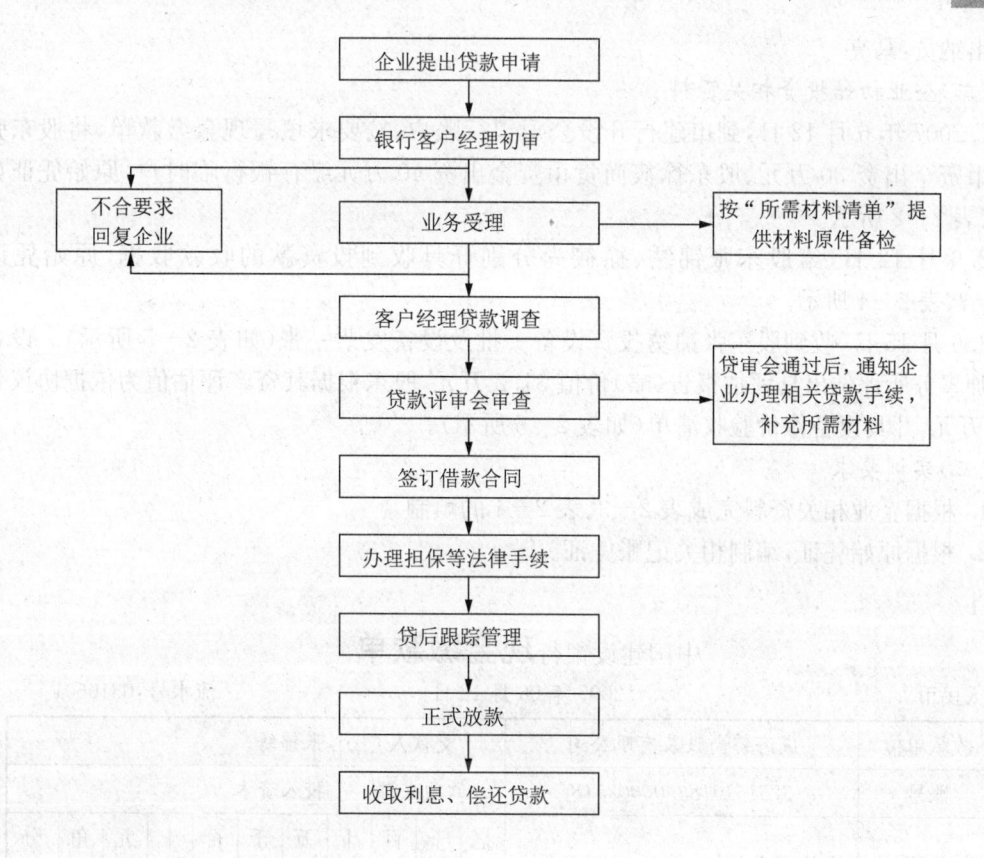

```
企业提出贷款申请
       ↓
银行客户经理初审
       ↓
不合要求 ← 业务受理 → 按"所需材料清单"提
回复企业              供材料原件备检
       ↓
客户经理贷款调查
       ↓
贷款评审会审查 → 贷审会通过后,通知企
       ↓         业办理相关贷款手续,
签订借款合同      补充所需材料
       ↓
办理担保等法律手续
       ↓
贷后跟踪管理
       ↓
正式放款
       ↓
收取利息、偿还贷款
```

二、贷款业务会计处理流程

1. 资金核算会计向银行提出"借款申请书"及有关文件,经银行审核批准,双方签订"借款合同"。
2. 办理款项入账手续,出纳将款项收账通知"借款借据"取回,送财务部长审核。
3. 总账会计根据审核后的原始借款单据、合同等编制记账凭证。
4. 资金会计根据审核后的记账凭证登记"借款明细账",出纳登记"银行存款日记账"。
5. 按月计算应提取的借款利息。
6. 到期后,由出纳开出支票,按借款合同按时归还借款本金及利息。

【实训材料】

一、企业初始投资业务实训

(一)企业基本信息

企业名称:威海锦尚服装有限公司
法定代表人:张锦绣
注册资金:壹佰万元人民币
其中:股东张锦绣出资60万元,占注册资本的60%,出资方式货币资金30万元,生产设备30万元;股东徐筱尚出资40万元,占注册资本的40%,出资方式货币资金。
财务主管:张燕

出纳员：马亮

(二)企业初始投资相关资料

1. 2007年6月12日，到市建行开设公司银行账户，按要求填写现金缴款单，将股东张锦绣货币资金出资30万元、股东徐筱尚货币资金出资40万元缴存银行临时户，原始凭证如表2－1、表2－2所示。

2. 6月12日，给股东张锦绣、徐筱尚分别开具收到投资款的收款收据，原始凭证如表2－3、表2－4所示。

3. 6月15日，收到股东张锦绣投资设备一批及设备发票一张(如表2－5所示)。设备经会计师事务所评估出具评估报告(略)价值31.2万元，股东根据其资产评估值为依据协议作价31.2万元，开具设备作价验收清单(如表2－6所示)。

(三)实训要求

1. 根据企业相关资料完成表2－3、表2－4的填制。
2. 根据原始凭证，编制相关记账凭证。

表2－1

中国建设银行现金缴款单

币别：人民币　　　　　　　2007年06月12日　　　　　　　流水号：0810501

单位填写	收款单位	威海锦尚服装有限公司	交款人	张锦绣										第二联 客户回单
	账号	3731610183900002518	款项来源	投入资本										
	(大写)	叁拾万元整		亿	千	百	十	万	千	百	十	元	角	分
							¥	3	0	0	0	0	0	0
银行确认栏	账号：3731610183900002518 户名：威海锦尚服装有限公司 交易码：　　收付　　金额 110201　　　收　　300 000.00 　　　　　收入金额　300 000.00　付出金额 0.00 　　　　　实收金额：　300 000.00 交易日期：2007年6月12日							中国建设银行 2007.06.12 转讫 (8) 现金回单(无银行打印记录及银行签章此单无效)							

授权：　　　　　复核：　　　　　录入：　　　　　出纳：

表 2—2

中国建设银行 现金缴款单

币别：人民币　　　　　　　2007 年 06 月 12 日　　　　　　　流水号：0810502

单位填写	收款单位	威海锦尚服装有限公司		交款人	徐筱尚						
	账号	3731610183900002518		款项来源	投入资本						
	（大写）	肆拾万元整		亿	千	百	十	万	千	百	十	元	角	分
							¥	4	0	0	0	0	0	0	0

银行确认栏	账号：3731610183900002518 户名：威海锦尚服装有限公司 交易码：　　　收付　　　金额 110201　　　　收　　　400 000.00 　　　　　　　收入金额　400 000.00　付出金额 0.00 　　　　　　　实收金额　400 000.00 交易日期：2007 年 6 月 12 日	中国建设银行 2007.06.12 转讫 （8）

现金回单（无银行打印记录及银行签章此单无效）

授权：　　　　　　复核：　　　　　　录入：　　　　　　出纳：

第二联　客户回单

表 2—3

威海市企业单位统一收款收据

　　　　　　　年　　月　　日　　　　　　　第 206548 号

交款单位				
人民币（大写）			（小写）	
事由		现金		
		支票第　　号		
财务主管	收款人	单位名称（盖章）		（威海锦尚服装有限公司 财务专用章）

第三联：记账联

表 2—4

威海市企业单位统一收款收据

　　　　　　　年　　月　　日　　　　　　　第 206549 号

交款单位				
人民币（大写）			（小写）	
事由		现金		
		支票第　　号		
财务主管	收款人	单位名称（盖章）		（威海锦尚服装有限公司 财务专用章）

第三联：记账联

表2-5

上海市商品零售统一发票

发票代号 137100720153
发票号码 00897469

户名：张锦绣　　2007年6月5日

品名	规格	单位	数量	单价	金额	备注
拉幅定型机	PT653	台	1	174 350.00	174 350.00	
染色机	NEO4A1000	台	1	45 000.00	45 000.00	
染色机	24-4HT10	台	1	20 000.00	20 000.00	
染色机	AK-SL1000	台	1	13 896.00	13 896.00	
起毛机	TW-SR780	台	2	4 000.00	8 000.00	
起毛机	TW-SR681	台	2	3 750.00	7 500.00	
吸毛机	TW-GR830	台	1	7 500.00	7 500.00	
剪毛机	TW-SR809	台	1	5 000.00	5 000.00	
预缩机	TW1600-80	台	1	2 000.00	2 000.00	
褶皱机	TW1400-11	台	2	1 000.00	2 000.00	
定型机	TW1500-10	台	1	2 100.00	2 100.00	
卷布机	TW1300-9	台	1	16 000.00	16 000.00	
加热染色试验机	DL-6000	台	15		8 654.00	
合计人民币（大写）	叁拾壹万贰仟元整				￥312 000.00	

填票人　　　收款人　　　单位名称（盖章）

第二联：发票联

威海锦尚有限公司收到股东张锦绣作为出资的生产设备明细如下：

表2-6

设 备 验 收 清 单

金额单位:元

名称	型号规格	产地	数量(台)	价值
拉幅定型机	PT653	上海	1	174 350.00
染色机	NEO4A1000	上海	1	45 000.00
染色机	24-4HT10	上海	1	20 000.00
染色机	AK-SL1000	上海	1	13 896.00
起毛机	TW-SR780	上海	2	8 000.00
起毛机	TW-SR681	上海	2	7 500.00
吸毛机	TW-GR830	上海	1	7 500.00
剪毛机	TW-SR809	上海	1	5 000.00
预缩机	TW1600-80	上海	1	2 000.00
褶皱机	TW1400-11	上海	2	2 000.00
定型机	TW1500-10	上海	1	2 100.00
卷布机	TW1300-9	上海	1	16 000.00
加热染色试验机	DL-6000	上海	15	8 654.00
合计			30	312 000.00

威海锦尚服装有限公司
验收人：李萍
2007年6月15日

二、增加注册资本业务实训

（一）企业增加注册资本的相关资料

2010年8月10日，由于公司生产规模扩大，经股东会决议增加注册资本100万元（见股东会决议）。增资后甲、乙、丙注册资本分别为100万元、60万元、40万元，出资方式均为货币资金。协议及原始单据如表2—7～表2—13所示。

（二）实训要求

根据原始凭证，编制相关记账凭证。

表2—7

关于同意吸收投资人的决议

2010年8月1日，由威海锦尚服装有限公司全体股东会议研究，为扩大企业经营规模，决定同意增加公司注册资本并吸收威海华宇贸易有限公司为企业新增法人股东。

企业现有注册资本100万元，其中张锦绣出资60万元，占注册资本60%，徐筱尚出资40万元，占注册资本40%。会议同意新增注册资本100万元，增资后企业注册资本达到200万元。各股东出资分别为：

甲方——张锦绣　40万元，占注册资本比例为50%；

乙方——徐筱尚　20万元，占注册资本比例为30%；

丙方——威海华宇贸易有限公司　48万元，经投资各方协议，其中，40万元作为资本金入账，占注册资本比例为20%，另外8万元作为资本公积入账。

增资后甲、乙、丙注册资本分别为100万元、60万元、40万元，出资方式均为货币资金。

威海锦尚服装有限公司股东会

二〇一〇年八月一日

表2—8

威海市企业单位统一收款收据

2010年8月10日　　　　　　　第304712号

交款单位	张锦绣		
人民币(大写)	肆拾万元整	(小写)	400 000.00
事由	投资款	现金 ✓	
		支票第　　号	
财务主管　张燕	收款人　马亮	单位名称(盖章)　威海锦尚服装有限公司	

第三联：记账联

表 2—9

威海市企业单位统一收款收据

2010 年 8 月 10 日　　　　　　　　　　第 304713 号

交款单位	徐筱尚	
人民币(大写)	贰拾万元整　　(小写)	200 000.00
事由　投资款	现金 ✓	
	支票第　　号	
财务主管　张燕　收款人　马亮	单位名称(盖章) 威海锦尚服装有限公司	

第三联：记账联

表 2—10

威海市企业单位统一收款收据

2010 年 8 月 10 日　　　　　　　　　　第 304714 号

交款单位	威海华宇贸易有限公司	
人民币(大写)	肆拾捌万元整　　(小写)	480 000.00
事由　投资款(资本金 40 万元，资本公积 8 万元)	现金	
	支票第　号 58964308	
财务主管　张燕　收款人　马亮	单位名称(盖章) 威海锦尚服装有限公司	

第三联：记账联

表 2—11

中国工商银行现金交款单　1

鲁中 1006(二联)

2010 年 8 月 10 日

交款人	全称	威海锦尚服装有限公司	款项来源	张锦绣
	账号	7363110182800004410	交款部门	投资款

金额货币大写	肆拾万元整	千	百	十万	千	百	十	元	角	分
			¥	4	0	0	0	0	0	0

券别	张数	百	十	万	千	百	十	元	券别	张数	千	百	十	元	角	分
百元	40			4	0	0	0	0	二元							
五十元									一元							
二十元									五角							
十元									二角							
五元									一角							

上列款项已如数收妥入账

中国工商银行威海分行
2010.08.10
现讫
(1)

此联银行作交款人回单

表 2—12

中国工商银行现金交款单　1　鲁中1006（二联）

2010 年 8 月 10 日

交款人	全称	威海锦尚服装有限公司	款项来源	徐筱尚
	账号	7363110182800004410	交款部门	投资款

金额货币大写	贰拾万元整				千	百	十	万	千	百	十	元	角	分
							￥	2	0	0	0	0	0	0	0

券别	张数	百	十	万	千	百	十	元	券别	张数	千	百	十	元	角	分
百元	20		2	0	0	0	0	0	二元							
五十元									一元							
二十元									五角							
十元									二角							
五元									一角							

上列款项已如数收妥入账

（中国工商银行威海分行 2010.08.10 现讫）(1)

此联银行作交款人回单

表 2—13

中国工商银行进账单（回单）　1　鲁中1007（三联）

2010 年 8 月 10 日

付款人	全称	威海华宇贸易有限公司	收款人	全称	威海锦尚服装有限公司
	账号	44037601040000955		账号	7363110182800004410
	开户银行	工行威海分行		开户银行	工行威海分行

金额货币（大写）	肆拾捌万元整	亿	千	百	十	万	千	百	十	元	角	分
					￥	4	8	0	0	0	0	0	0

票据种类	转账支票	票据张数	壹张
票据号码	58964308		

开户银行业务公章

（中国工商银行威海分行 2010.08.10 转讫）(10)

此联开户银行给持票人的回单

复核：　　　　记账：

青岛中苑金融安全印刷有限公司印制

三、银行借款业务实训

（一）企业银行借款业务资料

1. 威海锦尚服装有限公司因生产经营的临时需要，于 2010 年 7 月 1 日向银行申请 6 个月短期借款 50 万元，款项已划入银行存款账户，原始凭证如表 2—14 所示。

2. 威海锦尚服装有限公司取得的借款年利率为 10.8%，利息按季度结算，经计算 7 月份应负担的利息为 4 500 元（500 000×9‰），原始凭证如表 2—15 所示。

3. 威海锦尚服装有限公司于 9 月 30 日支付银行的借款利息 13 500 元，原始凭证如表 2—16 所示。

4. 2010年12月31日,威海锦尚服装有限公司用银行存款偿还到期的银行借款本息。还款凭证如表2—17、表2—18所示。

5. 威海锦尚服装有限公司为构建一条新的生产线(工期1年),于2010年7月1日向银行取得期限为3年的借款100万元,款项到位后当即投入到生产线的构建工程中,原始单据如表2—19所示。

6. 威海锦尚服装有限公司取得的上述借款年利率为8%,合同规定到期一次还本付息,按单利计息。计算2010年应由该工程负担的借款利息。原始凭证如表2—20所示。

7. 承上例,由于工期为1年,至2011年6月30日完工并交付使用,威海锦尚服装有限公司计算确定2011年应负担的借款利息。原始单据如表2—21所示。

8. 承上例,2013年6月30日,借款到期,威海锦尚服装有限公司全部偿还该笔借款本金和利息。原始单据如表2—22所示。

(二)实训要求

根据原始凭证,编制相关记账凭证。

表2—14

中国工商银行借款凭证(收款通知) 3

2010年7月1日

贷款单位	威海锦尚服装有限公司	种类	短期	贷款账号	7363110182800004410									
金额	人民币(大写)伍拾万元整				千	百	十	万	千	百	十	元	角	分
							¥5	0	0	0	0	0	0	0
用途	流动资金周转借款	单位申请日期	自2010年7月1日至2010年12月31日											
		银行核定期限	自2010年7月1日至2010年12月31日											
上述贷款已核准发放贷款,并已划入你单位账号。年利率10.8% 银行签章: 2010年7月1日		单位会计 收入 付出 复核 主管	中国工商银行威海分行 2010.07.01 转讫账 ⑩会计											

表2—15

短期借款利息计提表

2010年7月31日

单位:元

借款种类	本 金	月利率	计息期限	利息	备注
流动资金借款	500 000	9‰	1个月	4 500	
合 计				4 500	

会计主管:张燕　　　　　　　复核:　　　　　　　制表:李惠

表 2—16

中国工商银行贷款利息通知单（付款通知） 1

2010 年 9 月 30 日　　　　　　　0082914

户名：威海锦尚服装有限公司		账号：7363110182800004410	
截止 12 月 31 日　第 0082914 号　借据		贷款余额 ￥500 000.00	
自 2010 年 7 月 1 日起至 2010 年 9 月 30 日止　￥45 000 000.00			中国工商银行威海分行 2010.09.30
按月利率 9‰　计本期利息如下：（收息账号：736311018280）			
人民币（大写）壹万叁仟伍佰元整			￥13 500.00 转讫 (10) ￥13 500.00
其中	实收利息	人民币（大写）壹万叁仟伍佰元整	
	结欠利息	人民币（大写）	
（银行）盖章　　　　　　　　　会计			

表 2—17

中国工商银行　还款凭证（回单）

2010 年 12 月 31 日　　　　借款编号：0082914

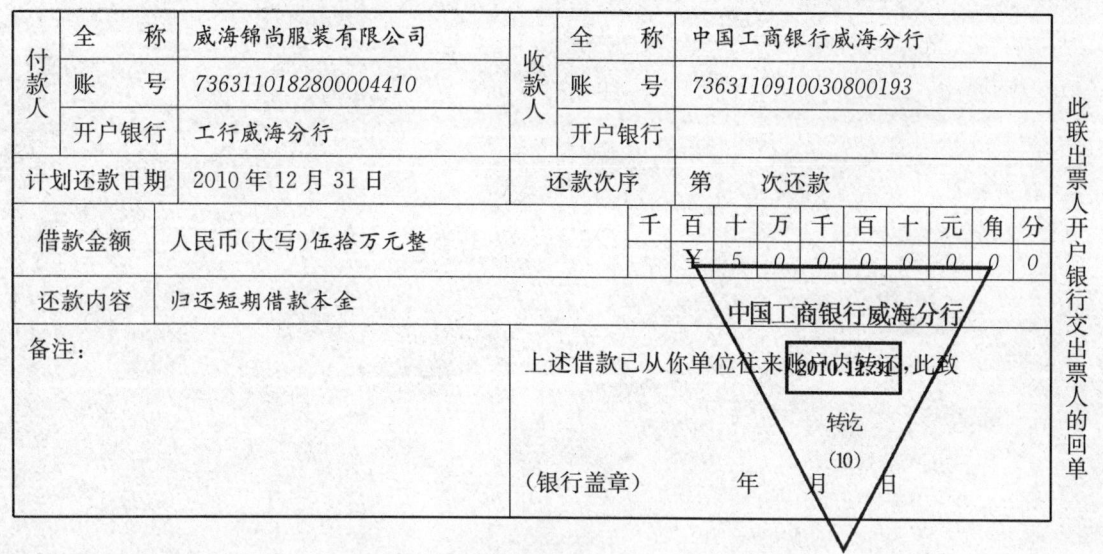

付款人	全　称	威海锦尚服装有限公司	收款人	全　称	中国工商银行威海分行
	账　号	7363110182800004410		账　号	7363110910030800193
	开户银行	工行威海分行		开户银行	
计划还款日期		2010 年 12 月 31 日	还款次序	第　　次还款	
借款金额		人民币（大写）伍拾万元整	千百十万千百十元角分 ￥ 5 0 0 0 0 0 0 0		
还款内容		归还短期借款本金			
备注：			上述借款已从你单位往来账内扣还，此致 （银行盖章）　年　月　日	中国工商银行威海分行 2010.12.31 转讫 (10)	

此联出票人开户银行交出票人的回单

表 2—18

中国工商银行贷款利息通知单（付款通知） 1

2010 年 12 月 31 日　　　　　　　0081429

户名：威海锦尚服装有限公司		账号：7363110182800004410	
截止 12 月 31 日　第 0082914 号　借据		贷款余额 ￥500 000.00	
自 2010 年 9 月 1 日起至 2010 年 12 月 30 日止　￥45 000 000.00			中国工商银行威海分行 2010.12.31
按月利率 9‰　计本期利息如下：（收息账号：736311018280）			
人民币（大写）壹万叁仟伍佰元整			￥13 500.00 转讫 (10) ￥13 500.00
其中	实收利息	人民币（大写）壹万叁仟伍佰元整	
	结欠利息	人民币（大写）	
（银行）盖章　　　　　　　　　会计			

表 2—19

中国工商银行借款凭证（收款通知） 3

2010 年 7 月 1 日

贷款单位	威海锦尚服装有限公司	种类	长期	贷款账号	7363110182800004410
金额	人民币（大写）壹佰万元整				千百十万千百十元角分 ¥ 1 0 0 0 0 0 0 0 0
用途	固定资产借款	单位申请日期		自 2010 年 7 月 1 日至 2013 年 6 月 30 日	
		银行核定期限		自 2010 年 7 月 1 日至 2013 年 6 月 30 日	

上述贷款已核准发放贷款，
并已划入你单位账号。
年利率 8%

中国工商银行威海分行
2010.07.01

单位会计分录
收入
付出　　转讫
复核　　(10)　　记账
主管　　　　　　会计

银行签章：
2010 年 7 月 1 日

表 2—20

长期借款利息计提表

2011 年 12 月 31 日　　　　　　　　　　　　　　　　　　　单位：元

（注：上表日期为 2010 年 12 月 31 日）

借款种类	本 金	年利率	计息期限	利息	备注
固定资产借款	1 000 000	8%	7～12 月	40 000	计入"在建工程"
合　计				40 000	

会计主管：张燕　　　　　　复核：　　　　　　制表：李惠

表 2—21

长期借款利息计提表

2011 年 12 月 31 日　　　　　　　　　　　　　　　　　　　单位：元

借款种类	本 金	年利率	计息期限	利息	备注
固定资产借款	1 000 000.00	8%	1～6 月	40 000	计入"在建工程"
			7～12 月	40 000	计入"财务费用"
合　计				80 000	

会计主管：张燕　　　　　　复核：　　　　　　制表：李惠

表 2—22

中国工商银行　特种转账支票

2013 年 6 月 30 日　　　　　借款编号：0125869

<table>
<tr><td rowspan="3">付款人</td><td>全　称</td><td>威海锦尚服装有限公司</td><td rowspan="3">收款人</td><td>全　称</td><td colspan="10">中国工商银行威海分行</td></tr>
<tr><td>账　号</td><td>7363110182800004410</td><td>账　号</td><td colspan="10">7363110910030800193</td></tr>
<tr><td>开户银行</td><td>工行威海分行</td><td>开户银行</td><td colspan="10"></td></tr>
<tr><td colspan="2">计划还款日期</td><td>2013 年 6 月 30 日</td><td colspan="2">还款次序</td><td colspan="10">第　　次还款</td></tr>
<tr><td colspan="2">金额</td><td colspan="3">人民币(大写)壹佰贰拾肆万元整</td><td>千</td><td>百</td><td>十</td><td>万</td><td>千</td><td>百</td><td>十</td><td>元</td><td>角</td><td>分</td></tr>
<tr><td colspan="2"></td><td colspan="3"></td><td colspan="2">¥</td><td>1</td><td>2</td><td>4</td><td>0</td><td>0</td><td>0</td><td>0</td><td>0</td></tr>
<tr><td colspan="2">原始凭证金额</td><td>¥</td><td colspan="2">转讫</td><td colspan="2">赔偿金</td><td colspan="8">¥</td></tr>
<tr><td colspan="2">原始凭证名称</td><td colspan="3">(10)</td><td colspan="2">号　码</td><td colspan="8"></td></tr>
<tr><td colspan="2">转账原因</td><td colspan="12">归还长期借款本金及利息</td></tr>
</table>

中国工商银行威海分行
2013.06.30

此联出票人开户银行交给出票人的回单

实训三

存货会计岗位实训

【实训目标】
- 会办理原材料入库、出库的业务；
- 完成入库单(收料单)、出库单(领料单)等原始凭证的填写任务；
- 进行存货清查工作，完成存货盘点表的填制。

【技能要求】
- 认识存货入库、出库的各种原始凭证；
- 能准确填写入库单、收料单、出库单、领料单等原始凭证；
- 能正确编制采购存货、存货入库、存货出库及存货清查的记账凭证；
- 会使用先进先出法、加权平均法、移动平均法计算发出存货的成本。

【实训准备】
- 参阅《企业会计准则——基本准则》、《企业会计准则第1号——存货》、《企业会计准则第5号——生物资产》等法规；
- 参考"中华会计网校"(www.chinaacc.com)、"无忧会计"(www.51kj.com.cn)网站；
- 准备好多媒体设施、实物展台等教学设施；
- 分配空白的记账凭证、空白的收料单、空白的领料单、空白的入库单、空白的出库单、空白的存货盘点表、数量金额式明细账等实训物资。

【实训指导】

流程一 存货的实际成本法核算

一、存货的购进

(一)存货购进成本的确定

通过购买取得的存货的初始成本由采购成本构成。存货的采购成本包括买价、相关税费、运输费、装卸费、保险费以及其他可归属于采购成本的费用。

(二)存货购进的核算

外购存货,由于采用的结算方式和采购地点等的不同,其账务处理也不同:

1. 存货和结算凭证同时到达的,企业应依据采购成本,借记"原材料"等存货账户;根据结算方式贷记相应账户。

2. 结算凭证先到,存货未到或尚未验收入库的,应通过"在途物资"账户核算,待存货验收入库后,再将"在途物资"转作"原材料"等存货形式。

3. 存货先到,而结算凭证未到的,在月内一般暂不入账,待凭证到达后再入账。如果到了月末,有关凭证仍未到达,企业应按暂估价记"原材料"账户借方;"应付账款"账户贷方。

二、存货的发出

存货发出的计价方法有多种,企业可以根据自身的实际情况选择,存货发出的计价方法一旦确定,不得随意变更。

1. 先进先出法。假定先收到的存货先发出,并根据这种假设的成本流转顺序对发出存货和期末存货进行计价。

2. 加权平均法。指以本月收入全部存货数量加月初存货数量作为权数,去除本月收入全部加月初库存成本的和,计算出存货的加权平均单位成本,从而确定存货的发出成本和库存成本的方法。

$$加权平均单价=\frac{月初存货实际成本+本月收入存货实际成本}{月初存货量+本月收入存货量}$$

本月发出存货成本=本月发出存货数量×加权平均单价

月末结存存货成本=月末结存存货数量×加权平均单价

3. 移动加权平均。指本次收货的成本加原有库存的成本,除以本次收货数量加原有存货数量,据以计算加权平均单价,并对发出存货进行计价的一种方法。

$$移动平均单价=\frac{本次收入前存货实际成本+本次收入存货实际成本}{本次收入前存货数量+本次收入存货数量}$$

4. 个别计价法。逐一辨认各批发出存货和期末结存存货成本的方法。

流程二 存货的计划成本法核算

存货按计划成本计价时,材料、库存商品等存货的收入、发出和结存均按预先确定的计划成本计价。实际成本与计划成本的差异,通过"材料成本差异"账户进行核算。月末根据有关明细账提供的资料计算材料成本差异率,及发出和结存存货应负担的成本差异。其计算公式如下:

$$材料成本差异率=\frac{月初成本差异额+本月收入成本差异额}{月初计划成本+本月收入计划成本}$$

发出存货应负担的材料成本差异=发出存货计划成本×材料成本差异率

发出存货的实际成本=发出存货的计划成本+发出存货应负担的材料成本差异

结存存货的实际成本=结存存货的计划成本+结存存货应负担的材料成本差异

流程三　存货的清查盘点

为了如实反映存货数量和金额的实有数额,做到账实相符,应定期或不定期对存货进行清查。对原材料等材料,至少应在年终编制决算前进行一次全面的实物清查;对半成品和产成品每季进行清查;更换仓库材料保管员时,必须对其所管材料进行全面清查盘点,方能办理移交手续。若发生存货损失,属过失人责任的,应当赔偿经济损失。

财务部必须坚持每月按存货明细账目同仓库保管员保管账核对,如发现账账之间出入较大,应查明原因,直到查清为止。

组织库存存货清查,应以车间、仓库为主,总工办、生产厂长、财务等部门派员参加监盘。坚持以实物为标准,逐样、逐堆、逐件、逐包进行现场清点,边点边作记录(品种、规格、批号或效期、数量等)。在清查基础上分类汇总数量,然后与清查账面余额核对,最后仓库编制存货盘点表。对其盘盈或盘亏的存货,由参与部门共同审核并查明原因,报公司领导审批。批准之前,先将存货盘盈、盘亏数从"原材料"、"周转材料"等科目转到"待处理财产损溢"科目;待查明原因后,再按有关规定和批准处理方法进行处理,调整有关账务。如对盘盈的存货,经查明确为收发计量或核算的误差等原因造成,应及时办理入库手续,调整账面库存数和金额。对盘亏的存货,经公司领导和有关公司批准后,根据亏损原因,再分别按有关规定和批准方案处理。

【实训材料】

一、企业基本信息

威海锦尚服装有限公司会计人员分工如下:

财务主管:张燕	出纳:马亮	存货会计:李惠
仓库保管员:赵华	质量检验员:于小燕	采购员:王磊
第一车间存货管理员:王力	第二车间存货管理员:齐琪	

二、实际成本法——材料收发业务的实训

(一)企业材料收发业务相关资料

威海锦尚服装有限公司的原材料采用实际成本法核算,2010年7月1日～3日原材料明细账资料如表3-1所示。7月4日后发生的材料收发业务资料如下:

1.7月5日,威海锦尚服装有限公司采购员王磊从厦门南方纺织品有限公司购进毛涤面料一批,企业开出转账支票支付货款及运费,有关原始凭证如表3-2～表3-5所示,料暂未收到。

2.7月8日,采购员王磊向利宏服装辅料公司购买毛涤面料,增值税专用发票如表3-6所示,企业开出转账支票支付货款(如表3-7所示),当日材料验收入库,仓库保管员填写收料单(如表3-8所示)。

3.7月10日,5日从厦门南方纺织品有限公司购进的毛涤面料验收入库。收料单如表3-9所示。

4.7月11日,第一生产车间加工001号红色女风衣,领用毛涤面料2 600米。领料单如表

3—10所示。

5. 7月15日,第二生产车间加工001号红色女风衣,领用毛涤面料800米。领料单如表3—11所示。

6. 7月20日,从威海美诗纺织公司购进的毛涤面料,增值税专用发票如表3—12所示;企业开出转账支票支付货款,如表3—13所示;材料当天验收入库,填制收料单(如表3—14所示)。

7. 7月31日,购进毛涤面料一批,发票及结算凭证尚未收到,毛料按暂估价7 000元入库。保管员填写收料单(如表3—15所示)。

(二)实训要求

1. 根据以上相关资料,完成表3—8、表3—9、表3—10、表3—11、表3—14的填制。
2. 根据原始凭证编制记账凭证。
3. 根据记账凭证分别按先进先出法、全月一次加权平均、移动加权平均法计算本月发出材料的实际成本,并完成表3—16～表3—18的登记。

表 3-1

原材料 明细账

类别
品名：毛涤面料

计量单位：米
编　号：001

存放地点：第一仓库
最低储备量

年		凭证字号	摘要	借方			贷方			借或贷	余额		
月	日			数量	单价	金额	数量	单价	金额		数量	单价	金额
7	1		期初余额								200	12	2 400
	3		发出				180						
	4		购进	500	13	6 500							

表 3-2

厦门增值税专用发票　　　　　　№ 00111206

1500011162　　　　　　　　　　　发票联

开票日期：2010 年 7 月 5 日

购货单位	名　　称：威海锦尚服装有限公司				密码区	-9/>>/<6/66*033*-28+- +3-16710228 * 9-19-- + 7532926<078+593 - /7/61 >*8719<16625268/0>>*6		加密版本：01 3500011162 06043088
	纳税人识别号：370620795309888							
	地　址、电话：威海市文化东路58号,0631-5892888							
	开户行及账号：工行威海分行;7363110182800004410							
货物或应税劳务名称	规格型号	单位	数量	单价	金额	税率	税额
毛涤面料	600G 红	米	2 000	11.50	23 000.00	17%	3 910
合计					23 000.00		3 910.00
价税合计（大写）	⊗贰万陆仟玖佰壹拾元整					（小写）¥26 910.00	
销货单位	名　　称：厦门南方纺织品有限公司	备注
	纳税人识别号：350669841110011	
	地　址、电话：嘉禾路226号,0592-9852237	
	开户行及账号：中行湖里支行;9522105540000001088	

收款人：王立娜　　复核：　　开票人：王立娜　　销售单位盖章：

表 3-3

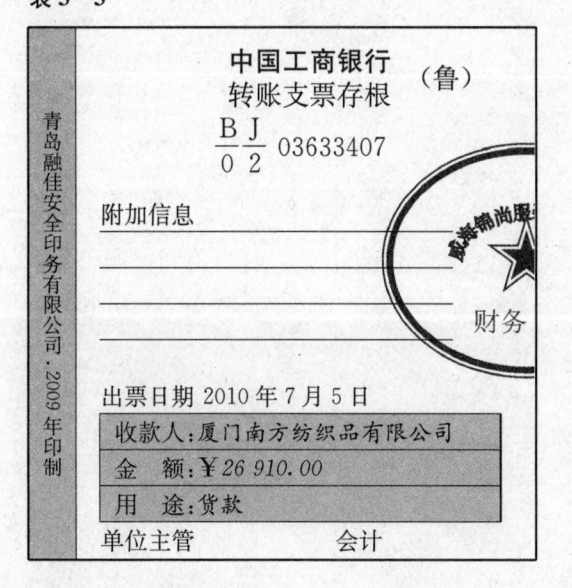

中国工商银行　　（鲁）
转账支票存根
B J
0 2　03633407

附加信息

出票日期 2010 年 7 月 5 日
收款人：厦门南方纺织品有限公司
金　额：¥26 910.00
用　途：货款
单位主管　　　会计

表 3—4

货物运输业增值税专用发票

№ 06183013

山东省
国家税务局监制

发　票　联

137100820163

00232607

开票日期：2010 年 7 月 5 日

承运人及纳税识别号	华泰运输公司 37100268069919	税控码	03－72＞17＋7680－＜/85＊0639＊89222639＊3＋6316//＜－6/0＜2＋66＜23＋39＊＜03＊65＜6＊＞5/76/16＞71＜17/－－＊＊＜＞3－－－538－5266＊7＊＜＋/8498＊187508＜7＞018＞09/85＜8025＜
实际受托方及纳税识别号	威海南方纺织品有限公司 350669841110011		
发货人及纳税识别号	威海南方纺织品有限公司 350669841110011	收货人及纳税识别号	威海锦尚服装有限公司 370620795309888
起运地、经由、到达地	广州、威海		
费用项目及金额	费用项目：运费　金额：3 000.00　费用项目　金额	运输货物信息	毛涤面料
合计金额	￥2 702.70　税率 11%　税额 ￥297.30	机器编号	589900198096
价税合计（大写）	⊗叁仟元整	（小写）	￥3 000.00
车种车号		车辆吨位	
主管税务机关及代码	威海市国家税务局 3710026	备注	华泰运输公司 37100268069919 发票专用章

收款人　　复核人　　开票人　邹艳　　承运人（章）

第二联　抵扣联　受票方扣税凭证

表 3—5

中国工商银行（鲁）

转账支票存根

$\frac{B\ J}{0\ 2}$ 03633408

附加信息

财务

出票日期 2010 年 7 月 5 日

收款人：	华泰运输公司
金　额：	￥3 000.00
用　途：	运输费

单位主管　　会计

青岛融佳安全印务有限公司．2009 年印制

表3-6

山东省增值税专用发票　　No 00206333

3700062120

开票日期：2010年7月8日

购货单位	名　　　称：威海锦尚服装有限公司 纳税人识别号：370620795309888 地　址、电　话：威海市文化东路58号，0631－5892888 开户行及账号：工行威海分行，7363110182800004410						密码区	－9/>>/<6/66＊033＊－28++ ＋3－16710258 ＊9－19－－+ 7535926<078＋593－/7/61 >＊8719<16655568/0>>8＊		加密版本：01 3700062120 06088430
货物或应税劳务名称	规格型号	单位	数量	单价	金额			税率	税额	
毛涤面料	600G 红	米	1 000	12.50	12 500.00			17％	2 125.00	
合计						12 500.00			2 125.00	
价税合计（大写）			⊗壹万肆仟陆佰贰拾伍元整				（小写）¥14 625.00			
销货单位	名　　　称：利宏服装辅料公司 纳税人识别号：37100274839125 地　址、电　话：威海市文化中路26号，0631－5286237 开户行及账号：中行环翠区支行，38249522105541088414						备注	（利宏服装辅料公司 37100274839125 销售单位盖章）		

收款人：万小华　　　复核：　　　开票人：万小华

表3-7

中国工商银行（鲁）
转账支票存根
$\frac{BJ}{02}$ 03633408

附加信息 _____
_____
_____

出票日期 2010年7月8日

收款人：	利宏服装辅料公司
金　额：	¥14 625.00
用　途：	货款

单位主管　　　　　会计

表 3—8

<u>收 料 单</u>

　　年　月　日　　　　　　　　　　　　　　　　　　　　编号:09070101

材料编号	材料名称	规格	材质	计量单位	数量		实际成本					第二联 记账
					应收	实收	买价		运杂费	其他	合计	
							单价	金额				
供货单位			结算方式			单据号码						
备注												

主管：　　　　质量检验员：　　　　仓库验收：　　　　经办人：
注联次说明：第一联　仓库留存(黑色)；第二联　记账(红色)；第三联　送料人留存(绿色)。

表 3—9

<u>收 料 单</u>

　　年　月　日　　　　　　　　　　　　　　　　　　　　编号:09070102

材料编号	材料名称	规格	材质	计量单位	数量		实际成本					第二联 记账
					应收	实收	买价		运杂费	其他	合计	
							单价	金额				
供货单位			结算方式			单据号码						
备注												

主管：　　　　质量检验员：　　　　仓库验收：　　　　经办人：
注联次说明：第一联　仓库留存(黑色)；第二联　记账(红色)；第三联　送料人留存(绿色)。

表 3—10

<u>领 料 单</u>

领料部门：
用途：　　　　　　　　　　　　　年　月　日　　　　编号:09070201

材料			单位	数量		成本									账页	第二联 会计部门记账
编号	名称	规格		请领	实发	单价	金额									
							百	十	万	千	百	十	元	角	分	
	合　计															

主管：　　　会计：　　　记账：　　　保管：　　　发料：　　　领料：

表 3—11

领 料 单

领料部门：
用途：　　　　　　　　　　　　　年　月　日　　　　　　　编号：09070202

材料			单位	数量		成本										账页
编号	名称	规格		请领	实发	单价	金额									
							百	十	万	千	百	十	元	角	分	
合　　计																

主管：　　　　会计：　　　　记账：　　　　保管：　　　　发料：　　　　领料：

第二联　会计部门记账

表 3—12

山东省增值税专用发票　　　　　　　　No 00206333

3700044110

开票日期：2010 年 7 月 20 日

购货单位	名　　　称：威海锦尚服装有限公司 纳税人识别号：370620795309888 地　址、电话：威海市文化东路 58 号，0631—5892888 开户行及账号：工行威海分行：7363110182800004410	密码区	—9/>>/<6/66*033*—28++ +3—16710258*9—19——+ 7535926<078+593—/7/61 >*8719<16655568/0>>8*	加密版本：01 3700044110 06088430

货物或应税劳务名称	规格型号	单位	数量	单价	金额	税率	税额
毛涤面料	600G 红	米	600	12.00	7 200.00	17%	1 224.00
合　计					7 200.00		1 224.00

价税合计(大写)　⊗捌仟肆佰贰拾肆元整　　　　　　　　(小写)¥8 424.00

销货单位	名　　　称：威海美诗纺织公司 纳税人识别号：37100912527483 地　址、电话：威海市文化中路 26 号，0631—5286237 开户行及账号：中行环翠区支行：3824952210554108814	备注	威海美诗纺织公司 37100125274839 发票专用章

收款人：郭辉　　复核：　　开票人：郭辉　　销售单位盖章：

第二联：发票联　购货方记账凭证

表 3—13

中国工商银行　　（鲁）
转账支票存根
$\frac{BJ}{02}$ 03633409

附加信息 _____
_____
_____

出票日期 2010 年 7 月 20 日
收款人：威海美诗纺织公司
金　额：¥8 424.00
用　途：货款
单位主管　　　　会计

青岛融佳安全印务有限公司·2009 年印制

表3-14

收料单

年　月　日　　　　　　　　　　　　　　　　　　　　　　　　编号:09070103

材料编号	材料名称	规格	材质	计量单位	数量		实　际　成　本					第二联 记账
					应收	实收	买价		运杂费	其他	合计	
							单价	金额				
供货单位			结算方式			单据号码						
备注												

主管:　　　　　质量检验员:　　　　　仓库验收:　　　　　经办人:
注联次说明:第一联　仓库留存(黑色);第二联　记账(红色);第三联　送料人留存(绿色)。

表3-15

收料单

2010年7月31日　　　　　　　　　　　　　　　　　　　　　　编号:09070104

材料编号	材料名称	规格	材质	计量单位	数量		实　际　成　本					第二联 记账
					应收	实收	买价		运杂费	其他	合计	
							单价	金额				
02	黑色毛料	8020M		米	100	100					7 000.00	
供货单位			结算方式			单据号码		材料计划成本				
备注												

主管:张燕　　　质量检验员:于小燕　　　仓库验收:赵华　　　经办人:王磊
注联次说明:第一联　仓库留存(黑色);第二联　记账(红色);第三联　送料人留存(绿色)。

表3-16

原材料　明细账(先进先出法)

类别　　　　　　　　　　　计量单位:米　　　　　　　　　存放地点:第一仓库
品名:毛涤面料　　　　　　编　　号:001　　　　　　　　最低储备量

年		凭证字号	摘　要	借方			贷方			借或贷	余　额		
月	日			数量	单价	金额	数量	单价	金额		数量	单价	金额
7	1		期初余额								200	12	2 400
	3		发出				180						
	4		购进	500	13	6 500							

表3—17

原材料 明细账（全月一次加权平均法）

类别　　　　　　　　　　　　计量单位：米　　　　　　　　　　存放地点：第一仓库
品名：毛涤面料　　　　　　　　编　　号：001　　　　　　　　　最低储备量

年		凭证字号	摘要	借方			贷方			借或贷	余额		
月	日			数量	单价	金额	数量	单价	金额		数量	单价	金额
7	1		期初余额								200	12	2 400
	3		发出				180						
	4		购进	500	13	6 500							

表3—18

原材料 明细账（移动加权平均法）

类别　　　　　　　　　　　　计量单位：米　　　　　　　　　　存放地点：第一仓库
品名：毛涤面料　　　　　　　　编　　号：001　　　　　　　　　最低储备量

年		凭证字号	摘要	借方			贷方			借或贷	余额		
月	日			数量	单价	金额	数量	单价	金额		数量	单价	金额
7	1		期初余额								200	12	2 400
	3		发出				180						
	4		购进	500	13	6 500							

三、计划成本法——库存商品收发业务的实训

威海锦尚服装有限公司对库存商品采用计划成本法核算，红色女风衣单位计划成本130元。2010年7月1日～14日库存商品及库存商品成本差异明细账如表3—19、表3—20所示。7月14日后企业发生的商品收发业务资料如下：

1. 7月15日,第一仓库收到第一生产车间交来的编号为100705的生产单一张,生产单上列示完工产品001号红色女风衣10件,每件单位成本128元。仓库保管员赵华将风衣验收入库并填写入库单(如表3—21所示)。

2. 7月20日,向威海文联百货公司销售红色女风衣18件,销售发票、进账单及产品出库单如表3—22、表3—23、表3—24所示。

3. 7月25日,第一仓库收到第二生产车间交来的编号为100725的生产单一张,生产单上列示完工产品001号红色女风衣80件,每件单位成本125元。仓库保管员填写入库单(如表3—25所示)。

4. 7月30日,向威海文联百货公司销售红色女风衣70件,销售发票、产品出库单如表3—26、表3—27所示。货款暂未收取。

实训要求:

1. 根据以上企业相关资料,完成表3—21、表3—24、表3—25、表3—27的填制。
2. 计算本月商品成本差异率,并编制相关的记账凭证。
3. 根据记账凭证完成如表3—19、表3—20所示的登记工作。

表3—19

库存商品 明细账

类别   计量单位:件   存放地点:
品名:红色女风衣   编　号:001   计划单价:130元/件

年		凭证	摘要	借方			贷方			借或贷	余额		
月	日	字号		数量	单价	金额	数量	单价	金额		数量	单价	金额
7	1		期初余额								80	130	10 400
	3		入库	20									
	5		出库				90						
	10		入库	30									
	14		出库				25						

表 3-20

商品成本差异 明细账

类别　　　　　　　　　计量单位：件　　　　　　　　存放地点：
品名：红色女风衣　　　编　　号：001

年		凭证字号	摘要	借方	贷方	借或贷	余额
月	日						
7	1		期初余额			借	80
	3		入库	20			
	10		入库		60		

表 3-21

物资类别		入 库 单　　　　　　　　　　　　No 0078501
		年　月　日　　　　　　　　　　连续号 4466

交来单位及部门		发票号码或生产单号码		验收仓库		入库日期		
编号	名称及规格	单位	数量		实际价格		第二联记账
			交库	实收	交库	实收	

财务部门主管　　　记账　　　保管部门主管　　　验收　　　单位部门主管　　　缴库

表 3—22

山东省增值税专用发票

No 00006344

3700016562

开票日期：2010 年 7 月 20 日

购货单位	名　　　称：威海文联百货公司 纳税人识别号：37100839125274 地　址、电　话：威海市新威路62号，0631—5237862 开户行及账号：农行环翠区支行：495221055410881438	密码区	—9/>>/<6/66＊033＊—28++ +3—16719—19— — +7535926 <078+593 — /7/61>＊8719 <16655568/0>>8＊025812	加密版本：01 3700016562 06030884

货物或应税劳务名称	规格型号	单位	数量	单价	金额	税率	税额
红色女风衣	001	件	18	200.00	3 600.00	17%	612.00
合　　计					3 600.00		612.00
价税合计（大写）	⊗肆仟贰佰壹拾贰元整				（小写）¥4 212.00		

销货单位	名　　　称：威海锦尚服装有限公司 纳税人识别号：370620795309888 地　址、电　话：威海市文化东路58号，0631—5892888 开户行及账号：工行威海分行：7363110182800004410	备注	

收款人：　　　　　复核：　　　　　开票人：李惠　　　　　销售单位盖章

第四联：记账联　销货方记账凭证

表 3—23

中国工商银行进账单　1

鲁中 1007（三联）

2010 年 7 月 20 日

付款人	全　称	威海文联百货公司	收款人	全　称	威海锦尚服装有限公司
	账　号	495221055410881438		账　号	7363110182800004410
	开户银行	农行环翠区支行		开户银行	工行威海分行

金额货币大写	肆仟贰佰壹拾贰元整	亿 千 百 十 万 千 百 十 元 角 分 　　　　　　　¥ 4 2 1 2 0 0

票据种类	转账支票	票据张数	壹张
票据号码	03631308		
复核：		记账：	

转讫
(10)
中国工商银行威海分行
2010.07.20

开户银行业务公章

此联开户银行给持票人的回单

青岛中苑金融安全印刷有限公司印制

表 3—24

出　库　单

No 0057801
连续号 5546

物资类别			年　月　日				

提货单位或领货部门		发票号码或生产单号码		出货仓库		出库日期	

编号	名称及规格	单位	数量		实际价格		计划价格		价格差异
			应发	实发	单价	金额	单价	金额	
	合　计								

财务部门主管　　　记账　　　保管部门主管　　　发货　　　单位部门主管

第二联　记账

表 3-25

入 库 单

No 0078501
年 月 日
连续号 4468

物资类别											
交来单位及部门			发票号码或生产单号码			验收仓库		入库日期			
编号	名称及规格	单位	数量		实际价格		计划价格		价格差异		
			交库	实收	单价	金额	单价	金额			
合 计											

财务部门主管　　记账　　保管部门主管　　验收　　单位部门主管　　缴库

第二联 记账

表 3-26

山东省增值税专用发票

No 00006345

3700016568

发票联

开票日期：2010 年 7 月 30 日

购货单位	名　　称：威海文联百货公司 纳税人识别号：37100839125274 地　址、电话：威海市新威路 62 号，0631-5237862 开户行及账号：农行环翠区支行：495221055410881438			密码区	3*-28+++3-16719-19- -9/>-+7535926<078+593 -/7/61>*8719<16655568/ 0>>8*025812>/<6/66*03		加密版本：01 3700016568 06030884
货物或应税劳务名称		规格型号	单位	数量	单价	金额	税率	税额
红色女风衣		001	件	70	200.00	14 000.00	17%	2 380.00
合 计						14 000.00		2 380.00
价税合计（大写）		⊗壹万陆仟叁佰捌拾元整					（小写）￥16 380.00	
销货单位	名　　称：威海锦尚服装有限公司 纳税人识别号：370620795309888 地　址、电话：威海市文化东路 58 号，0631-5892888 开户行及账号：工行威海分行：736311018280004410			备注				

收款人：　　　　复核：　　　　开票人：李惠　　　　销售单位盖章：

第四联：记账联 销货方记账凭证

表 3-27

出 库 单

No 0057801
年 月 日
连续号 5547

物资类别											
提货单位或领货部门			发票号码或生产单号码			出货仓库		出库日期			
编号	名称及规格	单位	数量		实际价格		计划价格		价格差异		
			应发	实发	单价	金额	单价	金额			
合 计											

财务部门主管　　记账　　保管部门主管　　发货　　单位部门主管

第二联 记账

实训四

固定资产会计岗位实训

【实训目标】
- 根据购进的固定资产办理固定资产增加的业务；
- 完成固定资产折旧的计算；
- 完成固定资产折旧计算表的填制；
- 完成固定资产增加、处置、计提折旧业务记账凭证的编制。

【技能要求】
- 认识外购、自制固定资产的原始凭证；
- 能准确填写固定资产增加、减少、计提折旧业务中的自制原始凭证；
- 能正确根据原始凭证编制记账凭证。

【实训准备】
- 参阅《企业会计准则第4号——固定资产》、《中华人民共和国企业所得税法实施条例》第五十九条和第六十条等法规；
- 参考"中华会计网校"(www.chinaacc.com)、"无忧会计"(www.51kj.com.cn)等网站；
- 准备好多媒体设施、实物展台等教学设施；
- 分配空白的记账凭证、空白的固定资产验收单、固定资产折旧计算表等实训物资。

【实训指导】

流程一 固定资产增加业务核算

固定资产按取得方式的不同分为外购、自制和其他方式取得(投资者投入、非货币性交易、债务重组、融资租赁等)，《企业会计准则第4号——固定资产》中,固定资产应当按照成本进行初始计量。

外购固定资产的成本,包括购买价款、相关税费、使固定资产达到预定可使用状态前所发生的可归属于该项资产的运输费、装卸费、安装费和专业人员服务费等;自行建造固定资产的成本,由建造该项资产达到预定可使用状态前所发生的必要支出构成;投资者投入固定资产的成本,应当按照投资合同或协议约定的价值确定;盘盈的固定资产,作为前期差错处理,在按管理权限报经批准处理前,应先通过"以前年度损益调整"科目核算;企业通过非货币性资产交换、债务重组、企业合并等方式取得的固定资产,其成本应当分别按照相关准则规定确定。

这里主要介绍外购固定资产与建造固定资产业务的会计处理。

一、外购固定资产业务的会计处理

1. 企业购入的固定资产中不需要安装的固定资产取得成本为企业实际支付的购买价款、包装费、运杂费、保险费、专业人员服务费和相关税费等。

2. 需要安装的固定资产取得成本是在前者取得成本的基础上,加上安装调试成本作为固定资产价值。

二、自行建造固定资产业务核算

自行建造固定资产的成本,由建造该项资产达到预定可使用状态前所发生的必要支出构成,包括工程物资成本、人工成本、缴纳的相关税费、应予资本化的借款费用以及应分摊的间接费用等。

企业自行建造固定资产包括自营建造和出包建造两种方式。

1. 自营方式建造固定资产。企业以自营方式建造固定资产,其成本应当按照企业为建造固定资产准备的各种物资实际支付的买价、运输费、保险费等相关税费作为实际成本,并按照各种专项物资的种类进行明细核算;建造固定资产领用工程物资、原材料或库存商品,应按其实际成本转入所建工程成本,应负担的职工薪酬、水、电、运输等其他必要支出等也应计入所建工程项目的成本。企业自营方式建造固定资产,发生的工程成本应通过"在建工程"科目核算,工程完工达到预定可使用状态时,从"在建工程"科目转入"固定资产"科目。

2. 出包方式建造固定资产。在出包方式下,企业通过招标方式将工程项目发包给建造承包商,企业要与建造承包商签订建造合同,企业是建造合同的甲方,负责筹集资金和组织管理工程建设,通常称为建设单位,建造承包商是建造合同的乙方,负责建筑安装工程施工任务。企业以出包方式建造固定资产,其成本由建造该项固定资产达到预定可使用状态前所发生的必要支出构成。对于发包企业而言,建筑工程支出、安装工程支出是构成在建工程成本的重要内容,发包企业按照合同规定的结算方式和工程进度定期与建造承包商办理工程价款结算,结算的工程价款计入在建工程成本。

流程二 固定资产折旧业务的核算

一、固定资产计提折旧的范围

企业应当按月对所有的固定资产计提折旧,并根据用途计入相关资产的成本或当期损益。当月增加的固定资产当月不提折旧,从下月起计提折旧;当月减少的固定资产当月仍计提折旧,从下月起不计提折旧;已达到预定可使用状态但尚未办理竣工决算手续的固定资产,应当按照估计价值确定其成本,并计提折旧;待办理竣工决算后再按实际成本调整原来的暂估价值,但不需要调整原已计提的折旧额。

固定资产提足折旧后,不论能否继续使用,均不再计提折旧,提前报废的固定资产也不再计提折旧。

二、固定资产计提折旧的方法

在实际工作中按会计制度的规定,企业应当根据实际情况选择折旧方法,包括年限平均法、工作量法、双倍余额递减法和年数总和法等,其中前两种属直线法,后两种属加速折旧法。折旧方法一经确定,不得随意变更。

1. 年限平均法

年限平均法又称直线法,是指将固定资产的应计折旧额均衡地分摊到固定资产预计使用寿命内的一种方法。采用这种方法计算的每期折旧额均相等。计算公式如下:

$$年折旧率 = \frac{1-预计净残值率}{预计使用寿命(年)} \times 100\%$$

月折旧率＝年折旧率÷12

月折旧额＝固定资产原价×月折旧率

2. 工作量法(直线法)

工作量法是根据实际工作量计算每期应提折旧额的一种方法。计算公式如下:

单位工作量折旧额＝固定资产原价×(1－预计净残值率)/预计总工作量

某项固定资产月折旧额＝该项固定资产当月工作量×单位工作量折旧额

3. 双倍余额递减法(加速折旧法)

双倍余额递减法,是指在不考虑固定资产预计净残值的情况下,根据每期期初固定资产原价减去累计折旧后的余额和双倍的直线法折旧率计算固定资产折旧的一种方法。计算公式如下:

年折旧率＝2/预计使用寿命(年)×100%

月折旧率＝年折旧率÷12

月折旧额＝固定资产账面净值×月折旧率

4. 年数总和法(加速折旧法)

年数总和法,又称年限合计法,是将固定资产的原价减去预计净残值的余额乘以一个以固定资产尚可使用寿命为分子、以预计使用寿命逐年数字之和为分母的逐年递减的分数计算每年的折旧额。计算公式如下:

年折旧率＝尚可使用年限/预计使用寿命的年数总和×100%

月折旧率＝年折旧率÷12

月折旧额＝(固定资产原价－预计净残值)×月折旧率

流程三 固定资产处置业务的核算

企业在生产经营过程中,对那些不适用或不需用的固定资产可以通过对外出售的方式进行处置;对那些由于使用而不断磨损直到最终报废,或由于技术进步等原因发生提前报废,或由于遭受自然灾害等非正常损失发生毁损的固定资产应及时进行清理。此外,企业因其他原因,如对外投资、债务重组、非货币性交易等而减少的固定资产,也属于固定资产的处置。

企业因出售、转让、报废或毁损、对外投资、非货币性资产交换、债务重组等处置固定资产,其会计处理一般经过以下几个步骤:

第一,将固定资产账面价值转入"固定资产清理"科目。

第二,将固定资产清理过程中发生的有关费用以及应支付的相关税费计入"固定资产清理"科目。

第三,将企业收回出售固定资产的价款、残料价值和变价收入等冲减清理支出。

第四,将收到的应由保险公司或过失人赔偿的损失冲减清理支出。

第五,结转清理净损溢。

【实训材料】

一、外购固定资产业务实训

(一)企业外购固定资产相关资料

1. 2010年6月5日,威海锦尚服装有限公司从本市兴和缝纫设备厂购入不需安装的缝纫设备5台,价格30 000元,增值税5 100元,计35 100元;运费700元。开出转账支票支付全部价款。原始凭证如表4—1~表4—3所示。

2. 当日,生产部门的王海办理了缝纫设备的验收手续,并填制固定资产验收单及固定资产卡片。原始凭证如表4—4、表4—5所示。

3. 2010年6月10日,威海锦尚服装有限公司又从本市兴和缝纫设备厂购入需要安装的整烫机一台,价格20 000元,增值税3 400元,计23 400元;发生运费200元。开出转账支票支付全部价款。原始凭证如表4—6~表4—8所示。

4. 6月11日,对整烫机进行安装,支付安装费4 000元。原始凭证共8张(如表4—9~表4—10所示)。

5. 6月15日,安装工程完工,交付车间使用。原始凭证如表4—11所示。

(二)实训要求

1. 根据以上企业相关资料,完成表4—4、表4—5、表4—11的编制。
2. 根据原始凭证编制相关记账凭证。

表 4—1

山东省增值税专用发票　　　　No 00134420

3706170888

开票日期：2010 年 6 月 5 日

购货单位	名　称：威海锦尚服装有限公司 纳税人识别号：370620795309888 地　址、电　话：威海市文化东路 58 号，0631—5892888 开户行及账号：工行威海分行：736311018280000 4410					密码区	—9/1133221＞57＞77/＜6/66＊ 033＊—28＋—456789999＋4— 16710228＊9—19——＋＞ ＊8719＜16625268/0＞＞	加密版本：01 3706170888 06694700
货物或应税劳务名称	规格型号	单位	数量	单价	金额		税率	税额
缝纫机		台	5	6 000.00	30 000.00		17％	5 100.00
合计					30 000.00			5 100.00
价税合计（大写）	⊗叁万伍仟壹佰元整					（小写）¥35 100.00		
销货单位	名　称：威海兴和缝纫设备厂 纳税人识别号：371002728622222 地　址、电　话：世昌大道 99 号，0631—5860888 开户行及账号：农行区交行 1006100012017001288					备注	威海兴和缝纫设备厂 税号371002728622222 发票专用章	

收款人：张化艳　　复核：　　开票人：张化艳　　销售单位盖章：

表 4—2

货物运输业增值税专用发票　　　　No 00085780

代开　237100711102

00607232

开票日期：2010 年 6 月 5 日

承运人及 纳税识别号	威海长河运输公司 37100261980699		税控码	03—72＞17＋7680—＜/85＊0639＊89222639＊3＋ 6316//＜—6/0＜2＋66＜23＋39＊＜03＞65＜6＞ 5/76/16＞71＜17/——＊＊＜＞3——538—5266＊7 ＊＜＋/8498＊187508＜7＞018＞09/85＜8025＜	
实际受托方及 纳税识别号	威海市兴和缝纫设备厂 370620420214521			
发货人及 纳税识别号	威海市兴和缝纫设备厂 370620420214521		收货人及 纳税识别号	威海锦尚服装有限公司 370620795309888	
起运地、经由、到达地	广州、威海				
费用项目及金额	费用项目 运费	金额 700.00	费用项目	金额	运输货物信息	缝纫机五台
合计金额	¥630.63	税率	11％	税额	¥69.37	机器编号	580198096990
价税合计（大写）	⊗柒佰元整					（小写）¥700.00	
车种车号			车辆吨位		备注	威海长河运输公司 370620795309888 发票专用章
主管税务机关及代码	威海市地方税务局 3710000				

收款人：　　复核人：　　开票人：李良　　承运人（章）：

表 4—3

```
              中国工商银行      （鲁）
               转账支票存根
                 BJ
                 ── 02175080
                 02

         附加信息 _____
         _____
         _____

         出票日期 2010 年 6 月 5 日
         收款人：威海兴和缝纫设备厂
         金  额：￥35 800.00
         用  途：购设备

         单位主管          会计
```

青岛融佳安全印务有限公司·2009 年印制

表 4—4

固定资产验收单

年　　月　　日

名称及规格	数量	单位	买价	运费	包装费	金额
验收部门				验收人员		
备注						

表 4—5

固定资产卡片

卡片编号＿＿＿＿＿＿＿　　　　　　　　　　　　　　　　　　日期＿＿＿＿＿＿＿

固定资产编号＿＿＿＿＿＿	固定资产名称＿＿＿＿＿＿	
类别编号＿＿＿＿＿＿	类别名称＿＿＿＿＿＿	
规格型号＿＿＿＿＿＿	部门名称＿＿＿＿＿＿	
增加方式＿＿＿＿＿＿	存放地点＿＿＿＿＿＿	
使用状况＿＿＿＿＿＿	使用年限＿＿＿＿＿＿	折旧方法＿＿＿＿＿＿
工作总量＿＿＿＿＿＿	累计工作量＿＿＿＿＿＿	工作量单位＿＿＿＿＿＿
开始使用日期＿＿＿＿＿＿	已计提月份＿＿＿＿＿＿	币种＿＿＿＿＿＿
外币原值＿＿＿＿＿＿	汇率＿＿＿＿＿＿	币种单位＿＿＿＿＿＿
原值＿＿＿＿＿＿	净残值率＿＿＿＿＿＿	净残值＿＿＿＿＿＿
累计折旧＿＿＿＿＿＿	月折旧率＿＿＿＿＿＿	月折旧额＿＿＿＿＿＿
净值＿＿＿＿＿＿	对应折旧科目＿＿＿＿＿＿	项目＿＿＿＿＿＿

录入人　　　　　　　　　　　　　　　　　　　　　　　　　　　　　　录入日期

表 4-6

山东省增值税专用发票
No 00134302

3706170587

开票日期：2010 年 6 月 10 日

购货单位	名　　称：威海锦尚服装有限公司 纳税人识别号：370620795309888 地　址、电　话：威海市文化东路 58 号，0631-5892888 开户行及账号：工行威海分行：7363110182800004410	密码区	-9/>>/<6/66＊033＊-28++ +4-16710258＊9-19--1 7535926<078+593-/7/61 >＊8719<16655568/0>>8	加密版本：01 3706170587 30060884

货物或应税劳务名称	规格型号	单位	数量	单价	金额	税率	税额
整烫机		台	1	20 000.00	20 000.00	17%	3 400.00
合计					20 000.00		3 400.00

价税合计（大写）　⊗贰万叁仟肆佰元整　　　（小写）¥23 400.00

销货单位	名　　称：威海兴和缝纫设备厂 纳税人识别号：371002728622222 地　址、电　话：世昌大道 99 号，0631-5860888 开户行及账号：农行区交行 1006100012017001288	备注	（威海兴和缝纫设备厂 税号371002728622222 发票专用章）

收款人：张化艳　　　复核：　　　开票人：张化艳　　　销售单位盖章：

第二联：发票联 购货方记账凭证

表 4-7

货物运输业增值税专用发票
No 00085781

代开　237100711103
00607233

开票日期：2010 年 6 月 5 日

承运人及 纳税识别号	威海长河运输公司 371002619806699	税控码	03-72>17+7680-</85＊0639＊89222639＊3+ 6316//<-6/0<2+66<23+39＜03＞65<6＞ 5/76/16>71<17/--＊＜＞3---538-5266＊7 ＊<+/8498＊187508<7>018>09/85<8025<
实际受托方及 纳税识别号	威海市兴和缝纫设备厂 370620420214521		
发货人及 纳税识别号	威海市兴和缝纫设备厂 370620420214521	收货人及 纳税识别号	威海锦尚服装有限公司 370620795309888

起运地、经由、到达地　　广州、威海

费用项目及金额	费用项目	金额	费用项目	金额	运输货物信息	整烫机一台
	运费	200.00				

合计金额	¥180.18	税率	11%	税额	¥19.82	机器编号	589198096901

价税合计（大写）　⊗贰佰元整　　　（小写）¥200.00

车种车号		车辆吨位		备注	（威海长河运输公司 370620795309888 发票专用章）
主管税务机关及代码	威海市地方税务局 3710000				

收款人　　　复核人　　　开票人　李良　　　承运人（章）

第二联：抵扣联 受票方扣税凭证

表4—8

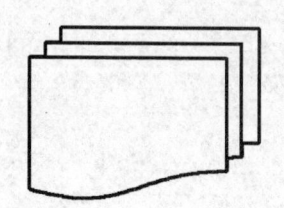

```
        中国工商银行        （鲁）
        转账支票存根
         B J
         ─ ─  02175081
         0 2

附加信息 _____
        _____
        _____

出票日期 2010 年 6 月 10 日

收款人：威海兴和缝纫设备厂
金  额：￥23 600.00
用  途：购设备

单位主管          会计
```

青岛融佳安全印务有限公司·2009年印制

表4—9

```
        山东省威海市通用定额发票
        WEIHAI SHANDONG QUOTA GENERAL INVOICE
                发  票  联

发票代码      237100800009
发票号码      2160365

                              500
密码：▉▉▉▉▉
经营项目：安装费
付款单位（个人）：
                    伍佰元
收款单位（盖章有效）  开票日期 2010 年 6 月 11 日
```

（张数：共 8 张）

表 4-10

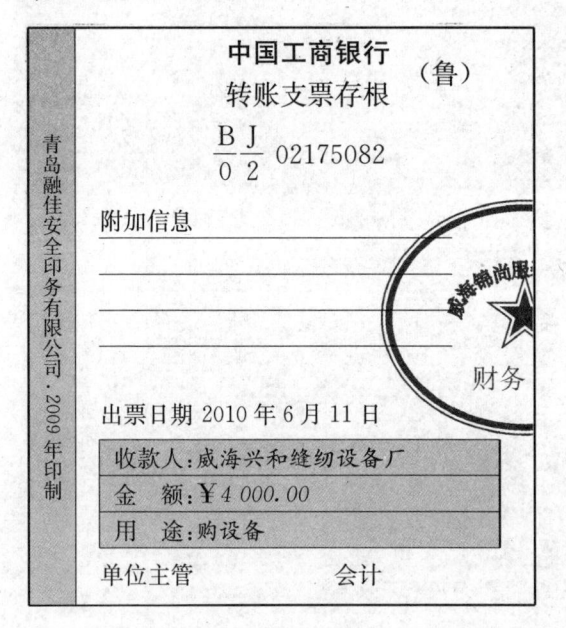

```
中国工商银行      (鲁)
转账支票存根
B J  02175082
0 2
附加信息
_____
_____
_____
出票日期 2010 年 6 月 11 日
收款人：威海兴和缝纫设备厂
金　额：￥4 000.00
用　途：购设备
单位主管          会计
```

表 4-11

固定资产验收单
2010 年 6 月 15 日

名称及规格	数量	单位	买价	运费	安装费	金额

验收部门		验收人员	
备注			

二、自营方式购建固定资产业务实训

（一）企业自营方式购建固定资产业务相关资料

1. 威海锦尚服装有限公司拟自建一个产品销售展厅，2010 年 6 月 10 日购入工程用 08 号建筑材料一批，款项已支付，原始凭证如表 4-12～表 4-13 所示。

2. 6 月 12 日，全部领用 10 日购入的工程物资，相关原始凭证如表 4-14 所示。

3. 6 月 13 日，工程部门从第一仓库领用 101 号甲材料 1 000 千克，用于工程建设，每千克成本价为 20 元。原始凭证如表 4-15 所示。

4. 6 月 30 日，结算工程人员工资，共 11 150 元。原始凭证如表 4-16 所示。

5. 6 月 30 日，销售展厅完工，办理竣工手续，销售展厅预计使用 5 年。原始凭证如表 4-17 所示。

（二）实训要求

1. 根据企业相关资料完成表 4-17 的填制。

2. 根据原始凭证，编制相关记账凭证。

表 4-12

山东省增值税专用发票　　　No 00302134

3706170679
校验码:05698738373793434302　　　　　　　　开票日期:2010年6月10日

购货单位	名　　称:威海锦尚服装有限公司 纳税人识别号:370620795309888 地址、电话:威海市文化东路58号,0631-5892888 开户行及账号:工行威海分行:7363110182800004410	密码区	-9/>>/<6/66*033*-28++ +4-16710258*9-19--+ 7535926<078+593 -/7/61 >*8719<16655568/0>>8*	加密版本:01 3706170679 06088430

货物或应税劳务名称	规格型号	单位	数量	单价	金额	税率	税额
建材		件	250	1 000	250 000.00	17%	42 500.00
合　计					250 000.00		42 500.00

价税合计(大写)　⊗贰拾玖万贰仟伍佰元整　　　　(小写)￥292 500.00

销货单位	名　　称:威海山水建材有限公司 纳税人识别号:37100272854321 地址、电话:昆明路185号,0631-5819632 开户行及账号:区交行:1006100120170001477	备注	(威海山水建材有限公司 3710272854321 销售单位盖章)

收款人:廖辉　　　复核:　　　开票人:廖辉

第二联:发票联 购货方记账凭证

表 4-13

入库单　　　No 0028522
2010年6月10日　　　连续号 4714

物资类别									
交来单位及部门	威海山水建材		发票号码或生产单号码	3706170679	验收仓库	第二仓库	入库日期	2010.06.10	

编号	名称及规格	单位	数量		实际价格		计划价格		价格差异
			交库	实收	单价	金额	单价	金额	
08	建材	件	250	250	1 170	292 500			
	合计		250	250		292 500			

财务部门主管 张燕　记账　保管部门主管 赵华　验收　单位部门主管　缴库

第二联 记账

表4-14

出 库 单
2010年6月12日　　　　　　　　　　　　　　　　　　　　　　No 12365

物资类别　　工程物资

提货单位及部门	工程部门	发票号码或生产单号码		发出仓库		出库日期	
编号	名称及规格	单位	数量 应发	数量 实发	单价	金额	备注
08	建材	件	250	250	1 170	292 500	
合 计						292 500	

主管：　　　审核：　　　领料：　　　发货：

二：记账联

表4-15

出 库 单
2010年6月13日　　　　　　　　　　　　　　　　　　　　　　No 12367

物资类别　　原材料

提货单位及部门	工程部门	发票号码或生产单号码		发出仓库		出库日期	
编号	名称及规格	单位	数量 应发	数量 实发	单价	金额	备注
101	甲材料	千克	1 000	1 000	20	20 000.00	
合 计						20 000.00	

主管：　　　审核：　　　领料：　　　发货：

二：记账联

表4-16

工程人员工资单
2010年6月30日

姓名	工时	单位工资标准	实发工资	签名
李 伟	20	60	1 200	
刘江成	35	60	2 100	
陆秀芳	25	50	1 250	
徐 舒	40	80	3 200	
金明正	30	60	1 800	
张华章	32	50	1 600	
合 计			11 150	

表 4—17

固定资产自建竣工验收单

年　月　日　　　　　　　　　　　　　　　　编号：5588

承建单位				使用单位			
原有固定资产	名称及规格	单位	数量	原始价值	已提折旧	净值	残值
完工后固定资产	名称及规格	单位	数量	自建费用	入账价值	年限	资金来源
备注							

三、出包方式购建固定资产业务实训

（一）出包方式购建固定资产业务相关资料

1. 威海锦尚服装有限公司于 2010 年 6 月拟建车间一幢，将工程以出包方式交给威海天安建筑公司，2 日开出转账支票一张支付预付工程款 45 万元，相关原始凭证如表 4—18、表 4—19 所示。

2. 2010 年 8 月 20 日补付工程款 15 万元，相关原始凭证如表 4—20、表 4—21 所示。

3. 2010 年 12 月 16 日建造的车间工程完工，办理竣工结算并验收（竣工决算书略）。竣工验收单如表 4—22 所示。

（二）实训要求

根据原始凭证，编制相关记账凭证。

表 4—18

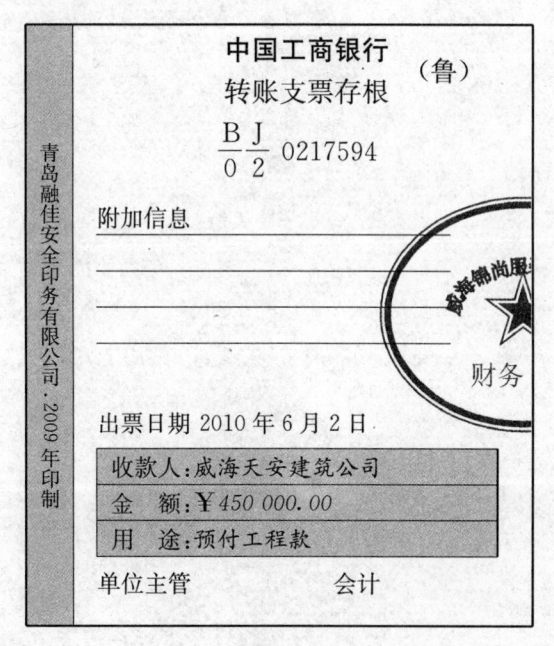

中国工商银行（鲁）
转账支票存根
$\frac{BJ}{02}$ 0217594

附加信息
_____
_____

出票日期 2010 年 6 月 2 日
收款人：威海天安建筑公司
金　额：¥450 000.00
用　途：预付工程款
单位主管　　　　　会计

表 4—19

威海市企业单位统一收款收据

2010 年 06 月 02 日　　　　　　　　　第 008542 号

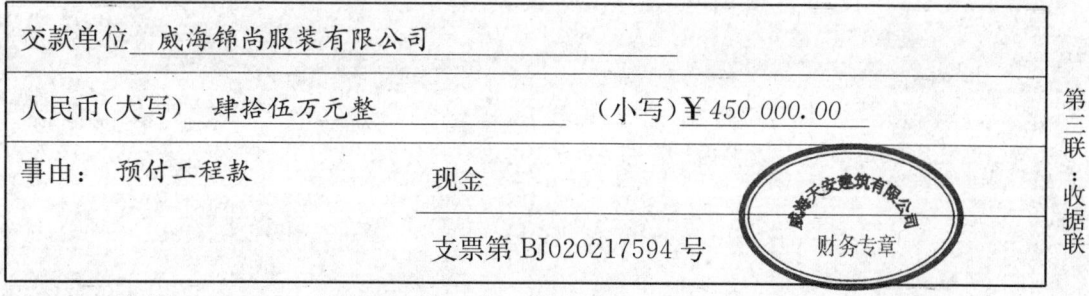

交款单位　威海锦尚服装有限公司
人民币(大写)　肆拾伍万元整　　　　(小写)￥450 000.00
事由：　预付工程款　　　现金 　　　　　　　　　　　　　支票第 BJ020217594 号
财务主管　　　　收款人　　　　单位名称(盖章)

第三联：收据联

表 4—20

中国工商银行　(鲁)
转账支票存根
$\dfrac{BJ}{02}$ 0217521

附加信息

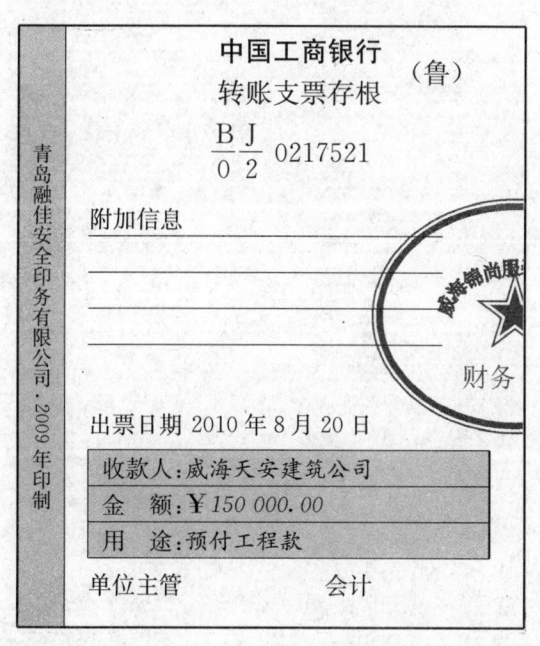

出票日期 2010 年 8 月 20 日

收款人：威海天安建筑公司
金　额：￥150 000.00
用　途：预付工程款

单位主管　　　会计

青岛融佳安全印务有限公司·2009 年印制

表 4—21

威海市企业单位统一收款收据

2010 年 08 月 20 日　　　　　　　　　第 008587 号

交款单位　威海锦尚服装有限公司
人民币(大写)　壹拾伍万元整　　　　(小写)￥150 000.00
事由：　预付工程款　　　现金 　　　　　　　　　　　　　支票第 BJ020217521 号
财务主管　　　　收款人　　　　单位名称(盖章)

第三联：收据联

表4-22

固定资产自建竣工验收单

2010年12月16日　　　　　　　　　　　　　编号：5598

出包单位	威海锦尚服装有限公司			承建单位	威海天安建筑有限公司		
原有固定资产	名称及规格	单位	数量	原始价值	已提折旧	净值	残值
完工后固定资产	名称及规格	单位	数量	自建费用	入账价值	年限	资金来源
	车间	幢	1	600 000.00	600 000.00	10	自筹
备注	出包方式建车间一幢						

四、固定资产计提折旧

（一）计提折旧的方法

1. 平均年限法

威海锦尚服装有限公司车间一幢，原值为60万元，预计可使用年限20年，预计报废时净残值率为5%，采用平均年限法计提该车间年折旧、月折旧额，相关原始凭证如表4-23所示。

2. 工作量法

威海锦尚服装有限公司车间一台染色机，原值为45 000元，预计总工作量100 000小时，预计报废时净残值为2 250元，2010年6月工作200小时，假设采用工作量法计提该设备折旧，计算2010年6月应计提的折旧，相关原始凭证如表4-24所示。

3. 双倍余额递减法

威海锦尚服装有限公司车间2010年5月初购入一台空调，原值为32 000元，预计使用年限5年，预计报废时净残值为1 600元，假设采用双倍余额递减法计提该设备折旧，计算出每年的折旧额及2010年6月应计提的折旧，相关原始凭证如表4-25所示。

4. 年数总和法

威海锦尚服装有限公司车间2010年5月初购入一台缝纫机，原值为35 800元，预计使用年限5年，预计报废时净残值为1 790元，假设采用年数总和法计提该设备折旧，计算出每年的折旧额及2010年6月应计提的折旧。相关原始凭证如表4-26所示。

（二）计提折旧的核算

威海锦尚服装有限公司2010年6月末，根据固定资产折旧计提表，根据资产使用部门计算编制固定资产折旧费用分配表，据此编制2010年6月计提折旧的记账凭证。相关原始凭证如表4-27、表4-28所示。

（三）实训要求

1. 根据企业相关资料计算并填写表4-23～表4-26的内容。
2. 根据表4-27、表4-28编制记账凭证。

表4-23

固定资产折旧计算表(平均年限法)

年　　月　　日　　　　　　　　　　　　　　　　　　　　　　单位:元

部门	名称	原值	净残值率	应提年折旧额	应提月折旧额	备注

主管:　　　　　　　会计:　　　　　　　复核:　　　　　　　制单:

表4-24

固定资产折旧计算表(工作量法)

年　　月　　日　　　　　　　　　　　　　　　　　　　　　　单位:元

部门	名称	原值	净残值率	应提年折旧额	应提月折旧额	备注

主管:　　　　　　　会计:　　　　　　　复核:　　　　　　　制单:

表4-25

固定资产折旧计算表(双倍余额递减法)

年　　月　　日　　　　　　　　　　　　　　　　　　　　　　单位:元

使用年限	年初账面折余价值	年折旧率	年折旧额	累计折旧	年末账面折余价值	月折旧额
1						
2						
3						
4						
5						

主管:　　　　　　　会计:　　　　　　　复核:　　　　　　　制单:

表4-26

固定资产折旧计算表(年数总和法)

年　　月　　日　　　　　　　　　　　　　　　　　　　　　　单位:元

使用年限	折旧基数	尚可使用年限	年折旧率	年折旧额	累计折旧额	月折旧额
1						
2						
3						
4						
5						

主管:　　　　　　　会计:　　　　　　　复核:　　　　　　　制单:

表4—27

固定资产折旧计提表
2010年6月30日

卡片编号	资产编号	资产名称	原值	计提原值	本月折旧	累计折旧	净残值	折旧率
00001	0200001	流水线1	16 150.00	16 150.00	121.13	2 543.73	1 615.00	0.75%
…	…	…	…	…	…	…	…	…
00018	0300003	电脑	8 400.00	8 400.00	126.00	2 646.00	840.00	1.50%
…	…	…	…	…	…	…	…	…
合计	…	…	…	…	…	27 580.00	…	…

主管:张燕　　　　会计:李惠　　　　复核:　　　　制单:王萍

表4—28

固定资产折旧费用分配表
2010年6月30日　　　　　　　　　　　　　　　　单位:元

部门	应提折旧额	备注
管理部门	3 300	
一车间	8 480	
二车间	10 200	
三车间	5 600	
合　计	27 580	

主管:张燕　　　　会计:李惠　　　　复核:　　　　制单:王萍

五、固定资产处置业务实训

(一)固定资产处置业务相关资料

1. 威海锦尚服装有限公司于2010年6月30日将一台不需用设备出售给威海海螺服饰有限公司,设备原值7 500元,已提折旧675元,售价7 200元,原始凭证如表4—29~表4—31所示。

2. 2010年6月30日,威海锦尚服装有限公司报废一台生产设备,设备原值5 000元,已提折旧4 500元,支付清理费200元,原始凭证如表4—32、表4—33所示。

3. 2010年6月30日,威海锦尚服装有限公司因火灾毁损仓库一幢,原值250 000元,已提折旧112 500元,发生清理费用500元;由于仓库已经投保,6月30日收到保险公司理赔单,应收保险赔款50 000元,原始凭证如表4—34~表4—36所示。

4. 2010年6月30日,威海锦尚服装有限公司在财产清查中盘亏设备一台,其账面价值89 000元,已提折旧36 000元,经批准作为营业外支出处理,其相关原始凭证如表4—37所示。

(二)实训要求

根据原始凭证,编制相关记账凭证。

表 4—29

固定资产处置申请单

固定资产编号:00089　　　　　2010 年 6 月 30 日　　　　　固定资产卡片号:200809012

固定资产名称	规格型号	单位	数量	预计使用年限	原值	已提折旧	备注
起毛机		台	1	10	7 500	675	出售
使用部门	第一生产车间							
固定资产状况及处置原因	闲置未用						
处置意见	使用部门 ×××	技术鉴定小组 ×××		固定资产管理部门 ×××			主管部门审批 ×××

表 4—30

固定资产出售清单

2010 年 6 月 30 日

销售单位	威海锦尚服装有限公司				购入单位	威海海螺服饰有限公司	
名称	单位	数量	原值	已提折旧	净值		方式
起毛机	台	1	7 500	675	6 825		出售
出售价格	￥7 200			备注			

主管:张燕　　　　　会计:李惠　　　　　复核:　　　　　制单:王萍

表 4—31

中国工商银行进账单　1　鲁中1007(三联)

2010 年 06 月 30 日

付款人	全　称	威海海螺服饰有限公司	收款人	全　称	威海锦尚服装有限公司								
	账　号	000183600005518		账　号	7363110182800004410								
	开户银行	建行威海分行		开户银行	工行威海分行								
金额货币大写	柒仟贰佰元整		亿	千	百	十	万	千	百	十	元	角	分
								￥	7	2	0	0	0	0
票据种类	转账支票	票据张数	壹张									
票据号码	8865												
复核:		记账:				开户银行业务公章						

中国工商银行威海分行
2010.06.30
转讫
(10)

此联开户银行给持票人的回单

青岛中苑金融安全印刷有限公司印制

表 4—32

固定资产报废申请单

2010 年 6 月 30 日

名称机型号	单位	数量	原始价值	已提折旧	净值	清理费用	残值收入
剪毛机	台	1	5 000	4 500	500	200	
报废原因	损坏,无法使用			处理意见:	统一报废处理		

单位:(公章)　　　　　　　主管:张燕　　　　　　　会计:李惠

表 4—33

山东省威海市通用定额发票
WEIHAI SHANDONG QUOTA GENERAL INVOICE
发 票 联　　200

发票代码:237100800009

发票号码:2160365

密码:

经营项目:清理费

付款单位(个人):

　　　　　　　　贰佰元

收款单位(盖章有效)　　开票日期 2010 年 06 月 30 日

表 4—34

固定资产报废申请单

2010 年 6 月 30 日

名称机型号	单位	数量	原始价值	已提折旧	净值	清理费用	残值收入
仓库	幢	1	250 000	112 500	137 500	500	
报废原因	火灾损坏,无法使用			处理意见:	同意。×× ×		

单位:(公章)　　　　　　　主管:张燕　　　　　　　会计:李惠

表4-35

山东省威海市通用定额发票
WEIHAI SHANDONG QUOTA GENERAL INVOICE

500

发票联

发票代码:237100800009
发票号码:2160365
密码:
经营项目:清理费
付款单位(个人):

伍佰元

收款单位(盖章有效)　　开票日期 2010 年 06 月 30 日

表4-36

中国人民保险公司财产险赔款理赔单

字第 08 号

被保险人:威海锦尚服装有限公司

理赔金额:　　50 000.00

人民币(大写)伍万元整

(保险公司签章)

日期:2010 年 6 月 30 日

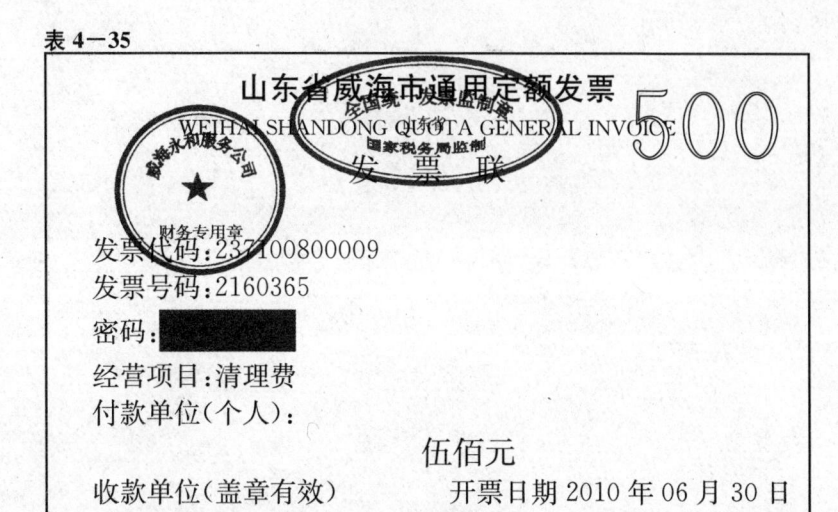

表4-37

固定资产盘盈盘亏报告单
2010 年 6 月 30 日

固定资产名称	盘盈			盘亏			原因
	数量	市场价格	损耗	数量	原始价值	已提折旧	
生产设备				1	89 000	36 000	丢失
处理意见	同意做盘亏处理,按净值 53 000 元列为企业营业外支出。 ×××						

财务主管:张燕　　　　　　　　　　　　　　制单:李惠

实训五

职工薪酬会计岗位实训

【实训目标】
- 了解职工薪酬的内容构成；
- 完成计时工资计算明细表、计件工资计算明细表、工资结算单的填制；
- 完成职工工资发放工作；
- 完成各种代扣业务的核算。

【技能要求】
- 认识职工薪酬计算分配及发放过程中涉及的原始凭证；
- 能掌握职工工资计算、发放的程序和方法；
- 能正确编制职工薪酬分配和发放业务的记账凭证。

【实训准备】
- 参阅《企业会计准则第9号——职工薪酬》、《关于职工工资总额组成的规定》(1989年第1号令)、《中华人民共和国个人所得税法》等法规；
- 参考"中华会计网校"(www.chinaacc.com)、"无忧会计"(www.51kj.com.cn)等网站；
- 准备好多媒体设施、实物展台等教学设施；
- 分配空白的记账凭证、空白的工资结算单等实训物资。

【实训指导】

流程一 职工薪酬的计算

一、职工薪酬的构成

职工薪酬,是指企业为获得职工提供的服务而给予各种形式的报酬以及其他相关支出。其内容包括：

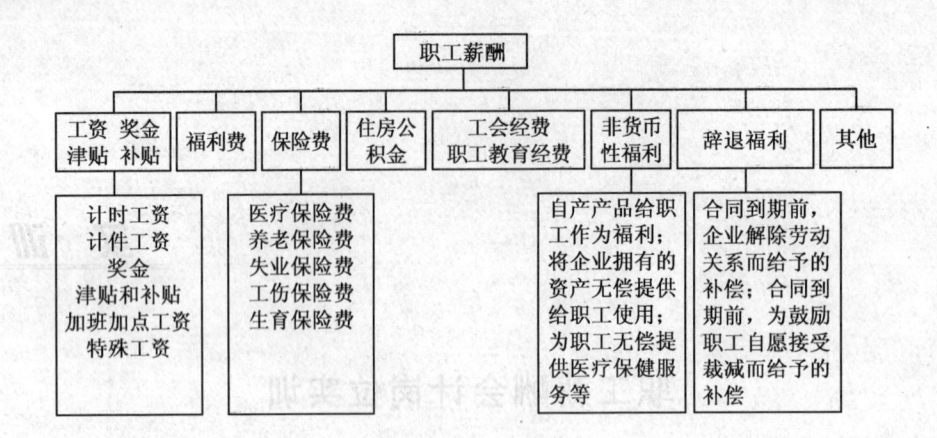

```
                              职工薪酬
        ┌────────┬──────┬──────┬──────┬────────┬──────┬──────┬────┐
        工资奖金  福利费  保险费  住房公  工会经费  非货币  辞退福利 其他
        津贴补贴               积金   职工教育经费 性福利
        │                │              │        │
        计时工资         医疗保险费      自产产品给职  合同到期前,
        计件工资         养老保险费      工作为福利;  企业解除劳动
        奖金             失业保险费      将企业拥有的  关系而给予的
        津贴和补贴       工伤保险费      资产无偿提供  补偿;合同到
        加班加点工资     生育保险费      给职工使用;  期前,为鼓励
        特殊工资                        为职工无偿提   职工自愿接受
                                       供医疗保健服   裁减而给予的
                                       务等           补偿
```

二、职工薪酬的计算

（一）工资总额的组成

工资总额是指各单位在一定时期内直接支付给本单位全部职工的劳动报酬总额。企业职工工资总额由计时工资、计件工资、奖金、岗位工资、技能工资、特殊工资、津贴、工资总额补贴、加班加点工资和特殊情况下支付的工资构成。

（二）工资的计算

1. 计件工资的计算

计件工资是按产量记录和计件单价进行计算的。产量包括合格品的数量和料废品数量（由于料不合格造成的废品）。计件工资分为个人计件和班组计件两种形式。

(1)个人计件工资的计算：个人应付计件工资＝(合格品数量＋料废品数量)×计件单价。

(2)集体计件工资的计算。集体计件工资是以班组为对象进行计算的计件工资,其计算方法是：先按个人计件工资计算法算出小组应得的计件工资总额,然后在小组成员之间按照一定的标准进行分配,可以按职工的工资标准和实际工作时间比例进行分配,也可以按其他标准进行分配。

2. 计时工资的计算

计时工资是按照计时工资标准和工作时间支付给个人的劳动报酬。计时工资的核算形式主要有月薪制、日薪制等。大多数企业采用月薪制。在月薪制下,不论各月日历天数多少,只要职工出满勤,即可得到相同的标准工资,若遇有缺勤,缺勤工资应从标准工资中扣除。计算公式如下：

应付计时工资＝标准工资－缺勤应扣工资

其中：

缺勤应扣工资＝事假和旷工天数×日工资率＋病假天数×日工资率×扣款百分比

日工资率＝标准工资/21.75,日工资率按全年平均每月法定工作天数 21.75 天［(全年 365 天－双休日 104 天)/12 月］计算,按人力资源和社会保障部的新规定,不剔除国家规定的法定节假日］。

注意：按《劳动法》有下列情形之一的,用人单位应当按照下列标准支付高于劳动者正常工作时间工资的工资报酬：

(1)安排劳动者延长工作时间的,支付不低于工资的 150% 的工资报酬；

(2)休息日安排劳动者工作又不能安排补休的,支付不低于工资的 200% 的工资报酬；

(3)法定休假日安排劳动者工作的,支付不低于工资的300%的工资报酬。

3. 经常性奖金的计算

应根据企业制定的奖金支付标准和得奖条件计算。

4. 工资性津贴的计算

工资性津贴项目较多,适用的政策依据不一,企业在计算该内容时,应遵循国家对各种津贴种类、标准、范围等政策的规定。

(三)实发工资的计算

工资总额是企业应支付给职工的劳动报酬总额,是计算实发工资的基础,企业计算出应付的工资总额之后,再减去各种代扣款项,即为实发工资。计算公式如下:

应付工资(工资总额)=计时工资+计件工资+经常性奖金+工资性津贴

实发工资=应付工资-代扣款项

在每个人的工资单中,都会出现"代扣款项",常见的有养老保险、医疗保险、失业保险费、住房公积金、个人所得税等。

1. 代扣社会保险及住房公积金

为了保证职工退休、患病、失业、工伤、生育、购房等的基本保障,按国家相关社会保障法规定,企业按照工资总额的一定比例缴纳基本养老保险费、医疗保险费、失业保险费、工伤保险费、生育保险费("五险")及住房公积金("一金"),同时职工个人按规定也要按一定比例负担基本养老保险费、医疗保险费、失业保险费及住房公积金,企业出大头,职工出小头。职工个人负担的社会保险费及住房公积金一般由企业代扣,统一交到相关部门。

2. 代扣个人所得税的计算

工资、薪金所得按以下步骤计算缴纳个人所得税:

每月取得工资收入后,先减去个人承担的基本养老保险金、医疗保险金、失业保险金,以及按标准缴纳的住房公积金,再减去费用扣除额(费用扣除额按税法规定),为应纳税所得额,按3%~45%的七级超额累进税率计算缴纳个人所得税(详见个人所得税税率表——工资、薪金所得)。其中:

应纳税所得额=(应付工资-个人负担的三险一金)-法定扣除费用

代扣个人所得税=应纳税所得额×适用税率-速算扣除数

流程二　职工薪酬的计量

一、货币性职工薪酬的计量

对于货币性薪酬,在确定应付职工薪酬和应当计入成本费用的职工薪酬金额时,企业应当区分两种情况:

1. 具有明确计提标准的货币性薪酬。对于国务院有关部门、省、自治区、直辖市人民政府或经批准的企业年金计划规定了计提基础和计提比例的职工薪酬项目,企业应当按照规定的计提标准,计量企业承担的职工薪酬义务和计入成本费用的职工薪酬。其中:

(1)"五险一金"。对于医疗保险费、养老保险费、失业保险费、工伤保险费、生育保险费和住房公积金,企业应当按照国务院、所在地政府或企业年金计划规定的标准,计量应付职工薪酬义务金额和应相应计入成本费用的薪酬金额。

(2)工会经费和职工教育经费。企业应当按照国家相关规定,分别按照职工工资总额的2%和1.5%计量应付职工薪酬(工会经费、职工教育经费)义务金额和应相应计入成本费用的薪酬金额;从业人员技术要求高、培训任务重、经济效益好的企业,可根据国家相关规定,按照职工工资总额的2.5%计量应计入成本费用的职工教育经费。按照明确标准计算确定应承担的职工薪酬义务后,再根据受益对象计入相关资产的成本或当期费用。

2. 没有明确计提标准的货币性薪酬。对于国家(包括省、市、自治区政府)相关法律法规没有明确规定计提基础和计提比例的职工薪酬,企业应当根据历史经验数据和自身实际情况,计算确定应付职工薪酬金额和应计入成本费用的薪酬金额。

二、非货币性职工薪酬的计量

企业向职工提供的非货币性职工薪酬,应当分别情况处理:

1. 以自产产品或外购商品发放给职工作为福利。在以自产产品或外购商品发放给职工作为福利的情况下,企业在进行账务处理时,应当先通过"应付职工薪酬"科目归集当期应计入成本费用的非货币性薪酬金额,以确定完整准确的企业人工成本金额。

2. 将拥有的房屋等资产无偿提供给职工使用,或租赁住房等资产供职工无偿使用。企业将拥有的房屋等资产无偿提供给职工使用的,应当根据受益对象,将住房每期应计提的折旧计入相关资产成本或费用,同时确认应付职工薪酬。租赁住房等资产供职工无偿使用的,应当根据受益对象,将每期应付的租金计入相关资产成本或费用,并确认应付职工薪酬。难以认定受益对象的,直接计入当期损益,并确认应付职工薪酬。

三、辞退福利的确认和计量

辞退福利包括:(1)在职工劳动合同到期前,不论职工本人是否愿意,企业决定解除与职工的劳动关系而给予的补偿;(2)职工劳动合同到期前,为鼓励职工自愿接受裁减而给予的补偿,职工有权选择继续在职或接受补偿离职。

辞退福利的确认条件:(1)企业已经制定正式的解除劳动关系计划或提出自愿裁减建议,并即将实施;(2)企业不能单方面撤回解除劳动关系计划或裁减建议。对于满足负债确认条件的所有辞退福利,企业应当按照预计的负债金额计入"管理费用"。

【实训材料】

一、计算工资实训

(一)企业基本信息

威海锦尚服装有限公司根据职工工作特点分别采用计时工资和计件工资两种计算工资方法,缝纫、裁剪车间人员采用计件工资,检验部采用计时工资,其他管理人员采用固定工资。

(二)企业工资核算的相关资料

1. 计件工资的计算:公司本月生产 A、B 两种产品,2010 年 7 月根据缝纫车间、裁剪车间工人上月完成情况及计件单价,计算本月应发放给工人的工资(如表 5-1、表 5-2 所示)。

2. 计时工资的计算:公司包装检验车间工人采用计时工资,根据包装检验车间统计人员提供的考勤记录,每月按平均工作日 21 天计算,每天标准工作时间 8 小时,平日加班支付 1.5

倍工资,节假日加班支付 2 倍工资,计算本月应发放的工人工资(如表 5-3 所示)。其中:

正常班工资＝基本工资/21/8×工时
平日加班＝基本工资/21/8×工时×1.5
节假日加班工资＝基本工资/21/8×工时×2

3. 实付工资的计算:7 月 26 日威海锦尚服装公司根据所给资料计算编制职工工资结算单(如表 5-4 所示)。

4.7 月 26 日,根据工资结算单计算结果编制 7 月份工资汇总表(如表 5-5 所示)。

(三)实训要求

1. 根据以上企业相关资料,补充表 5-1、表 5-2、表 5-3、表 5-4 的数据。
2. 根据表 5-5 编制分配工资费用以及代扣款项的记账凭证。

表 5—1

7月份职工计件工资明细表

所属:缝纫车间　　　　　　2010 年 7 月　　　　　　　　　　　　单位:元

姓名	A产品 数量	A产品 单价	A产品 金额	B产品 数量	B产品 单价	B产品 金额	计件工资
姜 琳	50	10	500	65	30	1 950	2 450
宋亚芳	65	10	650	23	30	690	1 340
王平红	72	10		59	30		
吴艳萍	38	10		41	30		
黄明亮	25	10		66	30		
丁 宁	42	10		10	30		
黄霞铭	50	10		40	30		
余利影	27	10		36	30		
李小妹	38	10		28	30		
王 浩	52	10		32	30		
景 玉	41	10		30	30		
…	…						
	…						

表 5—2

7月份职工计件工资明细表

所属:裁剪车间　　　　　　2010 年 7 月　　　　　　　　　　　　单位:元

姓名	A产品 数量	A产品 单价	A产品 金额	B产品 数量	B产品 单价	B产品 金额	计件工资
徐芷萌	220	6		34	20		2 000.00
邢玲玲	150	6		30	20		1 500.00
赵琳	80	6		186	20		
宋艳丽	50	6		180	20		
…	…						
	…						
	…						

表 5—3

7月份职工计时工资明细表

　　　　　　　　　　　　　　　　　　　　　　　　　　　　　时间单位:小时
所属:包装检验车间　　　　　2010 年 7 月　　　　　　　　　　单位:元

姓名	基本工资	正常班 工时	正常班 金额	平日加班 工时	平日加班 金额	节假日加班 工时	节假日加班 金额	计时工资
王佳佳	900.00	275.61	1 476.48	78.47	630.56	64.00	685.71	2 792.76
黄明秀	760.00	164.49	744.12	44.00	298.57	58.00	524.76	1 567.45
黎永梅	760.00	281.50		70.00		66.00		
董月霞	760.00	175.62		53.82		32.00		
宋冬丽	760.00	149.15		2.00		35.67		
高贝贝	760.00	156.49		16.00		30.00		
孙利伟	610.00	175.52		35.50		20.00		
刘晓丽	610.00	148.15		16.00		15.00		
…	…							

表 5-4

威海锦尚服装有限公司工资结算单
2010 年 7 月　　　　　　　　　　　　　　　　　　　　　　　　金额单位：元

所属部门	姓名	岗位工资	奖金	职务补贴	合计	养老保险 8%	医疗保险 2%	失业保险 1%	住房公积金 8%	个人所得税	合计	实付工资	签字
行政管理部门	周晓婷	4 500.00	250.00	300.00	5 050.00	244.00	61.00	30.50	244.00	29.12	608.62	4 441.38	
	郭庆连	3 800.00	200.00	100.00	4 100.00	168.00	42.00	21.00	168.00	6.03	405.03	3 694.97	
…	…												
裁剪车间	徐芷萌	4 000.00	280.00	200.00	4 480.00								
	邢玲玲	3 500.00	180.00	100.00	3 780.00								
…	…												
缝纫车间	姜琳	4 450.00	280.00	200.00	4 930.00								
	宋亚芳	3 340.00	180.00	100.00	3 620.00								
…	…												
包装检验车间	王佳佳	4 792.76	280.00	200.00	5 272.76								
	黄明秀	3 567.45	180.00	100.00	3 847.45								
…	…												
销售部门													
…	…												
合计		300 520.00	36 500.00	21 600.00	358 620.00	28 689.60	7 172.40	3 586.20	28 689.60	1 020.00	69 157.80	289 462.20	

表 5-5

威海锦尚服装有限公司工资汇总表
2010 年 07 月　　　　　　　　　　　　　　　　　　　　　　　　金额单位：元

所属部门	人员类别	职工人数	岗位工资	奖金	职务补贴	合计	养老保险 8%	医疗保险 2%	失业保险 1%	住房公积金 8%	个人所得税	合计	实付工资
行政管理部门	管理人员	12	20 000.00	2 400.00	1 440.00	23 840.00	1 907.20	476.80	238.40	1 907.20	260.00	4 789.60	19 050.40
裁剪车间	车间管理人员	2	3 000.00	400.00	240.00	3 640.00	291.20	72.80	36.40	291.20	40.00	731.60	2 908.40
	生产工人	8	13 500.00	1 600.00	960.00	16 060.00	1 284.80	321.20	160.60	1 284.80	100.00	3 151.40	12 908.60
缝纫车间	车间管理人员	3	4 800.00	600.00	360.00	5 760.00	460.80	115.20	57.60	460.80		1 094.40	4 665.60
	生产工人	135	225 450.00	27 500.00	16 200.00	269 150.00	21 532.00	5 383.00	2 691.50	21 532.00	420.00	51 558.50	217 591.50
包装检验车间	车间管理人员	1	1 600.00	200.00	120.00	1 920.00	153.60	38.40	19.20	153.60	20.00	384.80	1 535.20
	生产工人	9	15 030.00	1 800.00	1 080.00	17 910.00	1 432.80	358.20	179.10	1 432.80	150.00	3 552.90	14 357.10
销售部门	销售人员	6	10 020.00	1 200.00	720.00	11 940.00	955.20	238.80	119.40	955.20	30.00	2 298.60	9 641.40
食堂医务室	福利人员	4	7 120.00	800.00	480.00	8 400.00	672.00	168.00	84.00	672.00		1 596.00	6 804.00
合计		180	300 520.00	36 500.00	21 600.00	358 620.00	28 689.60	7 172.40	3 586.20	28 689.60	1 020.00	69 157.80	289 462.20

二、发放工资

（一）工资发放信息

威海锦尚服装有限公司发放工资的方式为管理人员、销售人员、福利人员的工资以现金形式发放；车间人员的工资以工资卡的形式发放。

（二）工资发放业务资料

1.7月30日，威海锦尚服装有限公司签发现金支票一张（如表5-6所示），提取现金35 495.80元，用于发放管理人员、销售人员、福利人员的工资。

2.7月30日,公司签发转账支票一张(如表5-7所示),办理车间人员由银行代发到工资卡业务,金额共计253 966.40元。职工工资卡的信息如表5-8所示。

(三)实训要求

根据原始凭证编制记账凭证。

表5-6

中国工商银行
现金支票存根 （鲁）
$\frac{BJ}{02}$ 0214562

附加信息

出票日期 2010 年 7 月 30 日

收款人:威海锦尚服装有限公司
金　额:￥35 495.80
用　途:发工资

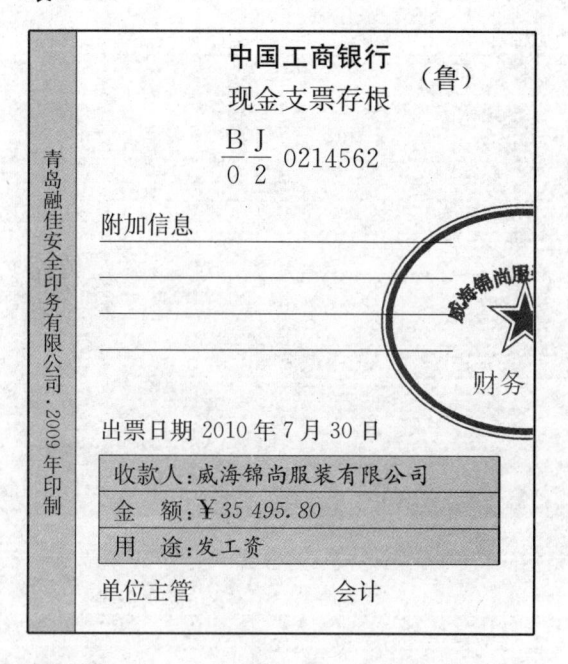

单位主管　　　会计

青岛融佳安全印务有限公司·2009年印制

表5-7

中国工商银行
转账支票存根 （鲁）
$\frac{BJ}{02}$ 0217510

附加信息

出票日期 2010 年 7 月 30 日

收款人:威海锦尚服装有限公司
金　额:￥253 966.40
用　途:发工资

单位主管　　　会计

青岛融佳安全印务有限公司·2009年印制

表 5—8

威海锦尚服装有限公司职工工资卡花名册

机构代码:009817　　　　　　2010 年 7 月 30 日　　　　受理银行:中国工商银行威海分行

账号	姓名	金额
412766020335281	徐芷萌	2 008.36
412766020385214	邢玲玲	1 441.80
412766020354126	姜 琳	2 354.64
412766020395412	宋亚芳	1 312.20
412766020385417	王佳佳	2 618.39
412766020352142	黄明秀	1 496.44
412766020394208	王小明	2 446.98
412766020357916	刘亚军	1 701.00
…	…	…
合　计		253 966.40

三、支付其他项目实训

(一)企业职工薪酬代扣业务资料

1. 7 月 10 日,公司缴纳上月代扣的个人所得税 950 元。原始单据如表 5—9 所示。

2. 7 月 11 日,报销职工培训费 800 元。原始凭证共 4 张(如表 5—10 所示)。

3. 7 月 12 日,拨付食堂本月职工伙食补贴,每人每天标准 5 元,按 21 天计算,职工人数 180 人,共计 18 900.00 元。原始单据如表 5—11 所示。

4. 7 月 16 日,报销职工托幼费补贴,每人每月 80 元,共 8 名职工符合补贴条件,其中 6 名为车间人员,2 名为管理人员。原始单据如表 5—12 所示。

(二)实训要求

根据原始凭证编制记账凭证。

表 5—9

山东省地方税务局
计算机专用完税凭证

隶属关系:　　　　　　　　　　　　　　　(2010)鲁地专电 No0026865

缴款单位(人)代码:370620795309888	填发日期:	税款所属时期:2010 年 6 月 1 日～2010 年 6 月 30 日
缴款单位(人)	威海锦尚服装有限公司	征收机关	威海市地方税务局
开户银行	建设银行威海高区支行	收款银行	
账　号	371001703608050155716	账　号	

预算科目	品目名称	课税数量	计税金额或销售收入	税率或单位税额	已缴或扣除额	实缴金额
个人所得税	工资薪金所得					950.00
金额合计(大写)	人民币玖佰伍拾圆零角零分					
上列款项已收妥并划转收款单位账户					备注:流水号 982308	
银行(盖章)		制单人(盖章)				

本凭证银行盖章有效

第一联:纳税人收执作完税凭证

表 5-10

山东省威海市通用定额发票
WEIHAI SHANDONG QUOTA GENERAL INVOICE

发票代码　　237100800006
发票号码　　2160365

密码：

经营项目：培训费
付款单位(个人)：

收款单位(盖章有效)　　开票日期 2010 年 7 月 11 日

金额：200　贰佰元

奖　区

发票号码　237100800006
发票号码　02160365

密　码

告知事项：1. 中奖后，在兑奖前不得将发票联和兑奖联撕开。否则，不予兑奖。2. 刮开奖区覆盖层后显示中奖金额或谢谢您。

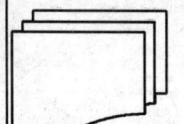

表 5-11

收 款 收 据
2010 年 7 月 12 日　　　　　第 00891 号

交款单位	威海锦尚服装有限公司		
人民币(大写)	壹万捌仟玖佰元整　　(小写)¥18 900.00		
事由：伙食费	现金		
	支票第　　号		
财务主管：张燕	收款人：芬芬	单位名称(盖章)	

第三联：收据联

表 5-12

托幼费补贴明细表
2010 年 7 月

金额单位：元

部门	姓名	金额	领款人签字
行政管理	周晓婷	80.00	
行政管理	孙美娟	80.00	
缝纫车间	徐芷萌	80.00	
缝纫车间	邢玲玲	80.00	
裁剪车间	王琳	80.00	
裁剪车间	吕秀明	80.00	
裁剪车间	王佳佳	80.00	
裁剪车间	黄天舒	80.00	
合计		640.00	

四、货币性职工薪酬的计算

(一)货币性职工薪酬核算的相关资料

1. 7月26日,计算公司7月应负担的工会经费、教育经费(如表5—13所示)。

2. 7月28日,上交提取的工会经费40%到市工会组织,同日将工会经费的60%拨付企业工会委员会(7 172.4×40%=2 868.96;7 172.4×60%=4 303.44)。原始单据如表5—14所示。

3. 7月26日,计算公司7月应负担的保险费、住房公积金(如表5—15所示)。

4. 7月30日,缴纳保险费,原始单据如表5—16所示。

5. 7月30日,缴纳住房公积金,原始单据如表5—17所示。

6. 7月30日,提取本月已经发生的福利费用伙食费及托幼费(如表5—18所示)。

(二)实训要求

1. 根据以上企业相关资料,完成表5—13的填制。

2. 根据原始凭证编制相关记账凭证。

表5—13

威海锦尚服装有限公司工会经费、教育经费提取计算表

2010年07月　　　　　　　　　　　　　　　　金额单位:元

所属部门	人员类别	职工人数	应付工资	工会经费2%	教育经费1.5%	小计
行政管理部门	管理人员	12	23 840.00			
裁剪车间	车间管理人员	2	3 640.00			
	生产工人	8	16 060.00			
缝纫车间	车间管理人员	3	5 760.00			
	生产工人	135	269 150.00			
包装检验车间	车间管理人员	1	1 920.00			
	生产工人	9	17 910.00			
销售部门	销售人员	6	11 940.00			
食堂、医务室	福利人员	4	8 400.00			
合计		180	358 620.00			

表5—14

行政拨交工会经费交款书

2010年7月28日

交款单位	威海锦尚服装有限公司	开户银行	威海市工行	账号	7363110182
职工人数	78	上月职工工资总额	按2%计应拨交经费	￥7 172.40	
所属月份		迟交天数	按0.5‰计应缴滞纳金	￥	
合计金额(大写)×万柒仟壹佰柒拾贰元肆角零分				￥7 172.40	

收款单位	账号	比例	金额	收款单位	账号	商行	比例	金额
	户名	威海市总工会经费集中户	40%	2 868.96		户名	工会工作费户	60%	4 303.44
	开户银行					开户银行			

请将上列款项由本户支付转入工会经费户
交款单位印章

银行会计分录:
借:
贷:
转账日期:　　年　月　日
复核　　　　　　　记账

第六联:退交款单位作支款通知

表 5－15

威海锦尚服装有限公司各项保险、公积金提取计算表

2010 年 07 月　　　　　　　　　　　　　　　　金额单位：元

所属部门	人员类别	职工人数	应付工资	养老保险 18%	医疗保险 8%	失业保险 2%	生育保险 1%	工伤保险 0.5%	住房公积金 8%	小计
行政管理部门	管理人员	12	23 840	4 291.20	1 907.20	476.80	238.40	119.20	1 907.20	
裁剪车间	车间管理人员	2	3 640	655.20	291.20	72.80	36.40	18.20	291.20	
	生产工人	8	16 060	2 890.80	1 284.80	321.20	160.60	80.30	1 284.80	
缝纫车间	车间管理人员	3	5 760	1 036.80	460.80	115.20	57.60	28.80	460.80	
	生产工人	135	269 150	48 447.00	21 532.00	5 383.00	2 691.50	1 345.75	21 532.00	
包装检验车间	车间管理人员	1	1 920	345.60	153.60	38.40	19.20	9.60	153.60	
	生产工人	9	17 910	3 223.80	1 432.80	358.20	179.10	89.55	1 432.80	
销售部门	销售人员	6	11 940	2 149.20	955.20	238.80	119.40	59.70	955.20	
食堂医务室	福利人员	4	8 400	1 512.00	672.00	168.00	84.00	42.00	672.00	
合计		180	358 620	64 551.60	28 689.60	7 172.40	3 586.20	1 793.10	28 689.60	

表 5－16

山东省社会保险费专用收款票据

流水号：10022325228　　　　　　　　　　　　　　　　　　　No 242004585406

缴款单位：威海锦尚服装有限公司　　　经济类型：有限公司　　　　　　单位：元

收费项目	起始年月	终止年月	人数	单位缴纳额	个人缴纳额	滞纳金	利息	合计金额
养老保险	2010.7	2010.7	180	64 551.60	28 689.60			93 241.20
医疗保险	2010.7	2010.7	180	28 689.60	7 172.40			35 362.00
失业保险	2010.7	2010.7	180	7 172.40	3 586.20			10 758.60
生育保险	2010.7	2010.7	180	3 586.20				3 586.20
工伤保险	2010.7	2010.7	180	1 793.10				1 793.10
人民币合计（大写）壹拾肆万伍仟贰佰肆拾壹元壹角零分							￥145 241.10	

收款单位盖章：　　　　　财务负责人：　　　　　操作员：　　　　　开具日期：2010.7.30

第一联：收据

表 5－17

威海市住房公积金汇（补）缴书

No 0078

2010 年 7 月 30 日

单位名称	威海锦尚服装有限公司	单位账号	18567	结算方式	支票
缴交月份	2010.7	汇缴人数	180	缴交银行	住房公积金管理中心
汇缴金额	人民币（大写）伍万柒仟叁佰柒拾玖元贰角零分			￥57 379.20	
备注					

本单据打印有效　　　　　　　　　　操作员：　　　　　　　制单：

二：交款单位

表 5-18

威海锦尚服装有限公司职工福利分配表
2010 年 07 月

所属部门	人员类别	伙食补贴 职工人数	标准	金额	托幼费 职工人数	标准	金额
行政管理部门	管理人员	12	105.00	1 260.00	2	80.00	160.00
裁剪车间	车间管理人员	2	105.00	210.00	0	80.00	0.00
裁剪车间	生产工人	8	105.00	840.00	4	80.00	320.00
缝纫车间	车间管理人员	3	105.00	315.00	0	80.00	0.00
缝纫车间	生产工人	135	105.00	14 175.00	2	80.00	160.00
包装检验车间	车间管理人员	1	105.00	105.00	0	80.00	0.00
包装检验车间	生产工人	9	105.00	945.00	0	80.00	0.00
销售部门	销售人员	6	105.00	630.00	0	80.00	0.00
食堂/医务室	福利人员	4	105.00	420.00	0	80.00	0.00
合计		180		18 900.00			640.00

五、非货币性职工薪酬业务实训

(一)企业非货币性职工薪酬业务相关资料

1.7 月 15 日,锦尚服装公司以自产产品服装发放给每一位职工作为元旦福利,公司共有员工 180 人(人员类别及部门见工资汇总表),自产服装每件售价为 360 元,成本为 290 元,公司适用的增值税率为 17%。原始凭证如表 5-19 所示。

2.7 月 16 日,锦尚服装公司将外购的电暖气发放给每一职工作为元旦福利,公司共有员工 180 人(人员类别及部门见工资汇总表),外购电暖气每台 400 元(商品零售业发票)。原始凭证如表 5-20、表 5-21 所示。

(二)实训要求

根据原始凭证编制记账凭证。

表 5-19

出 库 单

物资类别	库存商品	2010 年 7 月 15 日		№ 13158			
提货单位及部门	锦尚服装	发票号码或生产单号码		发出仓库	产成品库	出库日期	6.15
编号	名称及规格	单位	数量 应发	实发	单价	金额	备注
008	服装	件	180	180	290	52 200	

主管:　　　　审核:　　　　领料:　　　　发货:李萍

二:记账联

表5-20

山东省商品销售统一发票

开票方识别号：370629888079530　　　　　　　　机打号码：00123778

校验码：1676 5578 2567 3918 0008　　　　　　　发票代码 137100820163

　　　　　　　　　　　　　　　　　　　　　　　发票号码 04432578

客户名称及地址　威海锦尚服装有限公司　　　　2010年7月16日 填制

品　名	规格	单位	数量	单价	万	千	百	十	元	角	分	备注
电暖气	N527	台	180	400.00	7	2	0	0	0	0	0	
合计人民币	（大写）柒万贰仟零佰零拾零元零角零分				7	2	0	0	0	0	0	

第二联：发票联

填票人　　　　　　　　收款人　王红　　　　　　　单位名称(盖章)

表5-21

中国工商银行　　　　（鲁）
转账支票存根
$\dfrac{BJ}{02}$ 0217504

附加信息 _____

_____

_____

出票日期 2010年7月16日

收款人：威海锦尚服装有限公司
金　额：¥72 000.00
用　途：电暖气

单位主管　　　　　会计

青岛融佳安全印务有限公司·2009年印制

实训六

财务成果会计岗位实训

【实训目标】
- 完成实现销售及结转销售产品成本记账凭证的编制；
- 完成现金折扣业务记账凭证的编制；
- 整理代销清单，编制代销商品业务记账凭证；
- 完成与利润有关的业务处理；
- 结转损益类账户余额，并计算利润总额。

【技能要求】
- 能根据原始凭证按照权责发生制原则正确确认销售收入；
- 能正确开具销售发票、填写产品出库单等原始凭证；
- 会使用支票支付各种期间费用，会办理收取销货款的业务；
- 正确计算企业的利润总额。

【实训准备】
- 参阅《企业会计准则——应用指南》、《企业会计准则第14号——收入》、《企业会计准则第29号——资产负债表日后事项》等法规；
- 参考"中华会计网校"(www.chinaacc.com)、"无忧会计"(www.51kj.com.cn)等网站；
- 准备好多媒体设施、实物展台等教学设施；
- 分配空白的记账凭证、空白的银行进账单等实训物资。

【实训指导】

流程一 生产企业商品销售业务

一、商品销售收入的确认

企业销售商品时，如同时符合以下5个条件，即确认为收入：

1. 企业已将商品所有权上的主要风险和报酬转移给购货方;
2. 企业既没有保留通常与所有权相联系的继续管理权,也没有对已售出的商品实施有效控制;
3. 收入的金额能够可靠计量;
4. 相关经济利益很可能流入企业;
5. 相关的已发生的或将发生的成本能够可靠计量。

二、一般销售业务的处理

销售商品的业务处理,包括销售商品收入的实现、商品销售成本的结转、销售费用的支付及因销售商品缴纳各种税金的核算等。

三、销售折扣、折让业务的处理

(一)销售折扣

1. 商业折扣

商业折扣是企业为促进商品销售而在商品标价上给予的价格扣除,因而不影响产品销售收入的计量。商业折扣确认的收入按扣除折扣额以后的实际价款计算。税法规定,如果销售额和折扣额在同一张发票上分别注明的,可按折扣后的余额作为销售额计算增值税;如果将折扣额另开发票,或非价格折扣而是实物折扣的不得从销售额中减除折扣额。

2. 现金折扣

现金折扣是在销售商品收入金额确定的情况下,企业为了鼓励客户在一定时期内早日偿还货款而给予的一种折扣优待。现金折扣通常发生在以赊销方式销售商品及提供劳务的交易中。现金折扣一般用"折扣/付款期限"表示。如 2/10、1/20、N/30(即 10 天内付款折扣 2%;20 天内付款折扣 1‰;30 天内付款,则不给折扣,全价付款)。

(二)销售折让

销售折让是企业由于售出商品的质量不合格等原因而在售价上给予对方的减让。销售行为在先,购货方希望售价减让在后。而且,通常情况下,销售折让发生在收入已经确认之后,因此,销售折让发生时,应直接冲减当期销售商品收入。

四、代销商品业务的处理

(一)视同买断方式

视同买断方式,即由委托方和受托方签订协议,委托方按协议价格收取委托代销商品的货款,实际售价可由受托方自定,实际售价与协议价之间的差异额归受托方所有的销售方式。

视同买断方式确认收入实现分两条线走:

1. 受托方取得代销商品后与委托方无关,则视同委托方将商品直接销售给受托方处理。即若代销协议约定,受托方在取得代销商品后,无论是否能够卖出、是否获利,均与委托方无关,那么受托方作为购进商品处理。委托方在交付商品时确认收入。受托方将商品销售后,应按实际售价确认为销售收入,并向委托方开具代销清单。

2. 受托方取得代销商品后,如果将来不能卖出可以将其退给委托方,则委托方收到代销清单时确认收入。即若代销协议约定,如果受托方没有将商品售出时可以将其退给委托方,或受托方因代销商品出现亏损时可以要求委托方补偿,那么委托方在交付商品时不确认收入,受托方也不作购进商品处理;受托方将商品销售后,按实际售价确认销售收入,并向委托方开具代销清单;委托方收到代销清单时,再确认本企业的收入。

(二)收取手续费方式

收取手续费方式即受托方根据所代销的商品数量向委托方收取手续费的销售方式。对于受托方来说,收取手续费实际上是一种劳务收入。这种代销方式,受托方通常应按照委托方规定的价格销售,不得自行改变售价。委托方应在受托方将商品销售后,在受托方向委托方开具代销清单时,确认收入;受托方在商品销售后,按应收取的手续费确认收入。

收取手续费方式委托方在发出商品时通常不确认收入,因为此时商品所有权上风险和报酬还未转移,而应在收到受托方开来的代销清单时确认收入。受托方应在商品销售后,按照合同或协议约定的方法计算确定的手续费确认收入。

五、预收货款销售业务的处理

预收货款销售商品,是指购买方在商品尚未收到前按合同或协议约定分期付款,销售方在收到最后一笔款项时才交货的销售方式。在这种方式下,销售方直到收到最后一笔款项才将商品交付购货方,因此企业应在发出商品时确认收入实现,在此之前预收的货款应确认为负债。

流程二 利润的核算

一、利润总额的计算

利润总额=营业利润(收入-费用)+直接计入当期利润的利得(营业外收入)-直接计入当期利润的损失(营业外支出)

营业利润=营业收入-营业成本-营业税金及附加-销售费用-管理费用-财务费用-资产减值损失+公允价值变动收益+投资收益

其中:

营业收入=主营业务收入+其他业务收入

营业成本=主营业务成本+其他业务成本

净利润=利润总额-所得税费用

所得税费用=应纳税额=应纳税所得额×所得税税率

二、利润分配的顺序

1. 弥补亏损。企业发生的年度亏损,可以用下一年度的税前利润弥补。下一年度利润不足弥补的,可以在5年内延续弥补。5年内不足弥补的,改用企业的税后利润弥补,也可以用以前年度提取的盈余公积弥补。企业以前年度亏损未弥补完,不得提取法定盈余公积。在提取法定盈余公积前,不得向投资者分配利润。

2. 提取法定盈余公积金。按照税后利润的10%提取,当累积的盈余公积达到注册资本的50%时可不再提取。盈余公积可以用来弥补亏损、转增资本和发放股利。使用后的盈余公积不得少于注册资本的25%。

3. 提取任意盈余公积。股份公司按照公司章程或股东大会决议提取和使用任意盈余公积。此项内容只限股份公司。股份公司在提取法定盈余公积、分配优先股利后才可以提取任意盈余公积。

4. 向投资者分配利润。可供投资者分配的利润等于可供分配的利润减去提取的法定盈余公积差额。

【实训材料】

一、生产企业商品销售业务实训

(一)企业销售业务相关资料

1. 2010年7月8日,威海锦尚服装有限公司向威海华绢服装贸易公司销售男黑风衣10件,每件480元,适用增值税率为17%,公司开具增值税专用发票(如表6—1所示),威海华绢服装贸易公司开出转账支票一张支付货款,威海锦尚服装有限公司办理完进账手续(如表6—2所示)。

2. 7月8日,仓库发出上述销售的男黑风衣10件,产品出库单如表6—3所示。

3. 7月10日,公司向厦门南方纺织品有限公司销售红色毛涤面料一批,代垫的运费的支票存根、代垫运费的发票如表6—4、表6—5所示,增值税专用发票如表6—6所示,收到对方开出银行承兑汇票一张,如表6—7所示。

4. 7月10日,仓库发出上述销售的红色毛涤面料,仓库填制材料出库单如表6—8所示。

5. 7月10日,公司向威海文联百货公司销售男西裤60条,每条售价198元。公司开出增值税专用发票如表6—9所示,仓库填制产品出库单如表6—10所示。因威海文联百货公司暂未付款,公司出纳员到银行办理了委托收款手续,托收凭证如表6—11所示。

6. 7月15日,公司向个体经营者销售边角料,款项存入银行,有关原始凭证如表6—12、表6—13所示。

(二)实训要求

根据原始凭证,编制相关记账凭证。

实训六 财务成果会计岗位实训

表 6-1

山东省增值税专用发票 No 00115091

3700098620　　　　　　　　　　　　　　　　　　　开票日期：2010年7月8日

购货单位	名　称：威海华绢服装贸易公司　　　　　　　　　　　　　　　　　　　加密版本：01 纳税人识别号：350250008452208　　　　　密码区　　　　　　　　　　3700098620 地　址、电　话：威海市文化路5号　　　　　　　　　　　　　　　　01919645 开户行及账号：工行威海分行：44037601040000955

货物或应税劳务名称	规格型号	单位	数量	单价	金额	税率	税额
男风衣	黑ZD	件	10	480.00	4 800.00	17%	816.00
合　计					4 800.00		816.00

价税合计（大写）	⊗伍仟陆佰壹拾陆元整　　　　　　　¥5 616.00

销货单位	名　称：威海锦尚服装有限公司　　　　　备注 纳税人识别号：370620795309888 地　址、电　话：威海市文化东路58号，0631-5892888 开户行及账号：工行威海分行：736310182800004410

收款人：王力　　　复核：权英花　　　开票人：王力　　　销售单位盖章：

表 6-2

鲁中1007（三联）

中国工商银行进账单 1

2010年7月8日

付款人	全　称	威海华绢服装贸易公司	收款人	全　称	威海锦尚服装有限公司
	账　号	44037601040000955		账　号	7363110182800004410
	开户银行	工行威海分行		开户银行	工行威海分行

金额货币大写	伍仟陆佰壹拾陆元整	中国工商银行威海分行 2010.07.08 转讫 (10)	百十万千百十元角分 ¥ 5 6 1 6 0 0

票据种类	转账支票	票据张数	壹张
票据号码	03631308		

复核：　　　　记账：　　　　　　　　　　　　　开户银行业务公章

青岛中苑金融安全印刷有限公司印制

表6—3

出 库 单

No 0057814
2010年7月8日
连续号 5537

物资类别	库存商品							
提货单位或领货部门	威海华绢服装贸易公司	发票号码或生产单号码	3700098620	出货仓库	第一仓库	出库日期	2010.7.8	
编号	名称及规格	单位	数量		实际价格			第二联 记账
			应发	实发	单位成本	金额		
005	男黑风衣	件	10	10	240	2 400		
合 计			10	10	240	2 400		

财务部门主管　张燕　　记账　　保管部门主管　　发货　赵华　　单位部门主管

表6—4

中国工商银行（鲁）
转账支票存根
$\dfrac{B\ J}{0\ 2}$ 03633435

附加信息 _____
　　　　　_____
　　　　　_____

出票日期 2010 年 7 月 10 日

收款人：威海利好货运公司
金　额：￥160.00
用　途：运费

单位主管　　　　会计

青岛融佳安全印务有限公司·2009年印制

表 6-5

货物运输业增值税专用发票   No 00085567

237178911007
00607277   开票日期:2010年7月10日

承运人及纳税识别号	威海利好货运公司 37106991900268	税控码	02-72>17+7680-</85*0639*89222639*3+6316//<-6/0<2+66<23+39*<03*65<6*>5/76/16>71>2---538-526<+/8498*187508<7>018> 09/85 <8025 << 17 /--** <
实际受托方及纳税识别号	威海锦尚服装有限公司 370620795309888		
发货人及纳税识别号	威海锦尚服装有限公司 370620795309888	收货人及纳税识别号	厦门南方纺织品有限公司 800084522085025
起运地、经由、到达地	广州、威海		

费用项目及金额	费用项目 运费	金额 160.00	费用项目	金额	运输货物信息	红色毛涤面料

合计金额	¥144.14	税率	11%	税额	¥15.86	机器编号	499186940013

价税合计(大写)	⊗壹佰陆拾元整		(小写)¥160.00

车种车号		车辆吨位		备注	(威海利好货运公司 37106991900268 发票专用章)
主管税务机关及代码	威海市地方税务局 3710000				

收款人: 复核人: 开票人:刘晓   承运人(章):

第一联:发票联 购货方记账凭证

表 6-6

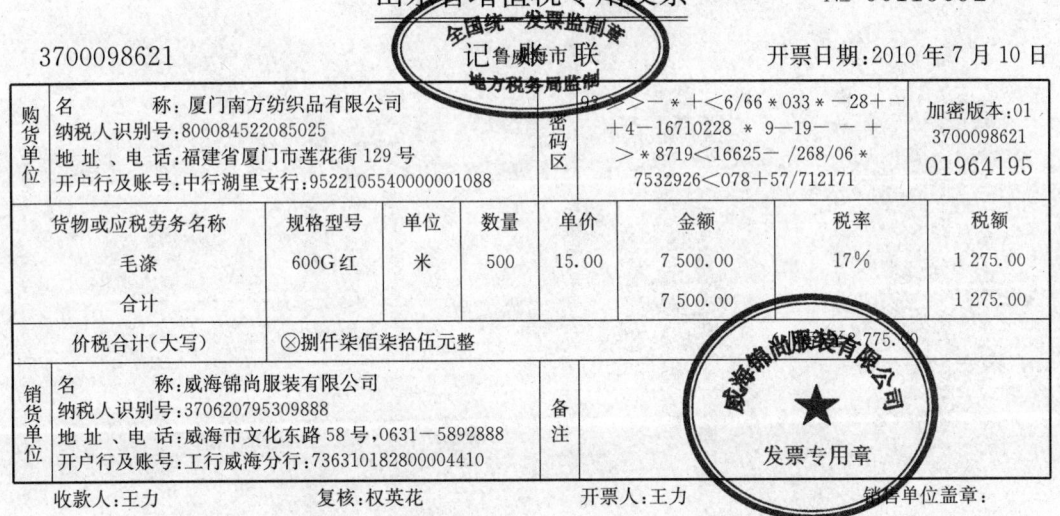

山东省增值税专用发票   No 00115092

3700098621   开票日期:2010年7月10日

购货单位	名 称:厦门南方纺织品有限公司 纳税人识别号:800084522085025 地 址、电 话:福建省厦门市莲花街129号 开户行及账号:中行湖里支行:9522105540000001088	密码区	>-*+<6/66*033*-28+-+4-16710228*9-19--+>*8719<16625-/268/06*7532926<078+57/712171	加密版本:01 3700098621 01964195

货物或应税劳务名称	规格型号	单位	数量	单价	金额	税率	税额
毛涤	600G 红	米	500	15.00	7 500.00	17%	1 275.00
合计					7 500.00		1 275.00

价税合计(大写)	⊗捌仟柒佰柒拾伍元整		¥8 775.00

销货单位	名 称:威海锦尚服装有限公司 纳税人识别号:370620795309888 地 址、电 话:威海市文化东路58号,0631-5892888 开户行及账号:工行威海分行:736310182800004410	备注	(威海锦尚服装有限公司 发票专用章)

收款人:王力   复核:权英花   开票人:王力   销售单位盖章:

第四联:记账联 销货方记账凭证

表6-7

银行承兑汇票　2

出票日期　　　　　　　　　　　　　　　　　　　　　汇票号码 05071201
(大写) 贰零壹零 年柒月壹拾日

出票人全称	厦门南方纺织品有限公司	收款人	全　　称	威海锦尚服装有限公司
出票人账号	9522105540000001088		账　　号	7363101828000004410
付款行全称	中行湖里支行		开户行	工行威海分行　行号　736
出票金额	人民币（大写）捌仟玖佰叁拾伍元整			千百十万千百十元角分　¥ 8 9 3 5 0 0
汇票到期日（大写）	贰零壹壹年零壹月壹拾日	付款行	行号　104	
承兑协议编号	3700098621		地址	福建省厦门市莲花街78号
本汇票请你行承兑,到期无条件付款（中国工商银行威海分行 2010.07.10 业务公章）		本汇票已经承兑,到期日由本行付款　承兑行签章　承兑日期　年　月　日		复核　记账
		备注:		

此联收款人开户行随报单寄给承兑行

表6-8

物资类别	原材料		出　库　单 2010年7月10日					No 0057815 连续号 5538
提货单位或领货部门	厦门南方纺织品有限公司	发票号码或生产单号码	3700098621	出货仓库	第一仓库	出库日期	2010.7.10	
编号	名称及规格	单位	数量		实际价格			
			应发	实发	单价	金额		
01	红毛涤	米	500	500	11.50	5 750		
合计			500	500	11.50	5 750		

第二联 记账

表6-9

山东省增值税专用发票　No 00115093

3700098622　　　　　　　　发票联　　　　　开票日期:2010年7月10日

购货单位	名　　称: 威海文联百货公司 纳税人识别号:37100839125274 地　址、电话:威海市新威路62号,0631-5237862 开户行及账号:农行环翠区支行:495221055410881438	密码区	-9/>>/<6/66*033*-28++ +4-16719-19- +7535926 <078+593-/7/61>*8719 <16655568/0>>8*0258125	加密版本:01 3700098622 06030884
货物或应税劳务名称	规格型号	单位	数量	单价	金额	税率	税额
男西裤	D06 黑	条	60	198.00	11 880.00	17%	2 019.6
合计					11 880.00		2 019.6
价税合计(大写)	⊗壹万叁仟捌佰玖拾玖元陆角整					(小写)¥13 899.60	
销货单位	名　　称: 威海锦尚服装有限公司 纳税人识别号:370620795309888 地　址、电话:威海市文化东路58号,0631-5892888 开户行及账号:工行威海分行:7363110182800004410	备注		

收款人:　　　　复核:　　　　开票人:李惠　　　　销售单位盖章:

第四联:记账联　销货方记账凭证

表6-10

出库单

No 0057801
2010年7月10日
连续号 5546

物资类别	库存商品							
提货单位或领货部门	威海文联百货公司	发票号码或生产单号码	3700016565	出货仓库	第一仓库	出库日期	2010.7.10	
编号	名称及规格	单位	数量		实际价格			
			应发	实发	单价	金额		
002	男西裤	条	60	60	120	7 200		
合计			60	60	120	7 200		

财务部门主管 张燕　　记账　　保管部门主管　　发货 赵华　　单位部门主管

第二联 记账

表6-11

托收凭证（受理回单）

委托日期 2010年7月10日

业务类型	委托收款(□邮划、□电划)		托收承付(□邮划、□电划)		
付款人	全 称	威海文联百货公司	收款人	全 称	威海锦尚服装有限公司
	账 号	7363101828000004410		账 号	4952210554108814 38
	地 址	山东省威海市 开户行 农行环翠支行		地 址	山东省威海市 开户行 工行威海分行
金额	人民币（大写）壹万叁仟捌佰玖拾玖元陆角整			￥ 1 3 8 9 9 6 0	
款项内容	销货款	托收凭据名称		附寄单证张数	2张
商品发运情况	已发运		合同名称号码	NO.012025	
备注：		款项收妥日期			
		复核　　记账		年　月　日	

此联作收款人开户行给收款人随受理回单

（中国工商银行威海分行 2010.07.10 收款人开户银行盖章 2010年7月10日）

表6-12

山东省商业销售统一发票

机打号码：00102231
开票方识别号：370620795309888　　发票代码 137100820163
校验码：1676 5578 2567 3918 0008　　发票号码 04466851
客户名称及地址 陈成　　　　　2010年7月15日填制

品 名	规格	单位	数量	单价	金　额					备注
					百	十	元	角	分	
布头	黑色	公斤	60	5.00	3	0	0	0	0	
合计（大写）人民币	现金收讫 叁佰零拾零元零角零分				3	0	0	0	0	

填票人 李惠　　收款人 马亮　　单位名称(盖章)
注：此发票二○一三年底前开具有效。

（威海锦尚服装有限公司 发票专用章）

第三联：记账联（填票单位作报销凭证）

表6—13

中国工商银行 现金交款单 1　　鲁中1006（二联）

2010年7月15日

交款人	全称	威海锦尚服装有限公司	款项来源	货款
	账号	7363110182800004410	交款部门	威海锦尚服装有限公司

金额货币大写	叁佰元整								千	百	十	万	千	百	十	元	角	分
													¥	3	0	0	0	0

券别	张数	百	十	万	千	百	十	元	券别	张数	千	百	十	元	角	分
百元	3					3	0	0	二元							
五十元									一元							
二十元									五角							
十元									二角							
五元									一角							

上列款项已如数收妥入账
银行现讫章
（中国工商银行 2010.07.10 现讫）

此联银行作交款人回单

二、销售折扣实训

（一）企业销售业务涉及折扣业务资料

1．2010年7月18日，威海锦尚服装有限公司向威海华绢服装贸易公司销售男黑风衣一批，产品已发出，产品出库单如表6—14所示。为及早收回款项，双方约定的现金折扣条件为2/10、n/30。公司开具增值税专用发票及委托收款凭证（如表6—15、表6—16所示）。

2．7月25日，公司接到开户行通知，收到威海华绢服装贸易公司货款55 036.80元，银行进账单如表6—17所示。

（二）实训要求

根据原始凭证，编制相关记账凭证。

表6—14

出库单

物资类别：库存商品　　2010年7月18日　　No 0057814　　连续号 5546

提货单位或领货部门	威海华绢服装贸易公司	发票号码或生产单号码	370098627	出货仓库	第一仓库	出库日期	2010.7.18

编号	名称及规格	单位	数量		实际价格	
			应发	实发	单价	金额
005	男黑风衣	件	100	100	240	24 000
合计			100	100	240	24 000

第二联 记账

财务部门主管　张燕　　记账　　　　保管部门主管　　　　发货　赵华　　　　单位部门主管

表 6-15

山东省增值税专用发票

No 00115094

3700098623

校验码：58662 37924 13128 50918

开票日期：2010 年 7 月 18 日

购货单位	名　　称：威海华绢服装贸易公司 纳税人识别号：350250008452208 地　址、电　话：威海市文化路 5 号 开户行及账号：工行威海分行：44037601040000955	密码区	93＞＞－＊＋－28＋－＋57/712171 ＋4－16710228 ＊ 9－19－－＋ ＞＊8719＜16625－＿268/06＊ 7532926＜078＜6/66＊033＊	加密版本:01 3700098623 01919645

货物或应税劳务名称	规格型号	单位	数量	单价	金额	税率	税额
男风衣	黑 ZD	件	100	480.00	48 000.00	17％	8 160.00
合计					48 000.00		8 160.00

价税合计（大写）	⊗伍万陆仟壹佰陆拾元整	（小写）¥56 160.00

销货单位	名　　称：威海锦尚服装有限公司 纳税人识别号：370620795309888 地　址、电　话：威海市文化东路 58 号，0631－5892888 开户行及账号：工行威海分行：736310182800004410	备注	

收款人：王力　　复核：权英花　　开票人：王力　　销售单位盖章：

第四联：记账联　销货方记账凭证

表 6-16

托收凭证（受理回单）

委托日期 2010 年 7 月 18 日

业务类型	委托收款（□邮划、□电划）		托收承付（□邮划、□电划）	
付款人	全　称	威海华绢服装贸易公司	全　称	威海锦尚服装有限公司
	账　号	44037601040000955	账　号	736310182800004410
	地　址	山东威海　开户行 工行威海分行	地　址	山东威海　开户行 工行威海分行

金额	人民币（大写）伍万陆仟壹佰陆拾元整	万 千 百 十 万 千 百 十 元 角 分 ¥　　　　 5 6 1 6 0 0

款项内容	销货款	托收凭据名称	转账支票	附寄单证张数	2 张

商品发运情况	已发运	合同名称号码	NO.012029

备注：　　　　款项收妥日期　　　　收款人开户银行签章

　　　　　　　　　　　　　　　　　　　　　　2010 年 7 月 18 日

复核　　记账　　　年　月　日

此联作收款人开户行给付收款人随受理回单

表 6—17

中国工商银行进账单

鲁中 1007（三联）
1

2010 年 7 月 25 日

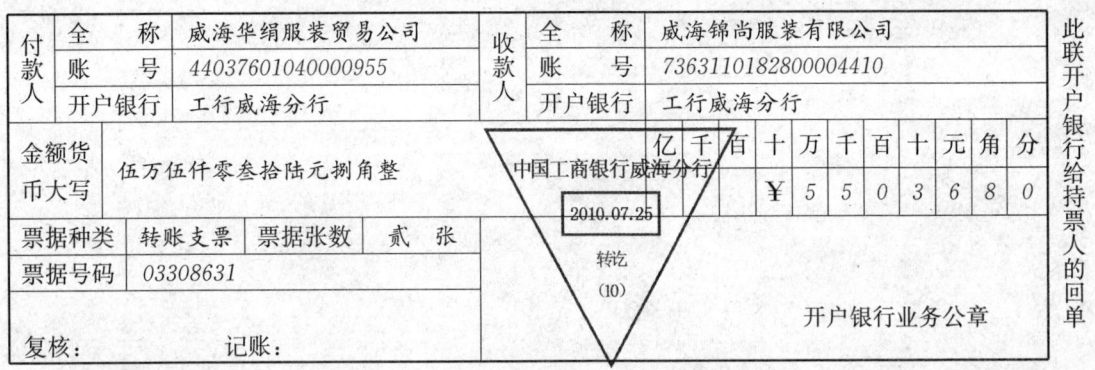

付款人	全称	威海华绢服装贸易公司	收款人	全称	威海锦尚服装有限公司
	账号	44037601040000955		账号	7363110182800004410
	开户银行	工行威海分行		开户银行	工行威海分行

金额货币大写	伍万伍仟零叁拾陆元捌角整	亿千百十万千百十元角分
		¥ 5 5 0 3 6 8 0

票据种类	转账支票	票据张数	贰张
票据号码	03308631		

中国工商银行威海分行
2010.07.25
转讫
(10)

开户银行业务公章

复核：　　　记账：

此联开户银行给持票人的回单

青岛中苑金融安全印刷有限公司印制

三、代销商品——视同买断销售业务的实训

（一）企业代销业务信息

威海锦尚服装有限公司委托山东家家悦集团有限公司销售男黑风衣，双方公司签订委托代销商品协议，协议规定：男风衣的实际售价由受托方自定，实际售价与协议价之间的差异额归受托方所有。在规定的代销期内，受托方没有将商品售出可以将其退给委托方。每月 25 日前，受托方开具商品代销清单给委托方，委托方按协议价开具增值税专用发票。受托方于每月月底将销货款支付给委托方。

（二）企业代销业务资料

1. 2010 年 7 月 6 日，威海锦尚服装有限公司委托山东家家悦集团有限公司销售男黑风衣 20 件，协议价每件 400 元。委托代销商品协议书如表 6—18 所示，产品出库单如表 6—19 所示。

2. 7 月 25 日，公司收到家家悦送来的代销产品结算清单（如表 6—20 所示），公司开出增值税专用发票（如表 6—21 所示）。

3. 7 月 31 日，收到家家悦送来的转账支票，出纳员将款项及时送存银行。银行进账单如表 6—22 所示。

（三）实训要求

根据原始凭证，编制相关记账凭证。

表 6—18

委托代销商品协议书

今由威海锦尚服装有限公司委托山东家家悦集团有限公司销售黑风衣 20 件，协议价 400 元/件。男风衣的实际售价由受托方自定，实际售价与协议价之间的差异额归受托方所有。在规定的代销期内，受托方没有将商品售出可以将其退给委托方。该男风衣增值税率为 17%。每月 25 日前，受托方开具商品代销清单给委托方，委托方按协议价开具增值税专用发票。售价受托方于每月月底将销货款支付给委托方。

委托方签章：威海锦尚服装有限公司　　　　受托方签章：山东家家悦集团有限公司
371000024157　　　　　　　　　　　　　3710012166697725
2010 年 7 月 6 日　　　　　　　　　　　　2010 年 7 月 6 日

实训六　财务成果会计岗位实训

表 6-19

出 库 单

2010 年 7 月 6 日

No 0057815
连续号 5549

物资类别	库存商品							
提货单位或领货部门	威海家家悦	发票号码或生产单号码	370098640	出货仓库	第一仓库	出库日期	2010.7.6	
编号	名称及规格	单位	数量		实际价格			
			应发	实发	单价	金额		
005	男黑风衣	件	20	20	240	4 800		
合计			20	20	240	4 800		

财务部门主管　张燕　　记账　　保管部门主管　　发货　赵华　　单位部门主管

表 6-20

代销产品结算清单
2010 年 7 月 25 日

委托单位：威海锦尚服装有限公司

品名	单位	数量	单价	金额	增值税金额	应付委托单位金额	进价成本	
							单价	金额
男风衣	件	20	400	8 000	1 360	9 360		
合计		20		8 000	1 360	9 360		

受托单位：　　　　会计：　　　　制单：王丽娜

表 6-21

山东省增值税专用发票
No 00115095

3700098624
校验码：59682 37931204 18 51809
开票日期：2010 年 7 月 25 日

购货单位	名　　称：山东家家悦集团有限公司 纳税人识别号：3710012166697725 地　址、电　话：威海市文化路5号 开户行及账号：工行威海分行：44000095537601040	密码区	93>>－＊+＜6/66＊033＊－28+－ ＋4－16710228＊9－19－－＋ ＞＊8719＜16625－/268/06＊ 7532926＜078+57/712171	加密版本：01 3700098624 01919645

货物或应税劳务名称	规格型号	单位	数量	单价	金额	税率	税额
男风衣	黑ZD	件	20	400.00	8 000.00	17%	1 360.00
合计					8 000.00		1 360.00

价税合计（大写）　⊗玖仟叁佰陆拾元整　　　　　（小写）￥9 360.00

销货单位	名　　称：威海锦尚服装有限公司 纳税人识别号：370620795309888 地　址、电　话：威海市文化东路58号、0631-5892888 开户行及账号：工行威海分行：736310182800004410	备注	

收款人：王力　　复核：权英花　　开票人：王力　　销售单位盖章：

表 6—22

鲁中 1007（三联）

中国工商银行进账单 1

2010 年 7 月 31 日

付款人	全称	山东家家悦集团有限公司	收款人	全称	威海锦尚服装有限公司
	账号	44000095537601040		账号	7363110182800004410
	开户银行	工行威海分行		开户银行	工行威海分行

金额货币大写	玖仟叁佰陆拾元整	亿	千	百	十	万	千	百	十	元	角	分
						¥	9	3	6	0	0	0

票据种类	转账支票	票据张数	壹张
票据号码	03631125		

复核：　　　　记账：

中国工商银行威海分行 2010.07.31 转讫 (10)

开户银行业务公章

此联开户银行给持票人的回单

青岛中苑金融安全印刷有限公司印制

四、代销商品——收取手续费销售业务的实训

（一）企业代销业务信息

威海锦尚服装有限公司委托威海文联百货公司以收取手续费的形式代销女风衣，双方公司签订委托代销商品协议书，协议书规定：每月 25 日前，受托方开具商品代销清单给委托方，委托方按协议价开具增值税专用发票，并按售价的 10% 支付受托方手续费。受托方于每月月底将销货款支付给委托方。

（二）企业代销业务相关资料

1. 7 月 2 日，威海锦尚服装有限公司委托威海文联百货公司销售女风衣 20 件，协议价 300 元/件。该风衣成本价 128 元/件，增值税率为 17%。代销协议规定，锦尚服装有限公司在收到文联百货公司交来的代销清单时开具增值税专用发票，并按售价的 10% 支付文联百货公司手续费。委托代销商品协议书如表 6—23 所示，产品出库单如表 6—24 所示。

2. 7 月 25 日，公司收到文联百货送来的代销产品结算清单（如表 6—25 所示），公司开出增值税专用发票（如表 6—26 所示）。

3. 7 月 31 日，收到文联百货送来的转账支票，出纳员将款项及时送存银行。银行进账单和手续费发票如表 6—27、表 6—28 所示。

（三）实训要求

根据原始凭证，编制相关记账凭证。

表 6—23

委托代销商品协议书

今由威海锦尚服装有限公司委托威海文联百货公司销售女风衣 20 件，协议价 300 元/件，增值税率为 17%。在规定的代销期内，每月 25 日前，受托方开具商品代销清单给委托方，委托方按协议价开具增值税专用发票，并按售价的 10% 支付受托方手续费。受托方于每月月底将销货款支付给委托方。

委托方签章：（威海锦尚服装有限公司 3710000012475）　　2010 年 7 月 2 日

受托方签章：（威海文联百货公司 37100839125274）　　2010 年 7 月 2 日

表 6-24

出 库 单

2010 年 7 月 2 日

No 0057818
连续号 5561

物资类别	库存商品	提货单位或领货部门	威海文联百货公司	发票号码或生产单号码	3700016565	出货仓库	第一仓库	出库日期	2010.7.2

编号	名称及规格	单位	数量 应发	数量 实发	实际价格 单价	实际价格 金额
001	女风衣	件	20	20	128	2 560
	合计		20	20	128	2 560

财务部门主管 张燕　　记账　　保管部门主管　　发货 赵华　　单位部门主管

第二联：记账

表 6-25

代销产品结算清单
2010 年 7 月 25 日

委托单位：威海锦尚服装有限公司

品名	单位	数量	单价	金额	增值税金额	手续费	应付委托单位金额	进价成本 单价	进价成本 金额
女风衣	件	20	300	6 000	1 020	600	6 420		
合计		20		6 000.00	1 020.00	600.00	6 420.00		2 560.00

表 6-26

山东省增值税专用发票　　No 00115096

3700098625
校验码：056983737934344302873　　开票日期：2010 年 7 月 25 日

购货单位	名　称：威海文联百货公司 纳税人识别号：37100839125274 地　址、电话：威海市新威路 62 号，0631-5237862 开户行及账号：农行环翠区支行，495221055410881438	密码区	-9/>>/<6/66*033*-28++ +4-16719-19--+7535926 <078+593-/7/61>*8719 <16655568/0>>8*0258125	加密版本：01 3700098625 06030884

货物或应税劳务名称	规格型号	单位	数量	单价	金额	税率	税额
女风衣	红	件	20	300.00	6 000.00	17%	1 020.00
合计			20		6 000.00	17%	1 020.00

价税合计（大写）：⊗柒仟零贰拾元整　　￥7 020.00

销货单位	名　称：威海锦尚服装有限公司 纳税人识别号：370620795309888 地　址、电话：威海市文化东路 58 号，0631-5892888 开户行及账号：工行威海分行，7363110182800004410	备注	

收款人：　　复核：　　开票人：李惠　　销售单位盖章：

第四联：记账联　销货方记账凭证

表6—27

鲁中1007(三联)

中国工商银行进账单 1

2010年7月31日

付款人	全称	威海文联百货公司	收款人	全称	威海锦尚服装有限公司
	账号	4952210554108811438		账号	7363110182800004410
	开户银行	农行环翠区支行		开户银行	工行威海分行

金额货币大写	陆仟肆佰贰拾元整	百	十万	千	百	十	元	角	分
			¥	6	4	2	0	0	0

中国工商银行威海分行 2010.07.31 转讫(10)

票据种类	转账支票	票据张数	壹张
票据号码	036317866		

复核：　　　　记账：

开户银行业务公章

此联开户银行给持票人的回单

青岛中苑金融安全印刷有限公司印制

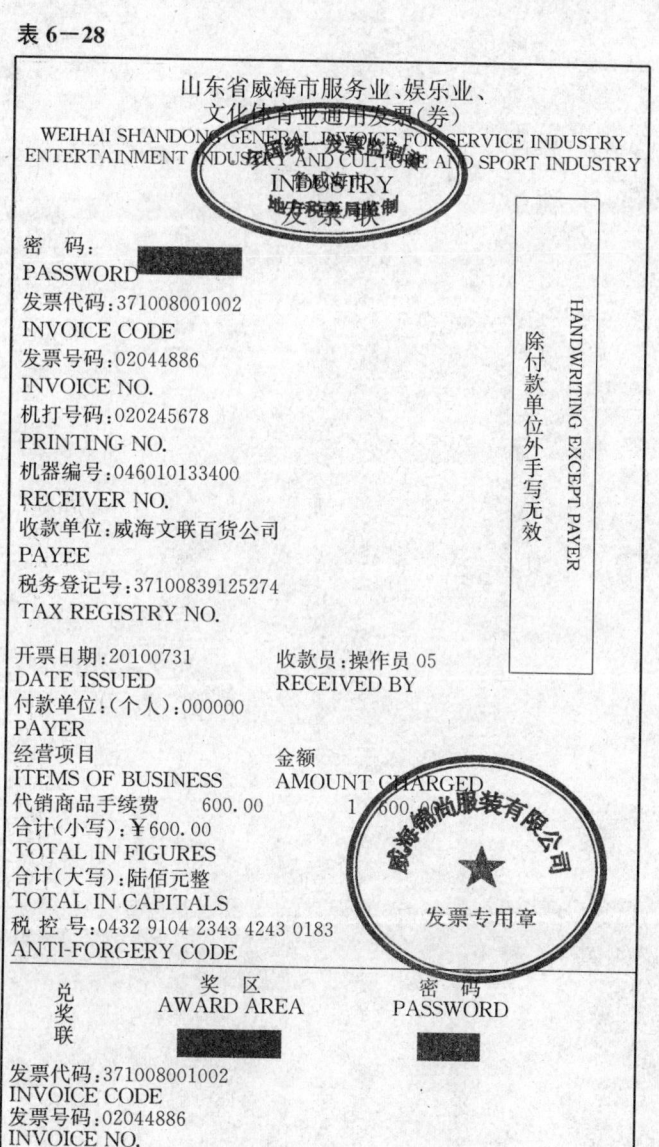

表6—28

山东省威海市服务业、娱乐业、
文化体育业通用发票(券)
WEIHAI SHANDONG GENERAL INVOICE FOR SERVICE INDUSTRY
ENTERTAINMENT INDUSTRY AND CULTURE AND SPORT INDUSTRY

国家统一发票监制
地方税票局监制
发票联

密码：
PASSWORD

发票代码：371008001002
INVOICE CODE

发票号码：02044886
INVOICE NO.

机打号码：020245678
PRINTING NO.

机器编号：046010133400
RECEIVER NO.

收款单位：威海文联百货公司
PAYEE

税务登记号：37100839125274
TAX REGISTRY NO.

开票日期：20100731　　收款员：操作员05
DATE ISSUED　　　　　　RECEIVED BY

付款单位：(个人)：000000
PAYER

HANDWRITING EXCEPT PAYER
除付款单位外手写无效

经营项目	金额
ITEMS OF BUSINESS	AMOUNT CHARGED
代销商品手续费	600.00

合计(小写)：¥600.00
TOTAL IN FIGURES
合计(大写)：陆佰元整
TOTAL IN CAPITALS
税控号：0432 9104 2343 4243 0183
ANTI-FORGERY CODE

威海锦尚服装有限公司
发票专用章

兑奖联

奖区　　　　　　密码
AWARD AREA　　PASSWORD

发票代码：371008001002
INVOICE CODE
发票号码：02044886
INVOICE NO.

五、预收货款销售业务实训

（一）企业预收货款销售业务相关资料

1. 7月5日，威海锦尚服装有限公司收到威海拓源服装有限公司交来的转账支票一张，系购买黑色毛涤服装面料的预付款1 170元。出纳员开具收款收据并将款项及时送存银行。收据、银行进账单如表6-29、表6-30所示。

2. 7月28日，仓库向威海拓源服装有限公司发出黑色毛涤面料50米，成本价每米15元，仓库保管员开出材料出库单（如表6-31所示）。黑色毛涤面料毛涤每米售价20元，公司开出增值税专用发票一张（如表6-32所示）。

（二）实训要求

根据原始凭证，编制相关记账凭证。

表6-29

威海市企业单位统一收款收据

2010年7月5日　　　　　　　　　第304720号

交款单位	威海拓源服装有限公司		
人民币（大写）	壹仟壹佰柒拾元整	（小写）	1 170.00
事由　预付货款	现金 ✓		
	支票第　　号		
财务主管　张燕	收款人　马亮	单位名称（盖章）威海锦尚服装有限公司	

第三联：收据联

表6-30

中国工商银行进账单

鲁中1007（三联）

2010年7月5日

付款人	全　称	威海拓源服装有限公司	收款人	全　称	威海锦尚服装有限公司
	账　号	38249522088l4105541		账　号	73631101828000044l0
	开户银行	中行环翠区支行		开户银行	工行威海分行

金额货币大写	壹仟壹佰柒拾元整	亿 千 百 十 万 千 百 十 元 角 分
		￥ 1 1 7 0 0 0

票据种类	转账支票	票据张数	壹张
票据号码	078663631		

复核　　　　　记账

此联开户银行给持票人的回单

开户银行业务公章

青岛中苑金融安全印刷有限公司印制

表6-31

物资类别	原材料						

出 库 单　　　　　　　　No 0057801
2010 年 7 月 28 日　　　　连续号 5546

提货单位或领货部门	威海拓源服装公司	发票号码或生产单号码	3700098565	出货仓库	第一仓库	出库日期	2010.7.28
编号	名称及规格	单位	数量 应发	数量 实发	实际价格 单价	实际价格 金额	
06	黑色毛涤	米	50	50	15	750	
合计			50	50	15	750	

财务部门主管　张燕　　记账　　保管部门主管　　发货　赵华　　单位部门主管

（第二联 记账）

表6-32

山东省增值税专用发票　　No 00115096

3700098626
校验码:056983734430287337934　　开票日期:2010 年 7 月 28 日

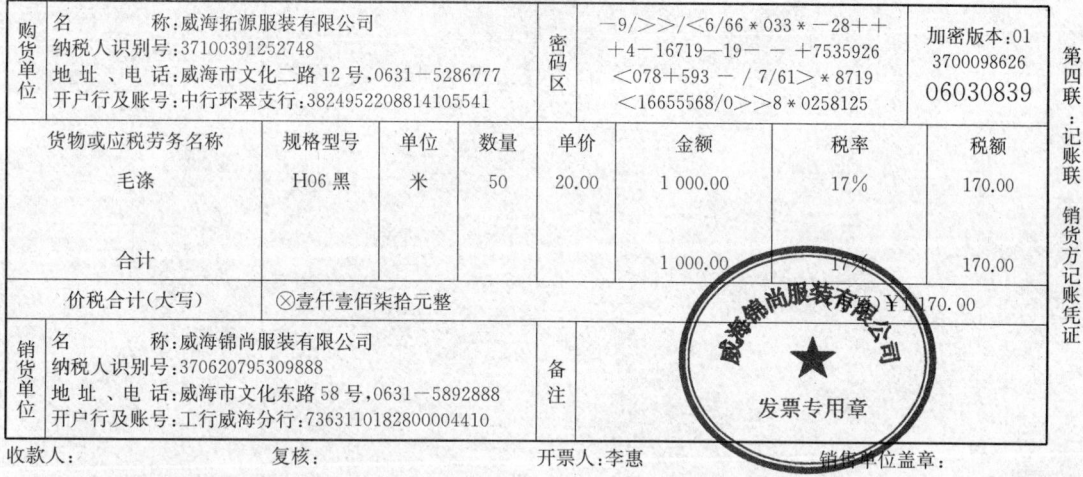

购货单位	名　称:威海拓源服装有限公司 纳税人识别号:37100391252748 地址、电话:威海市文化二路12号,0631-5286777 开户行及账号:中行环翠支行:38249522088141055441	密码区	-9/>>/<6/66*03**-28++ +4-16719-19--+7535926 <078+593-/7/61>*8719 <16655568/0>>8*0258125	加密版本:01 3700098626 06030839
	货物或应税劳务名称	规格型号	单位	数量	单价	金额	税率	税额
	毛涤	H06 黑	米	50	20.00	1 000.00	17%	170.00
	合计					1 000.00	17%	170.00
	价税合计(大写)	⊗壹仟壹佰柒拾元整					￥170.00	
销货单位	名　称:威海锦尚服装有限公司 纳税人识别号:370620795309888 地址、电话:威海市文化东路58号,0631-5892888 开户行及账号:工行威海分行:736311018280000441	备注						

收款人:　　　复核:　　　开票人:李惠　　　销货单位盖章:

（第四联:记账联 销货方记账凭证）

六、利润业务的实训

（一）企业利润业务相关资料

1. 7月17日,公司用转账支票向威海易达货运公司支付市内销售产品的运费 200 元,发票及转账支票如表 6—33、表 6—34 所示。

2. 7月19日,公司用转账支票向威海红黄蓝广告公司支付广告费 800 元,发票及转账支票如表 6—35、表 6—36 所示。

3. 7月21日,公司用转账支票向威海儿童福利院捐款 5 000 元。收款收据及转账支票如表 6—37、表 6—38 所示。要求:编制支付捐赠的会计分录。

（二）实训要求

1. 根据公司 7 月份相关资料计算利润总额。

2. 根据原始凭证,编制相关记账凭证。
3. 根据公司 7 月损益类账户余额,编制结转损益账户余额的记账凭证。
4. 编制结转本年利润账户余额的记账凭证。

表 6—33

山东省威海市通用定额发票
WEIHAI SHANDONG QUOTA GENERAL INVOICE

发票联

发票代码　　237100800111
发票号码　　2160345

200

密码：

经营项目：运费
付款单位(个人)：

贰佰元

威海易达货运公司
37100697725
12166
发票专用章

收款单位(盖章有效)　　开票日期 2010 年 7 月 17 日

表 6—34

中国工商银行（鲁）
转账支票存根
$\dfrac{BJ}{02}$ 03633435

附加信息

出票日期 2010 年 7 月 17 日

| 收款人：威海易达货运公司 |
| 金　额：￥200.00 |
| 用　途：运费 |

单位主管　　　　会计

表 6-35

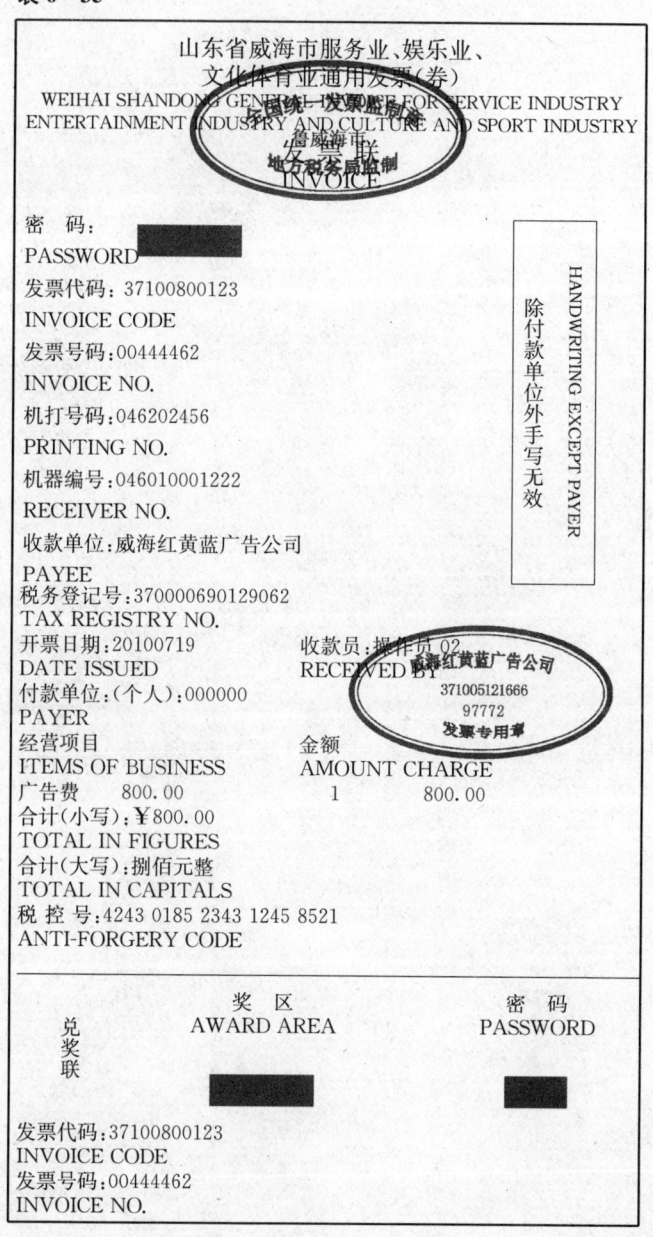

山东省威海市服务业、娱乐业、
文化体育业通用发票(券)
WEIHAI SHANDONG GENERAL INVOICE FOR SERVICE INDUSTRY
ENTERTAINMENT INDUSTRY AND CULTURE AND SPORT INDUSTRY
发票联
INVOICE

密　码：
PASSWORD
发票代码：37100800123
INVOICE CODE
发票号码：00444462
INVOICE NO.
机打号码：046202456
PRINTING NO.
机器编号：046010001222
RECEIVER NO.
收款单位：威海红黄蓝广告公司
PAYEE
税务登记号：370000690129062
TAX REGISTRY NO.
开票日期：20100719　　收款员：操作员 02
DATE ISSUED　　　　　RECEIVED BY
付款单位：(个人)：000000
PAYER

经营项目 ITEMS OF BUSINESS	金额 AMOUNT CHARGE
广告费　　800.00	1　　800.00

合计(小写)：¥800.00
TOTAL IN FIGURES
合计(大写)：捌佰元整
TOTAL IN CAPITALS
税 控 号：4243 0185 2343 1245 8521
ANTI-FORGERY CODE

除付款单位外手写无效
HANDWRITING EXCEPT PAYER

奖　区　　　　密　码
AWARD AREA　　PASSWORD

兑奖联

发票代码：37100800123
INVOICE CODE
发票号码：00444462
INVOICE NO.

表 6—36

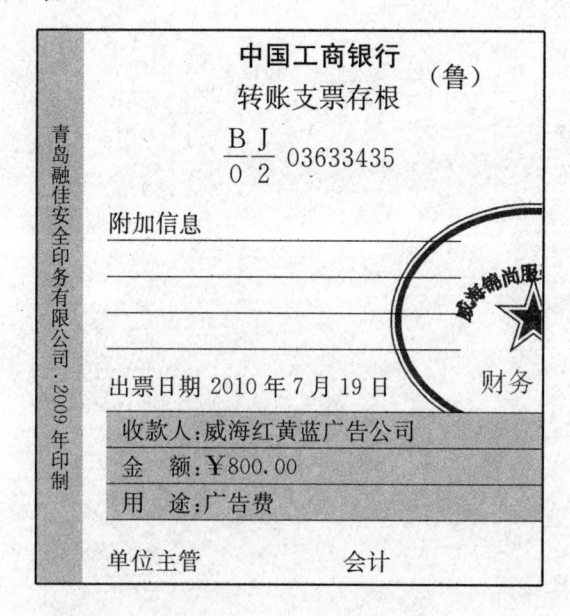

```
          中国工商银行        （鲁）
           转账支票存根
            B  J
            ─  ─ 03633435
            0  2

   附加信息
   ─────────────────
   ─────────────────
   ─────────────────

   出票日期 2010 年 7 月 19 日
   收款人:威海红黄蓝广告公司
   金   额:￥800.00
   用   途:广告费

   单位主管            会计
```

表 6—37

收 款 收 据

2010 年 7 月 21 日　　　　　　　　　　编号：0049009

交款人（单位）	威海锦尚服装有限公司								
摘　　要	捐款								
金额（大写）	伍仟元整	万	千	百	十	元	角	分
		￥		5	0	0	0	0	0
主管：宋志刚	会计：肖红	出纳：贺晓敏						

第二联　交对方

表 6—38

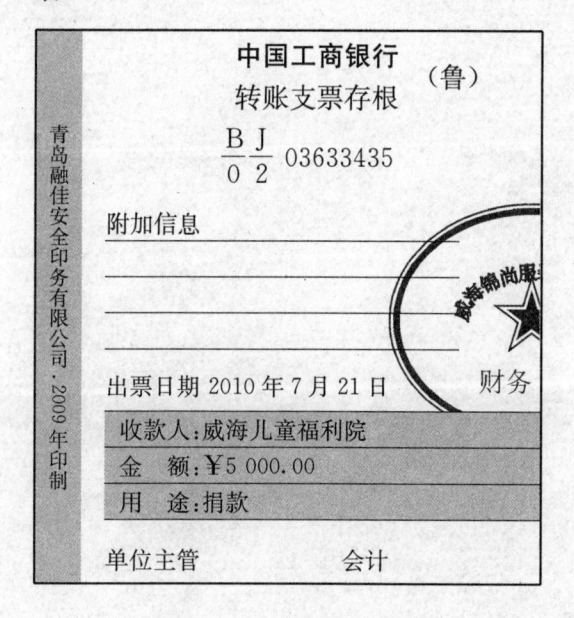

```
          中国工商银行        （鲁）
           转账支票存根
            B  J
            ─  ─ 03633435
            0  2

   附加信息
   ─────────────────
   ─────────────────
   ─────────────────

   出票日期 2010 年 7 月 21 日
   收款人:威海儿童福利院
   金   额:￥5 000.00
   用   途:捐款

   单位主管            会计
```

实训七

总账报表会计岗位实训

✚【实训目标】
- 完成科目汇总表的编制；
- 完成应收账款、应付账款、原材料、库存商品明细账的登记；
- 完成各总分类账的登记；
- 完成资产负债表的编制；
- 完成利润表的编制。

✚【技能要求】
- 能根据记账凭证汇总编制科目汇总表；
- 能根据科目汇总表登记总分类账；
- 能正确编制资产负债表及利润表。

✚【实训准备】
- 参阅《中华人民共和国公司法》、《企业会计准则第 30 号——财务报表列报》、《企业财务报告条例》、《会计基础工作规范》等法规；
- 参考"中华会计网校"(www.chinaacc.com)、"无忧会计"(www.51kj.com.cn)等网站；
- 准备好多媒体设施、实物展台等教学设施；
- 分配空白的活页式不同格式的明细账、空白的订本式总分类账、空白的科目汇总表、空白的资产负债表和利润表等实训物资。

✚【实训指导】

流程一　总账的设置和登记

一、总账账簿的启用

1. 填列总账账簿扉页的账簿启用及交接表；

2. 顺序编定页数；
3. 在账页上开设总账账户；
4. 在总账账簿的目录页，记明每个总账账户的名称和所在页次；
5. 在总账账簿扉页"账簿启用及交接表"上方空白处足额粘贴印花税票，并按规定对已粘贴的印花税票自行注销或者划销（在其上划两条平行线）。

注意：填列账簿启用及交接表时，单位名称应填列企业的全称，不得简化；公章应加盖单位行政公章，不能用财务专用章代替；单位主管、财务主管、复核人员和总账报表会计人员应签名盖章。总账报表会计人员调动工作时，应严格交接手续，在交接记录栏填明接管人员姓名、职别、交接日期，并由交接人员盖章，以分清责任。

二、总账账户的开设

总账应根据国家统一的总账科目开设。国家统一的会计制度对总账科目的设置、科目名称、编号、主要核算内容和基本业务的核算方法等都做出了规定，这些规定是各企业进行总账会计科目设置和使用的主要依据。

会计科目的设置应符合单位自身的特点，各企业设置会计科目的数量和粗细程度应根据企业规模的大小、业务的繁简和管理的需要而定，在不违反会计准则中确认、计量和报告规定的前提下，可以根据本企业的实际情况自行增设、分拆或合并某些会计科目。企业不存在的交易或事项，可不设置相关会计科目。

三、科目汇总表核算形式下总账的登记

科目汇总表核算形式流程图如图7-1所示：(1)根据原始凭证或原始汇总凭证填制记账凭证；(2)根据记账凭证登记日记账；(3)根据记账凭证及所附原始凭证登记明细账；(4)根据记账凭证编制科目汇总表；(5)根据科目汇总表登记总账；(6)日记账、明细账分别与总账核对；(7)根据总账和明细账编制会计报表。

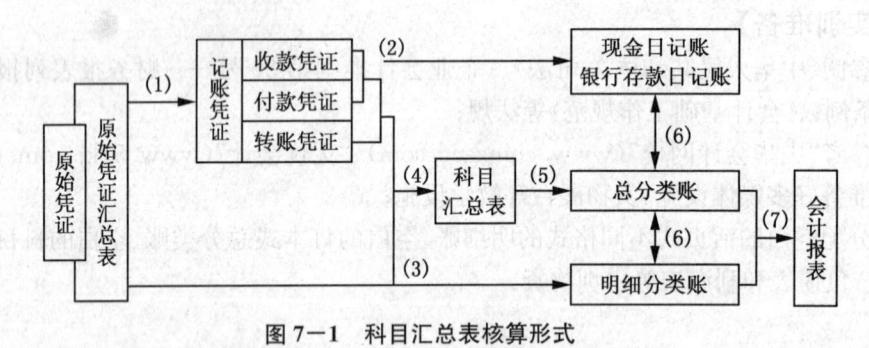

图7-1 科目汇总表核算形式

流程二　会计报表的编制

一、资产负债表的编制

资产负债表是反映企业在某一特定日期财务状况的报表。它反映的是企业在某一特定日期所拥有或控制的经济资源、所承担的现时义务和所有者对净资产的要求权。它是一张揭示

企业在一定时点上财务状况的静态报表。

在编制资产负债表时,应根据有关账户的期末余额填列。资产负债表一般采用对比式填列,即各项目均对比填列"年初数"和"期末数",这样有利于纵向对比分析,了解各项目的增减变动。

具体编制时有以下几种情况:

1. 根据总账科目余额直接填列。资产负债表各项目的数据来源,主要是根据总账科目期末余额直接填列,如交易性金融资产、应收票据、短期借款、应付票据、应付职工薪酬等。

2. 根据总账科目余额计算填列。资产负债表某些项目需要根据若干个总账科目的期末余额计算填列。

货币资金项目,根据"库存现金"、"银行存款"、"其他货币资金"科目的期末余额合计填列。

存货项目,根据"材料采购"、"原材料"、"材料成本差异"、"周转材料"、"自制半成品"、"库存商品"、"发出商品"、"委托加工物资"、"生产成本"等账户的合计,减去"存货跌价准备"科目的期末余额后的余额填列。

固定资产净值项目,根据"固定资产"账户的借方余额减去"累计折旧"、"固定资产减值准备"账户的贷方余额后的净额填列。

未分配利润项目,在月(季)报中,根据"本年利润"和"未分配利润"科目的余额计算填列(如该账户出现借方余额应以"-"号填列)。

3. 根据明细科目的余额计算填列。如"应收账款"项目,应根据"应收账款"科目所属各明细账户的期末借方余额合计,再加上"预收账款"科目的有关明细科目期末借方余额计算填列;又如"应付账款"项目,应根据"应付账款"、"预付账款"科目的有关明细科目的期末贷方余额计算填列。

4. 根据总账科目和明细科目余额分析计算填列。如"长期借款"项目,根据"长期借款"总账科目余额扣除"长期借款"科目所属的明细科目中反映的将于一年内到期的长期借款部分分析计算填列。

5. 根据科目余额减去其备抵项目后的净额填列。具体的项目有:

"短期投资"项目,由"短期投资"科目的期末余额减去其"短期投资跌价损失准备"备抵科目余额后的净额填列。

"应收账款"项目,应根据"应收账款"科目所属各明细科目的期末借方余额合计,减去"坏账准备"科目中有关应收账款计提的坏账准备期末余额后的金额填列。

"存货"项目,根据扣除前的存货项目余额减去"存货跌价准备"科目期末余额后的金额填列。

二、利润表的编制

利润表是反映企业在一定会计期间经营成果的报表。

为了使报表使用者通过比较不同期间利润的实际情况,判断企业经营成果的未来发展趋势,企业需要提供比较利润表,所以利润表中各个项目又分为"本期金额"和"上期金额"两栏分别填列。

1. 利润表"上期金额"栏内各项数字,应根据上年该期利润表"本期金额"栏内所列数字填列。

2. 利润表中"本期金额"栏各项目数字一般应反映以下内容:

"营业收入"项目,反映企业经营主要业务和其他业务所确认的收入总额。

"营业成本"项目,反映企业经营主要业务和其他业务发生的实际成本总额。"营业税金及附加"项目,反映企业经营业务应负担的营业税、消费税、城市维护建设税、资源税、土地增值税和教育费附加等。

"销售费用"项目,反映企业在销售商品过程中发生的包装费、广告费等费用和为销售本企业商品而专设的销售机构的职工薪酬、业务费等经营费用。

"管理费用"项目,反映企业为组织和管理生产经营发生的管理费用。

"财务费用"项目,反映企业筹集生产经营所需资金等而发生的筹资费用。

"资产减值损失"项目,反映企业各项资产发生的减值损失。

"公允价值变动收益"项目,反映企业交易性金融资产、交易性金融负债、采用公允价值模式计量的投资性房地产等公允价值变动形成的应计入当期损益的利得或损失。

"投资收益"项目,反映企业以各种方式对外投资所取得的收益。

"营业外收入"、"营业外支出"项目,反映企业发生的与其经营活动无直接关系的各项收入和支出。其中,处置非流动资产损失应当单独列示。

"所得税费用"项目,反映企业根据所得税准则确认的应从当期利润总额中扣除的所得税费用。

"基本每股收益"和"稀释每股收益"项目,应当反映根据每股收益准则的规定计算的金额。

【实训材料】

一、企业总账报表实训

(一)企业基本信息

1. 威海锦尚服装有限公司为增值税一般纳税人,适用增值税税率为17%,公司存货发出采用先进先出法,2010年12月1日各有关总分类账、明细分类账的账户期初余额如表7—1、表7—2所示。

表7—1　　　　　　　　　总分类、明细分类科目期初余额表

2010年12月1日　　　　　　　　　　　　　　　　　单位:元

总分类科目	明细分类科目	期初余额 借方	期初余额 贷方
库存现金		20 900	
银行存款		1 170 282	
应收票据		10 998	
应收账款		17 000	
	——威海文联百货公司	17 000	
其他应收款		5 000	
原材料		82 600	
	——01号红色毛涤面料	33 600	
	——02号黑色毛料	34 000	
	——03号服装辅料	15 000	
库存商品		56 300	

续表

总分类科目	明细分类科目	期初余额 借方	期初余额 贷方
	——001号红色女风衣	47 250	
	——002号男西裤	1 550	
	——003号男衬衫	7 500	
固定资产		1 927 050	
无形资产		507 000	
累计折旧			165 480
固定资产减值准备			4 000
累计摊销			7 000
短期借款			1 226 850
应付账款			54 350
	——威海美诗纺织公司		54 350
应交税费			7 928
应付职工薪酬			216 000
应付利息			27 000
实收资本			2 000 000
资本公积			10 000
盈余公积			27 510
利润分配 ——未分配利润			51 012
合 计		3 797 130	3 797 130

表7—2　　　　　　　　原材料、库存商品明细分类科目期初余额表
2010年12月1日　　　　　　　　　　　　　　单位:元

总分类科目	明细分类科目	数量	单价	金额
原材料	——01号红色毛涤面料	2 800	12.00	33 600.00
	——02号黑色毛料	1 000	34.00	34 000.00
	——03号服装辅料	3 000	5.00	15 000.00
库存商品	——001号红色女风衣	350	135.00	47 250.00
	——002号男西裤	20	77.50	1 550.00
	——003号男衬衫	300	25.00	7 500.00

(二)威海锦尚服装有限公司12月份发生的经济业务

1.1日,公司收到徐筱尚投资的200 000元存入银行。

2.3日,购入不需安装的缝纫机一台,买价6 000元,增值税1 020元,运杂费200元,全部款项已用银行存款支付。

3.5日,公司从威海美诗纺织公司购入02号黑色毛料1 000米,单价35元,价款35 000元,增值税进项税额5 950元,材料已验收入库,款项未付。

4.6日,用银行存款偿还之前欠威海美诗纺织公司货款54 350元。

5. 8日，职工王涛报销差旅费800元，上个月出差时预借差旅费1 000元，余款退回现金。

6. 10日，公司向银行借款20 000元，期限6个月，款项存入银行。

7. 12日，公司以银行存款500元购入办公用品。

8. 13日，将一张面值为5 850元的到期银行承兑汇票办妥进账手续。

9. 14日，清理报废设备一台，该设备账面原值26 000元，已提折旧18 000元，已计提减值准备2 000元，在清理过程中发生清理费用6 000元，通过银行支付，变价收入7 000元，已存入银行，不考虑其他税费。

10. 14日，以银行存款从证券交易市场购买B公司股票10 000股，准备近期内出售。B公司股票每股3.5元（其中含已宣告尚未发放的现金股0.1元），另付相关税费700元。

11. 15日，公司从银行提取现金216 000元，备发工资。

12. 15日，公司用现金发放工资216 000元。

13. 16日，公司以现金240元购买办公用品。

14. 18日，公司以银行存款支付广告费15 000元。

15. 20日，销售给威海华绢服装贸易公司001号红色女风衣300件，每件398元，款项119 400元，增值税销项税额20 298元，货款尚未收取。

16. 21日，用银行存款支付管理部门的水电费2 300元。

17. 22日，A企业将持有的B公司所有股票出售，交易价为7.3元，另支付手续费1 460元。

18. 24日，公司从利宏服装辅料公司购入03号服装辅料2 500米，单价6元，价款15 000元，增值税进项税额2 550元，材料已验收入库，款项已付。

19. 25日，向威海文联百货公司销售002号男西裤450件，每件售价198元，价款89 100元，增值税15 147元，货款尚未收到。

20. 26日，收到威海华绢服装贸易公司支付的前欠货款，金额28 000元。

21. 27日，向威海文联百货公司销售003号男衬衫300件，单位成本25元，每件售价80元，增值税4 080元，货款通过3个月期的商业汇票进行结算。

22. 31日，公司向银行借入3年期借款80 000元，该利息到期一次性偿还。

23. 31日，计算无形资产摊销9 000元。

24. 31日，公司在财产清查中发现盘亏一台设备，该设备原值30 000元，已提折旧24 000元。经批准，转作企业的营业外支出。

25. 31日，转让一项专利权，收取的价款为250 000元。该专利账面原值200 000元，已提摊销额10 000元。（转让无形资产适用的增值税率为5%）。

26. 31日，公司本月发出01号红色毛涤面料2 800米，成本为33 600元，用于生产001号红色女风衣；发出03号服装辅料2 890米，计14 450元，其中：生产001号红色女风衣耗料14 000元，生产002号男西裤耗料450元；发出02号黑色毛料800米，成本为27 200元，用于生产002号男西裤。

27. 31日，公司结算本月应付职工工资216 000元，其中：生产001号红色女风衣工人工资124 204元，生产002号男西裤工人工资70 591元，车间管理人员工资10 008元，行政部门管理人员工资5 854元，销售人员工资5 343元。

28. 31日，偿还6个月期的短期借款，本金50万元，借款年利率为10.8%，利息已预提。

29. 31日，公司计提本月固定资产折旧29 492元，其中车间用固定资产折旧27 492元，行政管理部门用固定资产折旧2 000元。

30.31日,计算并结转本月发生的制造费用(制造费用按产量比例分配,001号红色女风衣产量1 400件,002号男西裤产量1 600件)。

31.31日,结转完工产品成本,001号红色女风衣及002号男西裤全部完工。

32.31日,结转本月销售产品成本。

33.31日,计算本月应负担的所得税(假设会计利润与应纳税所得额相同,企业所得税率为25%)。

34.31日,结转损益类账户余额。

35.31日,结转本年利润净额。

36.31日,按净利的10%提取法定盈余公积;向投资者分配现金股利20 000元。

37.31日,结转利润分配各明细账余额。

(三)实训要求

1. 根据记账凭证简表(如表7—3所示)编制科目汇总表(如表7—4所示);
2. 根据科目汇总表登记总分类账(如表7—4至表7—32所示);
3. 月终,根据核对无误的总分类账和明细分类账的记录,编制资产负债表(如表7—33所示);
4. 根据损益类账户相关资料编制利润表(如表7—34所示)。

表7—3　　　　威海锦尚服装有限公司2010年12月份记账凭证简表　　　　单位:元

2010年 月	日	凭证号	摘要	会计科目	明细科目	借方金额	贷方金额
12	1	收1	接受投资	银行存款		200 000	
				实收资本	徐筱尚		200 000
12	3	付1	购入缝纫机	固定资产		6 200	
				应交税费	应交增值税(进)	1 020	
				银行存款			7 220
12	5	转1	购入02号黑色毛料	原材料	02号黑色毛料	35 000	
				应交税费	应交增值税(进)	5 950	
				应付账款	威海美诗纺织公司		40 950
12	6	付2	支付前欠货款	应付账款	威海美诗纺织公司	54 350	
				银行存款			54 350
12	8	收2	报销差旅费	库存现金	王涛	200	
				其他应收款			200
12	8	转2	报销差旅费	管理费用	差旅费	800	
				其他应收款	王涛		800
12	10	收3	借入短期借款	银行存款		20 000	
				短期借款			20 000
12	12	付3	购入办公用品	管理费用	办公费	500	
				银行存款			500
12	13	收4	收到商业汇票款,存入银行	银行存款		5 850	
				应收票据			5 850
12	14	转3	清理报废设备	固定资产清理		6 000	
				累计折旧		18 000	
				固定资产减值准备		2 000	
				固定资产			26 000

续表

2010年 月	日	凭证号	摘 要	会计科目	明细科目	借方金额	贷方金额
12	14	付4	清理设备费用	固定资产清理		6 000	
				银行存款			6 000
12	14	收5	清理设备变价收入	银行存款		7 000	
				固定资产清理			7 000
12	14	转4	结转清理设备损益	营业外支出		5 000	
				固定资产清理			5 000
12	14	付5	购买股票	交易性金融资产	B公司股票(成本)	34 000	
				应收股利		1 000	
				投资收益		700	
				银行存款			35 700
12	15	付6	提现备发工资	库存现金		216 000	
				银行存款			216 000
12	15	付7	发放工资	应付职工薪酬		216 000	
				库存现金			216 000
12	16	付8	购入办公用品	管理费用	办公费	240	
				库存现金			240
12	18	付9	支付广告费	销售费用	广告费	15 000	
				银行存款			15 000
12	20	转5	销售红色女风衣	应收账款	威海华绢服装贸易公司	139 698	
				主营业务收入			119 400
				应交税费	应交增值税(销)		20 298
12	21	付10	支付水电费	管理费用	水电费	2 300	
				银行存款			2 300
12	22	收6	出售股票	银行存款		71 540	
				应收股利			1 000
				交易性金融资产	B公司股票(成本)		34 000
				投资收益			36 540
12	24	付11	购入03号服装辅料	原材料	03号服装辅料	15 000	
				应交税费	应交增值税(进)	2 550	
				银行存款			17 550
12	25	转6	销售商品	应收账款	威海文联百货公司	104 247	
				主营业务收入			89 100
				应交税费	应交增值税(销)		15 147
12	26	收7	收到前欠货款	银行存款		28 000	
				应收账款	威海华绢服装贸易公司		28 000
12	27	转7	销售003号男衬衫	应收票据	威海文联百货公司	28 080	
				主营业务收入			24 000
				应交税费	应交增值税(销)		4 080
12	31	收8	借入长期借款	在建工程		80 000	
				长期借款			80 000
12	31	转8	计算无形资产摊销	管理费用	无形资产摊销	9 000	
				累计摊销			9 000
12	31	转9	发现盘亏设备	待处理财产损溢	待处理固定资产损溢	6 000	
				累计折旧		24 000	
				固定资产			30 000

续表

2010年 月	日	凭证号	摘要	会计科目	明细科目	借方金额	贷方金额
12	31	转10	处理盘亏设备	营业外支出	固定资产盘亏	6 000	
				待处理财产损溢	待处理固定资产损溢		6 000
12	31	收9	转让一项专利权	银行存款		250 000	
				累计摊销		10 000	
				无形资产			200 000
				应交税费	应交增值税		12 500
				营业外收入			47 500
12	31	转11	车间领用原材料	生产成本	001号红色女风衣	47 600	
					002号男西裤	27 650	
				原材料	01号红色毛涤面料		33 600
					02号黑色毛料		27 200
					03号服装辅料		14 450
12	31	转12	计算应付职工薪酬	生产成本	001号红色女风衣	124 204	
					002号男西裤	70 591	
				制造费用		10 008	
				管理费用		5 854	
				销售费用		5 343	
				应付职工薪酬			216 000
12	31	付12	偿还短期借款本息	短期借款		500 000	
				应付利息		20 000	
				银行存款			527 000
12	31	转13	计算折旧费	制造费用		27 492	
				管理费用		2 000	
				累计折旧			29 492
12	31	转14	结转制造费用	生产成本	001号红色女风衣	17 500	
					002号男西裤	20 000	
				制造费用			37 500
12	31	转15	完工产品入库	库存商品	001号红色女风衣	189 304	
				库存商品	002号男西裤	118 241	
				生产成本	001号红色女风衣		189 304
				生产成本	002号男西裤		118 241
12	31	转16	结转销售产品成本	主营业务成本		81 327	
				库存商品	001号红色女风衣		40 500
					002号男西裤		33 327
					003号男衬衫		7 500
12	31	转17		所得税费用		45 619	
				应交税费	应交所得税		45 619
12	31	转18	结转收入账户余额	主营业务收入		232 500	
				营业外收入		47 500	
				投资收益		35 840	
				本年利润			315 840
12	31	转19	结转费用账户余额	本年利润		178 983	
				管理费用			20 694
				销售费用			20 343
				主营业务成本			81 327
				营业外支出			11 000
				所得税费用			45 619

续表

2010年 月	日	凭证号	摘 要	会计科目	明细科目	借方金额	贷方金额
12	31	转20	结转本年利润净额	本年利润		136 857	
				利润分配	未分配利润		136 857
12	31	转21	提取盈余公积	利润分配	提取法定盈余公积	13 685.70	
				盈余公积	法定盈余公积		13 685.70
12	31	转22	向投资者分配股利	利润分配	应付现金股利或利润	20 000	
				应付股利			20 000
12	31	转23	结转已分配利润	利润分配	未分配利润	33 633.20	
				利润分配	提取法定盈余公积		13 633.20
					应付现金股利或利润		20 000.00

表7—4

科 目 汇 总 表

月份：

序号	科目名称	借/贷	期初余额	本期发生额 借方	本期发生额 贷方	借/贷	期末余额
1							
2							
3							
4							
5							
6							
7							
8							
9							
10							
11							
12							
13							
14							
15							
16							
17							
18							
19							
20							
21							
22							
23							
24							
25							
26							
27							

续表

序号	科目名称	借/贷	期初余额	本期发生额 借方	本期发生额 贷方	借/贷	期末余额
28							
29							
30							
	合 计						

表 7-5

总　　账

会计科目_____

年 月 日	凭证 字 号	摘要	借方 十亿千百十万千百十元角分	贷方 十亿千百十万千百十元角分	借或贷	余额 十亿千百十万千百十元角分	核对

表 7—6

总　　账

会计科目_____

年		凭证		摘要	借方	贷方	借或贷	余额	核对
月	日	字	号		十亿千百十万千百十元角分	十亿千百十万千百十元角分		十亿千百十万千百十元角分	

表 7—7

总　　账

会计科目_____

年		凭证		摘要	借方	贷方	借或贷	余额	核对
月	日	字	号		十亿千百十万千百十元角分	十亿千百十万千百十元角分		十亿千百十万千百十元角分	

表 7—8

总　　账

会计科目_____

| 年 || 凭证 || 摘要 | 借方 |||||||||| 贷方 |||||||||| 借或贷 | 余额 |||||||||| 核对 |
月	日	字	号		十	亿	千	百	十	万	千	百	十	元	角	分	十	亿	千	百	十	万	千	百	十	元	角	分		十	亿	千	百	十	万	千	百	十	元	角	分	

表 7—9

总　　账

会计科目_____

| 年 || 凭证 || 摘要 | 借方 |||||||||| 贷方 |||||||||| 借或贷 | 余额 |||||||||| 核对 |
月	日	字	号		十	亿	千	百	十	万	千	百	十	元	角	分	十	亿	千	百	十	万	千	百	十	元	角	分		十	亿	千	百	十	万	千	百	十	元	角	分	

表 7-10

总　　账

会计科目_____

年		凭证字号	摘要	借方 十亿千百十万千百十元角分	贷方 十亿千百十万千百十元角分	借或贷	余额 十亿千百十万千百十元角分	核对
月	日							

表 7-11

总　　账

会计科目_____

年		凭证字号	摘要	借方 十亿千百十万千百十元角分	贷方 十亿千百十万千百十元角分	借或贷	余额 十亿千百十万千百十元角分	核对
月	日							

表 7-12

总　　账

会计科目_____

年		凭证字号	摘要	借方 十亿千百十万千百十元角分	贷方 十亿千百十万千百十元角分	借或贷	余额 十亿千百十万千百十元角分	核对
月	日							

表 7-13

总　　账

会计科目_____

年		凭证字号	摘要	借方 十亿千百十万千百十元角分	贷方 十亿千百十万千百十元角分	借或贷	余额 十亿千百十万千百十元角分	核对
月	日							

表 7-14

总　　账

会计科目_____

年		凭证字号	摘要	借方 十亿千百十万千百十元角分	贷方 十亿千百十万千百十元角分	借或贷	余额 十亿千百十万千百十元角分	核对
月	日							

表 7-15

总　　账

会计科目_____

年		凭证字号	摘要	借方 十亿千百十万千百十元角分	贷方 十亿千百十万千百十元角分	借或贷	余额 十亿千百十万千百十元角分	核对
月	日							

表 7-16

总　　账

会计科目_____

年		凭证		摘要	借方	贷方	借或贷	余额	核对
月	日	字	号		十亿千百十万千百十元角分	十亿千百十万千百十元角分		十亿千百十万千百十元角分	

表 7-17

总　　账

会计科目_____

年		凭证		摘要	借方	贷方	借或贷	余额	核对
月	日	字	号		十亿千百十万千百十元角分	十亿千百十万千百十元角分		十亿千百十万千百十元角分	

表 7－18

总　　账

会计科目＿＿＿＿

年		凭证字号	摘要	借方	贷方	借或贷	余额	核对
月	日			十亿千百十万千百十元角分	十亿千百十万千百十元角分		十亿千百十万千百十元角分	

表 7－19

总　　账

会计科目＿＿＿＿

年		凭证字号	摘要	借方	贷方	借或贷	余额	核对
月	日			十亿千百十万千百十元角分	十亿千百十万千百十元角分		十亿千百十万千百十元角分	

表 7—20

总　　账

会计科目_____

年		凭证字号	摘要	借方 十亿千百十万千百十元角分	贷方 十亿千百十万千百十元角分	借或贷	余额 十亿千百十万千百十元角分	核对
月	日							

表 7—21

总　　账

会计科目_____

年		凭证字号	摘要	借方 十亿千百十万千百十元角分	贷方 十亿千百十万千百十元角分	借或贷	余额 十亿千百十万千百十元角分	核对
月	日							

表 7—22

总　账

会计科目_____

年		凭证字号	摘要	借方 十亿千百十万千百十元角分	贷方 十亿千百十万千百十元角分	借或贷	余额 十亿千百十万千百十元角分	核对
月	日							

表 7—23

总　账

会计科目_____

年		凭证字号	摘要	借方 十亿千百十万千百十元角分	贷方 十亿千百十万千百十元角分	借或贷	余额 十亿千百十万千百十元角分	核对
月	日							

表 7-24

总　　账

会计科目＿＿＿＿＿＿＿＿

年		凭证字号	摘要	借方 十亿千百十万千百十元角分	贷方 十亿千百十万千百十元角分	借或贷	余额 十亿千百十万千百十元角分	核对
月	日							

表 7-25

总　　账

会计科目＿＿＿＿＿＿＿＿

年		凭证字号	摘要	借方 十亿千百十万千百十元角分	贷方 十亿千百十万千百十元角分	借或贷	余额 十亿千百十万千百十元角分	核对
月	日							

表 7—26

总　　账

会计科目_____

年		凭证	摘要	借方	贷方	借或贷	余额	核对
月	日	字号		十亿千百十万千百十元角分	十亿千百十万千百十元角分		十亿千百十万千百十元角分	

表 7—27

总　　账

会计科目_____

年		凭证	摘要	借方	贷方	借或贷	余额	核对
月	日	字号		十亿千百十万千百十元角分	十亿千百十万千百十元角分		十亿千百十万千百十元角分	

表 7—28

总　　账

会计科目_____

年		凭证字号	摘要	借方 十亿千百十万千百十元角分	贷方 十亿千百十万千百十元角分	借或贷	余额 十亿千百十万千百十元角分	核对
月	日							

表 7—29

总　　账

会计科目_____

年		凭证字号	摘要	借方 十亿千百十万千百十元角分	贷方 十亿千百十万千百十元角分	借或贷	余额 十亿千百十万千百十元角分	核对
月	日							

表 7-30

总　　账

会计科目_____

年		凭证字号	摘要	借方 十亿千百十万千百十元角分	贷方 十亿千百十万千百十元角分	借或贷	余额 十亿千百十万千百十元角分	核对
月	日							

表 7-31

总　　账

会计科目_____

年		凭证字号	摘要	借方 十亿千百十万千百十元角分	贷方 十亿千百十万千百十元角分	借或贷	余额 十亿千百十万千百十元角分	核对
月	日							

表 7-32

资产负债表

会企01表

编制单位：　　　　　　　　　　　　年　月　日　　　　　　　　　　　　单位：元

资　产	期末余额	年初余额	负债和所有者权益（或股东权益）	期末余额	年初余额
流动资产：			流动负债：		
货币资金			短期借款		
交易性金融资产			交易性金融负债		
应收票据			应付票据		
应收账款			应付账款		
预付账款			预收账款		
应收利息			其他应付款		
应收股利			应交税费		
其他应收款			应付利息		
存货			应付股利		
一年内到期的非流动资产			应付职工薪酬		
其他流动资产			一年内到期的非流动负债		
流动资产合计			其他流动负债		
非流动资产：			流动负债合计		
可供出售金融资产			非流动负债：		
持有至到期投资			长期借款		
长期应收款			应付债券		
长期股权投资			长期应付款		
投资性地产			专项应付款		
固定资产			预计负债		
在建工程			递延所得税负债		
工程物资			其他非流动负债		
固定资产清理			非流动负债合计		
生产性生物资产			负债合计		
油气资产			所有者权益（或股东权益）：		
无形资产			实收资本（股本）		
开发支出			资本公积		
商誉			减：库存股		
长期待摊费用			盈余公积		
递延所得税资产			未分配利润		
其他非流动资产			所有者权益（或股东权益）合计		
非流动资产合计					
资产总计			负债和所有者权益（或股东权益）合计		

表 7—33

利 润 表

会企02表

编制单位：　　　　　　　　　　年 月 日　　　　　　　　　　单位：元

项　　　目	本 期 金 额	上 期 金 额
一、营业收入		
减：营业成本		
营业税金及附加		
销售费用		
管理费用		
财务费用		
资产减值损失		
加：公允价值变动收益（损失以"－"号填列）		
投资收益（损失以"－"号填列）		
其中：对联营企业和合营企业的投资收益		
二、营业利润（亏损以"－"号填列）		
加：营业外收入		
减：营业外支出		
其中：非流动资产处置损失		
三、利润总额（亏损总额以"－"号填列）		
减：所得税费用		
四、净利润（净亏损以"－"号填列）		
五、每股收益：		
（一）基本每股收益		
（二）稀释每股收益		

会计综合岗位实训

实训八

会计综合岗位实训

【实训目标】
- 填写并审核原始凭证；
- 编制并审核记账凭证；
- 登记各类账簿；
- 进行成本计算；
- 对账与结账；
- 编制会计报表并进行财务分析。

【技能要求】
- 熟悉会计各岗位职责及分工；
- 掌握会计业务处理流程和业务单据传递顺序；
- 能够对主要经济活动准确的进行会计账务处理；
- 能够利用会计报表进行财务分析。

【实训准备】
- 参阅《会计基础工作规范》《企业财务报告条例》《企业会计准则》等及有关税收法规；
- 参考"中华会计网校 http://www.chinaacc.com"、"中国会计网 http://www.canet.com.cn"等网站；
- 准备好多媒体设施、实物展台等教学设施；
- 分出纳、成本会计、总账会计、会计主管四个岗位以小组形式完成实训任务；
- 分配空白的原始凭证、记账凭证、会计账页、会计报表、凭证封面、草稿纸。

【实训任务】

一、编制会计报表

会计主管——根据提供的 2011 年 11 月份账户资料和 12 月份业务资料，完成下列任务：

1. 编制 11 月 30 日资产负债表。
2. 编制 11 月份利润表。
3. 计算 11 月份下列财务指标(计算结果用百分数表示的,按照"四舍五入"的办法均保留百分号前两位小数,其余保留小数点后两位小数)。
(1)资产负债率;
(2)产权比率;
(3)净资产收益率;
(4)流动比率。
4. 计算 12 月份现金流量表的下列项目:
(1)销售商品,提供劳务收到的现金;
(2)支付给职工以及为职工支付的现金;
(3)处置固定资产、无形资产及其他长期资产收回的现金净额;
(4)投资所支付的现金;
(5)分配股利、利润或偿付利息支付的现金。

二、填制和审核会计凭证

1. 出纳人员——根据第 10 笔业务和第 18 笔业务提供的资料,手工签发转账支票,填制进账单和贴现凭证的核心事项。
2. 总账会计——根据第 1 至 39 笔业务以及第 55 至 70 笔业务提供的资料,手工填制相关原始凭证并编制记账凭证,并经相关人员审核签章。
3. 成本会计——根据第 40 至 54 笔业务提供的资料,手工填制相关原始凭证并编制记账凭证,并经相关人员审核签章。

三、成本计算

成本会计——根据提供的资料及手工填制的原始凭证,填制成本计算表单。

四、编制科目汇总表

总账会计——根据审核签章后的记账凭证,手工编制科目汇总表。

五、登记账簿和结账

出纳人员——按照会计规范启用账簿并根据审核签章后的收、付款业务的记账凭证手工登记库存现金日记账、银行存款日记账,并按规范结账。

六、整理和装订会计凭证

会计主管——组织小组成员按规范要求整理和装订会计凭证(根据业务量可装订为 1 至 2 本)。

会计主管——将会计凭证、库存现金日记账和银行存款日记账装入档案袋,签字确认。

【实训材料】

一、公司基本情况

(一)公司注册资料

公司注册名称:太原艾丽制衣有限责任公司

公司注册地址:太原市虎峪区和平北路138号

公司注册资本和法人代表:公司由太原天意有限公司和李大伟个人投资成立,公司总注册资本为2 000万元。公司法人代表为李大伟,总经理为周志强

公司经营范围:主要从事工装的生产和销售

(二)公司账户资料

1. 基本存款账户

中国工商银行太原晋源支行,账号:6222464654546447,行号:102161000197

2. 一般存款账户

交通银行太原五一支行,账号:6222464654112232

3. 专用存款账户

住房公积金专用账户:中国工商银行太原晋源支行,账号6222101264556000

4. 证券资金账户及股东代码

开户(股票)证券公司:山西证券万柏林营业部

资金账号:15009488

股东代码:沪A237473262(主)

深0037267018(主)

5. 银行预留印鉴

```
┌─────────────────────────────────────────┐
│                                         │
│     (太原艾丽制衣有限责任公司               │
│      财务专用章)          (李大伟印)       │
│                                         │
│       财务专用章           法人代表名章     │
└─────────────────────────────────────────┘
```

(三)纳税登记资料

国税:太原市虎峪区国家税务局,纳税登记号140102244212428,缴款账户:国家金库太原市虎峪区支库,账号:3120132160811113146

地税:太原市虎峪区地方税务局,纳税登记号140102244212428,缴款账户:国家金库太原市虎峪区支库(代理),账号:11028W9185788

二、公司会计工作组织及分工

公司单独设置财会部门,划分为会计主管、总账会计、成本会计、出纳四个工作岗位。具体

分工如下:

会计主管——李成功。职责:领导和组织公司会计核算工作;负责审核会计凭证、对账和编制财务报表并进行财务分析;负责保管财务专用章;负责编制纳税申报表;组织会计档案的整理和保管;组织编制财务预算、决算;组织财产清查等。

总账会计——陈中华。职责:编制除产品成本业务之外的其他业务的会计凭证;负责编制科目汇总表,登记总分类账等。

成本会计——马晓娟。职责:负责产品成本核算、编制成本计算原始凭证,编制产品成本业务记账凭证,登记"生产成本"、"制造费用"明细账,编制成本报表,进行成本分析等。

出纳——赵红利。职责:负责办理库存现金、银行存款收款、付款业务;保管库存现金、有价证券及法人代表名章;登记库存现金日记账、银行存款日记账;配合清查人员进行库存现金、银行存款清查等。

三、公司会计核算方法及财务管理制度

1. 公司以人民币为记账本位币(核算中金额计算保留至分位),记账文字为中文。会计核算采用科目汇总表账务处理程序。

2. 公司为增值税一般纳税人,增值税税率为17%。

公司适用的城市维护建设税税率为7%,教育费附加征收率为3%。

公司营业税、车船税、房产税和土地使用税均按规定计算缴纳。

公司按规定代扣代缴个人所得税。

公司企业所得税税率为25%,并假设这一税率适用于未来可预见的期间,公司不享受其他税收优惠政策。企业所得税的核算采用资产负债表债务法。企业所得税缴纳采用按季预缴,按年汇算清缴的方式,公司以前年度的企业所得税假设已进行汇算。

本实训不考虑除上述税费以外的其他税费。

3. 公司原材料采用计划成本法组织日常核算,材料成本差异率为综合差异率,材料成本差异率计算保留4位小数;周转材料、库存商品采用实际成本法组织日常核算,发出周转材料、库存商品采用全月一次加权平均法计价。

原材料入库业务,于月末根据"收料单"编制"收料凭证汇总表",汇总进行原材料入库业务的总分类核算。

原材料发出业务,于月末根据"领料单"编制"发料凭证汇总表",汇总进行原材料出库业务的总分类核算。

4. 坏账损失的核算。

公司应收账款坏账损失采用备抵法核算,其他的应收款项不计提坏账准备。

对于应收账款金额占所有应收账款金额15%及以上的,视为单项金额重大的应收账款,在年末单独进行减值测试,以同期银行贷款利率为折现率计算其未来现金流量现值,未来现金流量现值低于原账面价值的,按其差额计提坏账准备;未来现金流量现值不低于原账面价值的,采用账龄分析法估计坏账损失。

对于应收账款金额占所有应收账款金额15%以下的,视为单项金额非重大的应收账款,采用账龄分析法估计坏账损失。不同账龄计提坏账准备的比例如表8—1所示。

表8-1

账 龄	未到期	逾期 3个月内	逾期 3～9个月	逾期 9～12个月	逾期 12～18个月	逾期 18～24个月	逾期 2年以上
计提坏账准备的比例	0.50%	2%	4%	6%	10%	12%	15%

5. 公司固定资产折旧和无形资产摊销均采用年限平均法,公司固定资产折旧方法和折旧年限与税法规定一致。各类固定资产的折旧年限和折旧率如表8-2所示,预计净残值率均为4%。

表8-2

固定资产类别	折旧年限	年折旧率
房屋建筑物	20年	4.8%
生产设备	10年	9.6%
运输设备	4年	24%
管理设备	5年	19.2%

6. 公司按有关规定计算缴纳社会保险费和住房公积金。基本社会保险及住房公积金以应付工资作为计提基数,计提比例如下:基本养老保险为22%,企业承担14%,个人承担8%;医疗保险为10%,企业承担8%,个人承担2%;失业保险为3%,企业承担2%,个人承担1%;工伤保险为1%,全部由企业承担;生育保险为0.8%,全部由企业承担。住房公积金为16%,企业承担10%,个人承担6%。

公司由个人承担的社会保险费、住房公积金在缴纳时直接从"应付职工薪酬——工资"明细账中冲销,不通过"其他应付款"账户进行核算。

7. 公司职工福利费不预提,按实际发生金额列支;工会经费和职工教育经费分别按应付工资总额的2%、2.5%比例计提。工会经费按月划拨给工会专户。

8. 公司根据有关规定,每年按当年净利润(扣减以前年度未弥补亏损后)10%的比例计提法定盈余公积,不计提任意盈余公积。

9. 公司采用品种法计算产品成本,成本项目为直接材料、直接人工和制造费用。成本计算中各分配率的计算保留四位小数。

本月发生的直接材料费以各种产品材料消耗定额比例为标准在各种产品之间进行分配,本月发生的直接人工和制造费用按实际生产工时在各种产品之间进行分配。

月末在产品和完工产品之间费用的分配采用约当产量法,原材料在第一道工序开始一次性投入,直接人工费用和制造费用的完工程度分工序按定额生产工时计算,月末在产品在本工序的完工程度均为50%。

10. 公司所在地具有活跃的房地产市场,房地产公允价值能够可靠计量,投资性房地产采用公允价值计量模式。

11. 未列明的其他会计事项,公司根据现行《企业会计准则》的相关规定处理。

四、2011 年 11 月份账户及业务资料

太原艾丽制衣有限责任公司 2011 年 11 月 30 日账户余额,见表 8-3。

表 8-3

账户余额表

2011 年 11 月 30 日　　　　　　　　　　　　　　　　　　　　金额单位:元

总账科目	二级科目	三级科目	借方余额	贷方余额
一、资产类				
库存现金			23 987.00	
银行存款				
	中国工商银行太原晋源支行		1 043 876.65	
	交通银行太原五一支行		5 000 000.00	
其他货币资金				
	存出投资款		459 864.76	
交易性金融资产				
应收票据				
	保定劳保用品销售公司		117 000.00	
	太原宏迈有限公司		54 000.00	
	山西劳保用品中心		60 087.96	
应收账款				
	太原大通实业公司			550 654.97
	太原宏达实业公司		126 755.00	
	太原华伟实业公司		56 432.00	
	太原红盛实业公司		256 652.00	
	太原百成实业公司		658 762.00	
预付账款				
	太原锦团实业公司		237 654.64	
	太原惠达纺织品公司		65 432.96	
	大同纺织设备公司		1 263 241.60	
坏账准备				
	应收账款			61 478.64
其他应收款				
	行政部		6 598.00	
	王洁		5 000.00	
应收股利				
应收利息				
材料采购				

续表

总账科目	二级科目	三级科目	借方余额	贷方余额
原材料				
	原料及主要材料		106 841.40	
	辅助材料		37 080.00	
	修理用备品备件		2 100.00	
周转材料				
	包装物		1 330.00	
	低值易耗品		900.00	
材料成本差异				3 782.97
库存商品				
	男夏装		72 244.08	
	女夏装		58 502.16	
	男冬装		39 808.23	
	女冬装		126 392.00	
存货跌价准备				
持有至到期投资				
	投资品种名称	成本		
		利息调整		
持有至到期投资减值准备				
可供出售金融资产				
可供出售金融资产减值准备				
长期股权投资				
	太原晋通实业公司	投资成本	4 000 000.00	
		损益调整	329 876.00	
长期股权投资减值准备				
投资性房地产				
	出租房屋名称	成本		
		公允价值变动		
固定资产				
	房屋建筑物		4 750 000.00	
	生产设备		2 770 000.00	
	运输设备		1 256 000.00	

续表

总账科目	二级科目	三级科目	借方余额	贷方余额
	管理设备		588 950.00	
累计折旧				1 409 973.60
固定资产减值准备				
在建工程				
	1#楼		7 864 300.00	
	2#楼		3 872 666.48	
固定资产清理	平头锁眼机		26 928.00	
无形资产				
	专利权		360 000.00	
	土地使用权		4 500 000.00	
累计摊销				
	专利权			144 000.00
	土地使用权			300 000.00
无形资产减值准备				
未确认融资费用				
递延所得税资产				
	应收账款		15 369.66	
	可抵扣亏损		8 696.75	
待处理财产损溢				
二、负债类				
短期借款				
应付票据				
	广东双美纺织品公司			1 355 440.00
	浙江依泰实业公司			1 148 944.00
应付账款				
	自来水公司			
	太原供电分公司			
	太原双双纺织用品公司			535 950.00
	大同理尚实业公司		93 500.00	
	阳泉矿井专用劳保用品公司			363 000.00
预收账款				
	东盛实业公司			100 000.00
	君华实业公司			336 548.00
	际宇实业公司		76 854.00	

续表

总账科目	二级科目	三级科目	借方余额	贷方余额
	新华实业公司			67 540.00
应付职工薪酬				
	工资			410 255.68
	社会保险费			151 284.80
	住房公积金			65 776.00
	职工教育经费			9 800.00
应交税费				
	应交增值税	进项税额		
	应交增值税	销项税额		
	应交增值税	转出未交增值税		
	应交营业税			
	应交房产税			
	应交车船税			
	应交土地使用税			
	应交所得税		1 252 075.24	
	应交个人所得税			844.32
	未交增值税			253 440.00
	应交城市维护建设税			17 740.80
	应交教育费附加			7 603.20
应付利息				
应付股利				
其他应付款				
长期借款	专项借款	交通银行太原五一支行		5 000 000.00
长期应付款				
预计负债				
递延所得税负债				
三、所有者权益				
实收资本				20 000 000.00
资本公积				
	资本溢价			181 303.27
	其他资本公积			

续表

总账科目	二级科目	三级科目	借方余额	贷方余额
盈余公积				
	法定盈余公积			89 860.00
本年利润				6 806 543.87
利润分配				
	未分配利润		26 090.25	
四、成本类				
生产成本				
	男夏装			
	女夏装			
	男冬装		91 318.50	
	女冬装			
制造费用				
合计			40 567 465.72	40 567 465.72

注：11月初所有者权益账户的余额为："实收资本"账户余额 20 000 000.00 元，"资本公积——资本溢价"账户余额 181 303.27 元，"盈余公积——法定公积金"账户余额 89 860.00 元，"本年利润"账户贷方余额 5 856 543.87元，"利润分配——未分配利润"账户借方余额 26 090.25元，其余所有者权益类明细账户无余额。

太原艾丽制衣有限责任公司2011年1～11月份损益类账户发生额，见表8－4。

表8－4
损益类账户发生额表

金额单位：元

账户名称	11月份发生额	1～11月累计发生额
主营业务收入	2 217 258.00	19 855 150.00
其他业务收入	78 800.00	705 639.44
投资收益	897 654.00	897 654.00
公允价值变动损益		
营业外收入	4 532.00	53 271.00
主营业务成本	983 944.63	10 395 724.00
其他业务成本	43 200.00	456 423.78
营业税金及附加	39 305.74	435 313.14
销售费用	8 794.00	96 754.00
管理费用	523 311.93	1 736 416.20
财务费用	654 321.77	1 098 539.45
资产减值损失		
营业外支出	45 000.00	486 000.00

太原艾丽制衣有限责任公司2011年11月份有关明细账户余额,见表8-5至表8-8。

表8-5

原材料明细账户余额表

2011年11月30日　　　　　　　　　　　　　　　金额单位:元

类　别	品　名	单　位	数　量	计划单位成本	金　额
原料及主要材料	全棉蓝薄水洗布	米	900	25.8	23 220.00
	全棉红薄水洗布	米	1 008	25.8	26 006.40
	全棉蓝厚水洗布	米	630	32.9	20 727.00
	全棉红厚水洗布	米	720	32.9	23 688.00
	圆扣子	包(100个)	1 320	10	13 200.00
	小　计				106 841.40
辅助材料	松紧带	卷(50米)	120	75	9 000.00
	反光条	卷(51米)	520	40	20 800.00
	蓝线	塔	910	8	7 280.00
	小　计				37 080.00
修理用备品	311高级衣车油		20	105	2 100.00
合　计					146 021.40

表8-6

周转材料明细账户余额表

2011年11月30日　　　　　　　　　　　　　　　金额单位:元

品　名	单　位	数　量	单位成本	金　额
包装物类				1 330.00
男夏装袋	包(100个)	50	5	250.00
女夏装袋	包(100个)	60	5	300.00
男冬装袋	包(100个)	70	6	420.00
女冬装袋	包(100个)	60	6	360.00
低值易耗品类				900.00
裁案	张	15	60	900.00
合　计				2 230.00

表8—7

库存商品明细账户余额表

2011年11月30日　　　　　　　金额单位:元

品 名	数量	单价	金额
男夏装	456	158.43	72 244.08
女夏装	386	151.56	58 502.16
男冬装	209	190.47	39 808.23
女冬装	700	180.56	126 392.00
合 计			296 946.47

表8—8

生产成本明细账户余额表

2011年11月30日　　　　　　　金额单位:元

产品名称	数量	直接材料	直接人工	制造费用	合 计
男夏装					
女夏装					
男冬装	600	74 532.00	14 250.00	2 536.50	91 318.50
女冬装					
合 计					91 318.50

将11月份会计报表及财务指标分析填写在下列空白表格内。

1.11月30日资产负债表,见表8—9。

表8—9

资产负债表

编制单位:太原艾丽制衣有限责任公司　　2011年11月30日　　　金额单位:元

资 产	期末余额	年初余额	负债和所有者权益	期末余额	年初余额
货币资金			短期借款		
交易性金融资产			交易性金融负债		
应收票据			应付票据		
应收账款			应付账款		
预付账款			预收账款		
应收利息			应付职工薪酬		
应收股利			应交税费		
其他应收款			应付利息		
存货			应付股利		
一年内到期的非流动资产			其他应付款		
其他流动资产			一年内到期的非流动负债		
流动资产合计			其他流动负债		
非流动资产			流动负债合计		
可供出售金融资产			非流动负债		

续表

资　产	期末余额	年初余额	负债和所有者权益	期末余额	年初余额
持有至到期投资			长期借款		
长期应收款			应付债券		
长期股权投资			长期应付款		
投资性房地产			专项应付款		
固定资产			预计负债		
在建工程			递延所得税负债		
工程物资			其他非流动负债		
固定资产清理			非流动负债合计		
生产性生物资产			负债合计		
油气资产			所有者权益：		
无形资产			实收资本（或股本）		
开发支出			资本公积		
商誉			减：库存股		
长期待摊费用			盈余公积		
递延所得税资产			未分配利润		
其他非流动资产			所有者权益合计		
非流动资产合计					
资产总计			负债和所有者权益总计		

2.11月份利润表，见表8—10。

表8—10

利润表

编制单位：太原艾丽制衣有限责任公司　　2011年1月　　金额单位：元

项　目	本期金额	上期金额
一、营业收入		
减：营业成本		
营业税金及附加		
销售费用		
管理费用		
财务费用		
资产减值损失		
加：公允价值变动收益（损失以"—"号填列）		
投资收益（损失以"—"号填列）		
其中：对联营企业和合营企业的投资收益		
二、营业利润（亏损以"—"号填列）		
加：营业外收入		
减：营业外支出		

续表

项 目	本期金额	上期金额
其中:非流动资产处置损失		
三、利润总额(亏损总额以"－"号填列)		
减:所得税费用		
四、净利润(净亏损以"－"号填列)		
五、每股收益		
(一)基本每股收益		
(二)稀释每股收益		
六、其他综合收益		
七、综合收益总额		

3.11月份财务指标

(1)资产负债率＝

(2)产权比率＝

(3)净资产收益率＝

(4)流动比率＝

4.12月份现金流量表项目

(1)销售商品,提供劳务收到的现金＝

(2)支付给职工以及为职工支付的现金＝

(3)处置固定资产、无形资产及其他长期资产收回的现金净额＝

(4)投资所支付的现金＝

(5)分配股利、利润或偿付利息支付的现金＝

五、2011年12月份经济业务资料

业务1:1日,作反向分录冲销上月暂估入账的原材料成本。(原记账凭证复印件)

表8-11

记 账 凭 证　　记字第126号

2011年11月30日

复印件与原件核对无误

摘 要	总账科目	明细科目	借方金额 亿千百十万千百十元角分	贷方金额 亿千百十万千百十元角分	√
暂估原材料入账	原材料	全棉蓝厚水洗布	1 9 7 4 0 0 0		
	应付账款	暂估材料款		1 9 7 4 0 0 0	
	合　计		￥1 9 7 4 0 0 0	￥1 9 7 4 0 0 0	

附单据 1 张

会计主管:李成功　　记账:陈中华　　出纳:　　复核:李成功　　制单:陈中华

业务2：1日，采用商业承兑汇票结算方式采购材料，用银行存款支付的运费按采购材料数量进行分配。（增值税专用发票、运费发票、商业承兑汇票存根、银行回单）

表8-12

北京增值税专用发票

No 30972702

1401112140

开票日期：2011年12月01日

购货单位	名称：太原艾丽制衣有限责任公司 纳税人识别号：140102244212428 地址、电话：太原市虎峪区和平北路138号 03516215319 开户行及账号：中国工商银行太原晋源支行 6222464654546447				密码区	3－65745＜19458＜3840481 75/37503848＊7＞+＞-2//5 ＞＊8574567－7＜8＊873/+＜4 13－3001152－/＞7142＞＞8-		加密版本：01 1401112140 30972702
货物或应税劳务名称	规格型号	单位	数量	单价	金额		税率	税额
全棉蓝薄水洗布		米	4 500	26	117 000.00		17%	19 890.00
全棉红薄水洗布		米	5 500	26	143 000.00		17%	24 310.00
全棉蓝厚水洗布		米	3 400	34	115 600.00		17%	19 652.00
全棉红厚水洗布		米	3 600	34	122 400.00		17%	20 808.00
合计					￥498 000.00			￥84 660.00
价税合计（大写）	⊗伍拾捌万贰仟陆佰陆拾元整					（小写）￥582 660.00		
销货单位	名称：北京宏伟纺织有限责任公司 纳税人识别号：110121544025712 地址、电话：北京市海滨区东风苑118号 01087372523 开户行及账号：中国工商银行北京海淀支行 6222344434225376				备注			

收款人： 复核： 开票人：高小凯 销货单位(章)

表8-13

商业承兑汇票（存根）3

出票日期（大写）：贰零壹壹年壹拾贰月零壹日　　39008892

付款人	全称	太原艾丽制衣有限责任公司	收款人	全称	北京宏伟纺织有限责任公司
	账号	6222464654546447		账号	6222344434225376
	开户银行	中国工商银行太原晋源支行		开户银行	中国工商银行北京海淀支行
出票金额	人民币（大写）	伍拾捌万贰仟陆佰陆拾元整			亿千百十万千百十元角分 ￥5 8 2 6 6 0 0 0
汇票到期日（大写）		贰零壹贰年零陆月零壹日	付款人开户行	行号	102161000197
				地址	太原市虎峪区和平北路30号
交易合同号码	11031				
备注					

此联由出票人存查

表 8-14

公路、内河货物运输业统一发票

发票代码：211011122469
发票号码：00087289

开票日期：2011-12-01

机打代码	211011122469	税控码	*-*5436*6+76>221266908796>2017<226<-13--8//073-621266908796>2017<226<-13--8//2212669908090887996>20017178-<972599879>221269086908796>2017-
机打号码	00087289		
机器编号	499100018941		
收货人及纳税人识别号	太原艾丽制衣有限责任公司 140102244212428	承运人及纳税人识别号	北京速达物流有限公司 110121455114550
发货人及纳税人识别号	北京宏伟纺织有限责任公司 110121544025780	主管税务机关及代码	北京海淀区地税局 2110194

运输项目及金额	货物名称	数量(重量)	单位运价	计费里程	金额	其他项目及金额	费用名称	金额	备注:
	薄水洗布				4 800.00			0	
	厚水洗布				4 900.00				
	运费小计	¥9 700.00				其他费用小计			
	合计(大写) ⊗玖仟柒佰元整					(小写)¥9 700.00			

承运人盖章　　　　　　　　　　　　　　　　　　开票人：李达贵

第一联：发票联 付款方记账凭证（手写无效）

表 8-15

中国工商银行　电子转账凭证

币种：人民币　　　委托日期：2011年12月01日　　　凭证编号：58684319

付款人	全称	太原艾丽制衣有限责任公司	收款人	全称	北京速达物流有限公司
	账号	6222464654546447		账号	6222344434225235
	汇出地点	山西省太原市/县		汇入地点	北京市　省　市/县
汇出行名称	中国工商银行太原晋源支行		汇入行名称	中国工商银行北京海淀支行	

金额	人民币(大写) 玖仟柒佰元整	亿 千 百 十 万 千 百 十 元 角 分
		¥ 9 7 0 0 0 0

附加信息及用途：运费　　　支付密码：

根据中国工商银行太原艾丽制衣有限责任公司客户09019号电子指令，上述款项已由本行支付

客户经办人：1234　　复核　　记账

第一联　客户回单

业务3: 4日,申请办理银行汇票,用以支付材料款。(委托书回执、银行收费凭证)

表8—16

ICBC 中国工商银行 业务委托书 回执 APPLICATION FOR MONEY TRANSFER ACKNOWLEDGEMENT 晋 BOO250440	
委托人账号	6222464654546447
收款人全称	北京英姿布业有限公司
收款人账号	6222344434345634
金额	¥13 000.00
委托日期	2011.12.04

此联为银行受理通知书。若委托人申请汇票或本票业务,应凭此联领取汇票或本票。
This paper is the bank acceptance advice. For draft or promissory note application. Please return this paper.

(印章:中国工商银行 太原晋源支行 2011.12.04 转讫 (01))

表8—17

中国工商银行   收费凭条
INDUSTRIAL AND COMMERCIAL BANK OF CHINA

2011年12月04日

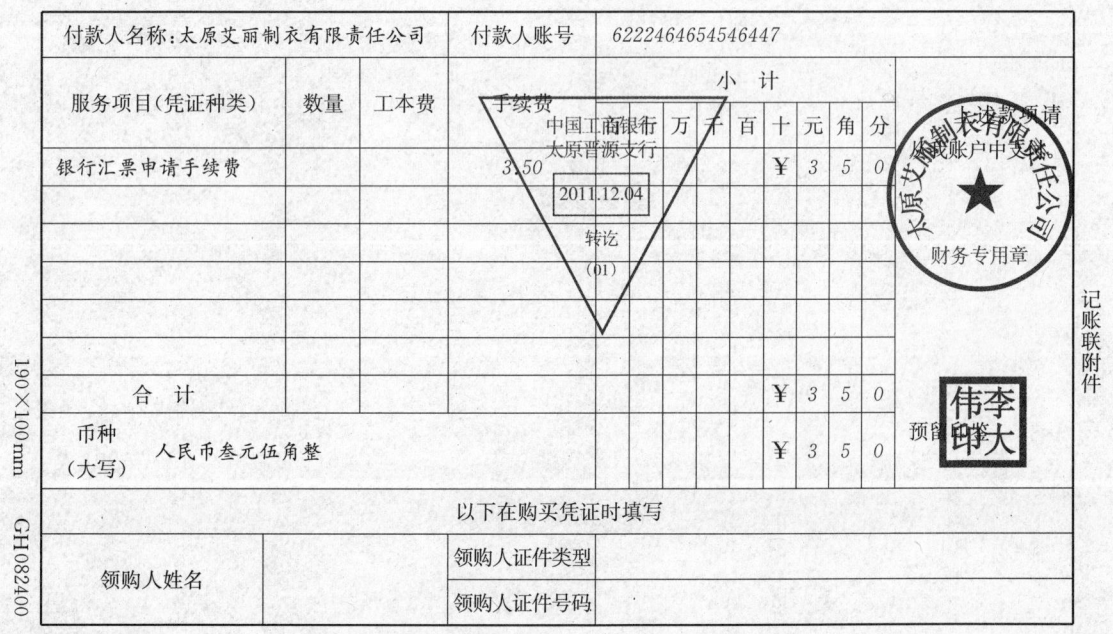

付款人名称:太原艾丽制衣有限责任公司			付款人账号	6222464654546447								
服务项目(凭证种类)	数量	工本费	手续费	小 计							
				万	千	百	十	元	角	分
银行汇票申请手续费			3.50				¥	3	5	0
合 计							¥	3	5	0
币种(大写)	人民币叁元伍角整			¥				3	5	0
以下在购买凭证时填写											
领购人姓名		领购人证件类型									
		领购人证件号码									

事后监督: 记账:

190×100mm   GH 082400

记账联附件

业务4：7日，用银行汇票采购原材料，多余款已退回。（银行收账通知、增值税专用发票）

表8－18

北京增值税专用发票

No 00025365

1101112140

开票日期：2011年12月07日

购货单位	名　　　　称：太原艾丽制衣有限责任公司 纳税人识别号：140102244212428 地　址、电　话：太原市虎峪区和平北路138号 03516215319 开户行及账号：中国工商银行太原晋源支行 6222464654546447	密码区	3－65745＜19458＜3840481 75/37503848＊7＞＋＞－2//5 ＞＊8574567－7＜8＊873/＋＜4 13－3001152－/＞7142＞＞8－	加密版本：01 1101112140 00025365
货物或应税劳务名称	规格型号	单位	数量	单价	金额	税率	税额
反光条		圈	260	42.00	10 920.00	17%	1 856.40
合　计					￥10 920.00		￥1 856.40
价税合计（大写）	⊗壹万贰仟柒佰柒拾陆元肆角整				（小写）￥12 776.40		
销货单位	名　　　　称：北京英姿布业有限公司 纳税人识别号：110021544054213 地　址、电　话：北京市海淀区建辉大厦16号 01087377712 开户行及账号：中国工商银行北京海淀支行 6222344434345634	备注	北京英姿布业有限公司 110021544054213 发票专用章	

收款人：　　　　复核：　　　　开票人：苏海燕　　　　销货单位（章）：

表8－19

中国工商银行 银行汇票（多余款收账通知）

4　GF/02　58792082　第225号

付款期限 壹月

出票日期（大写）	贰零壹壹年壹拾贰月零肆日	代理付款行：中国工商银行北京海淀支行 行号：102100014
收款人：北京英姿布业有限公司		账号：6222344434345634
出票金额：人民币（大写）	壹万叁仟元整	13000.00
实际结算金额：人民币（大写）	壹万贰仟柒佰柒拾陆元肆角整	￥1 2 7 7 6 4 0
申请人：太原艾丽制衣有限责任公司		账号或住址：6222464654546447
出票行：中国工商银行太原晋源支行 102161000197		
备注：	2011.12.07	
出票行签章	转讫(01) 2011年12月07日	多余金额　￥2 2 3 6 0

左列退回多余金额已收入你账户内。

此联出票行作多余款后交申请人

业务5：8日，通过银企税系统缴纳税费。（电子缴税付款凭证3张）

表8—20

中国工商银行电子缴税回单

转账日期：2011年12月08日

纳税人全称及纳税人识别号：太原艾丽制衣有限责任公司　140102244212428
付款人全称：太原艾丽制衣有限责任公司
付款人账号：6222464654546447　　征收机关名称：太原市虎峪区国家税务局
付款人开户银行：中国工商银行太原晋源支行　收款国库（银行）名称：国家金库太原市虎峪区支库
小写（合计）金额：￥253 440.00　　缴款书交易流水号：19710838134
大写（合计）金额：人民币贰拾伍万叁仟肆佰肆拾元整　税票号码：14010862845136

税（费）种名称	所属时期	实缴金额
增值税	20111101—20111130	253 440.00

第1次打印　　　　　　　　打印日期：2011年12月08日

表8—21

中国工商银行电子缴税回单

转账日期：2011年12月08日

纳税人全称及纳税人识别号：太原艾丽制衣有限责任公司　140102244212428
付款人全称：太原艾丽制衣有限责任公司
付款人账号：6222464654546447　　征收机关名称：太原市虎峪区地方税务局
付款人开户银行：中国工商银行太原晋源支行　收款国库（银行）名称：国家金库太原市虎峪区支库（代理）
小写（合计）金额：￥25 344.00　　缴款书交易流水号：23461081860
大写（合计）金额：人民币贰万伍仟叁佰肆拾肆元整　税票号码：14019797137432

税（费）种名称	所属时期	实缴金额
城市维护建设税—城市市区（增值税）	20111101—20111130	17 740.80
教育费附加（增值税）	20111101—20111130	7 603.20

第1次打印　　　　　　　　打印日期：2011年12月08日

表8—22

中国工商银行电子缴税回单

转账日期：2011年12月08日

纳税人全称及纳税人识别号：太原艾丽制衣有限责任公司　140102244212428
付款人全称：太原艾丽制衣有限责任公司
付款人账号：6222464654546447　　征收机关名称：太原市虎峪区国家税务局
付款人开户银行：中国工商银行太原晋源支行　收款国库（银行）名称：国家金库太原市虎峪区支库（代理）
小写（合计）金额：￥844.32　　缴款书交易流水号：23461081861
大写（合计）金额：人民币捌佰肆拾肆元叁角贰分　税票号码：14019797137433

税（费）种名称	所属时期	实缴金额
个人所得税—工资薪金所得	20111101—20111130	844.32

第1次打印　　　　　　　　打印日期：2011年12月08日

业务6：8日，以证券资金账户款项购入股票，公司决定将该股票划分为可供出售金融资产。（股票交割单）

表8—23

山西证券万柏林营业部交割单

客户编号：220002038　　　　姓名：太原艾丽制衣有限责任公司　　　　对账日期：2011.12.08　　　　打印柜员：2213

资金信息：

币种	资金余额	可用金额	取现金	资产总值
人民币	351 432.76	351 432.76	351 432.76	459 432.76

流水明细：

日期	币种	业务标志	证券名称	证券代码	发生数量	成交均价	佣金	印花税	其他费	收付金额	资金余额	备注
2011.12.08	人民币	股票买入	太原电力	003534	10 000	10.80	432.00	0.00	0.00	−108 432.00	351 432.76	
合计：												

证券名称	证券代码	当前数	可用数	最新价	市值	币种
太原电力	003534	10 000	10 000	10.80	108 000.00	人民币

业务7：9日，职工张宏伟报销差旅费。（差旅费报销单、飞机票2张、住宿及会议费发票）

表8—24

差旅费报销单

2011年12月08日

所属部门	行政部	姓名	张宏伟	出差天数	自12月05日至12月07日共3天	
出差事由	参加会议			借支旅费	日期	金额¥
					结算金额：¥4 060.00	
出发	到达	起止地点	交通费	住宿费	伙食费	其他
月 日	月 日					
12 05	12 05	太原—成都	1 100.00	1 200.00		600.00
12 07	12 07	成都—太原	1 160.00			
			现金付讫			
合计	零拾零万肆仟零佰陆拾零元零角零分　¥4 060.00					

总经理：周志强　　财务经理：李成功　　部门经理：刘家昌　　会计：陈中华　　出纳：赵红利　　报销人：张宏伟

表8—25

航空运输电子客票行程单
ITINERARY RECEIPT OF E-TICKET
FOR AIR TRANSPORT

印刷序号：4136305061 6
SERIAL NUMBER：

旅客姓名 NAME OF PASSENGER 张宏伟	有效身份证件号码 ID.NO. 140101198205236811	签注 ENDORSEMENTS/RESTRICTIONS(CARBON) 不得签名

	承运人 CARRIER	航班号 FLIGHT	座位等级 CLASS	日期 DATE	时间 TIME	客票级别/客票类别 FARE BASIS	客票生效日期 NOT VALID BEFORE	有效截止日期 NOT VALID AFTER	免费行李 ALLOW
自FROM 太原	NNX SZX	8335 VOID	Y	05DEC	10:20	Y			20KG
至TO 成都									
至TO VOID									
至TO									
至TO CNY	票价 FARE 1 000.00	机场建设费 AIRPORT TAX 50.00		燃油附加费 FUEL SURCHARGE 50.00		其他税费 OTHER TAXES		合计 TOTAL CNY1 100.00	

电子客票号码 1323407678111 E-TICKET NO.	验证码 CK.	提示信息 INFORMATION	保险费 INSURANCE
销售单位代号 TY00410040000 AGENT CODE.	填开单位 太原市捷达航空服务 ISSUED BY		填开日期 2011—12—05 DATE OF ISSUE

验真网址：WWW.TRAVELSKY.COM 服务热线：400—815—8888 短信验真：发送JP至10669018
请旅客乘机前认真阅读《旅客须知》及承运人的运输总条件内容
Passengers before the opportunity to carefully read the "passenger information" and the general conditions of the carrier's transport

表8—26

航空运输电子客票行程单
ITINERARY RECEIPT OF E-TICKET
FOR AIR TRANSPORT

印刷序号：4136305076 5
SERIAL NUMBER：

旅客姓名 NAME OF PASSENGER 张宏伟	有效身份证件号码 ID.NO. 140101198205236811	签注 ENDORSEMENTS/RESTRICTIONS(CARBON) 不得签名

	承运人 CARRIER	航班号 FLIGHT	座位等级 CLASS	日期 DATE	时间 TIME	客票级别/客票类别 FARE BASIS	客票生效日期 NOT VALID BEFORE	有效截止日期 NOT VALID AFTER	免费行李 ALLOW
自FROM 成都	SZX NNX	8334 VOID	Y	07DEC	09:20	Y			20KG
至TO 太原									
至TO VOID									
至TO									
至TO CNY	票价 FARE 1 060.00	机场建设费 AIRPORT TAX 50.00		燃油附加费 FUEL SURCHARGE 50.00		其他税费 OTHER TAXES		合计 TOTAL CNY1 160.00	

电子客票号码 1323407678112 E-TICKET NO.	验证码 CK.	提示信息 INFORMATION	保险费 INSURANCE
销售单位代号 TY00410040000 AGENT CODE.	填开单位 太原市捷达航空服务 ISSUED BY		填开日期 2011—12—07 DATE OF ISSUE

验真网址：WWW.TRAVELSKY.COM 服务热线：400—815—8888 短信验真：发送JP至10669018
请旅客乘机前认真阅读《旅客须知》及承运人的运输总条件内容
Passengers before the opportunity to carefully read the "passenger information" and the general conditions of the carrier's transport

表8—27

四川省地方税务局通用机打发票

机打代码 211001111133
机打号码 00002201
开票日期：2011年12月07日　　行业分类：服务业

发票代码 211001111133
发票号码 00002201

付款单位名称：太原艾丽制衣有限责任公司			付款单位识别号：		
货物及劳务名称	规格	单位	单价	数量	金额
住宿费					1 200.00
会务费					600.00

合计人民币（大写）：壹仁捌佰元整　　　　　　　　合计：¥1 800.00
收款单位名称（盖章）：成都东方酒店有限公司　　收款单位开户银行及账号：中国工商银行股份有限公司成都百锦支行,6222554333534933
收款单位识别号：510113987791070　　开票人：王永杰　　备注：

业务8：9日，收回红盛公司应收账款。（进账单）

表8—28

ICBC 中国工商银行　　进账单（收账通知）　　3

2011年12月09日

出票人	全称	太原红盛实业有限公司	收款人	全称	太原艾丽制衣有限责任公司
	账号	6222545544453318		账号	6222464654546447
	开户银行	中国工商银行太原晋源支行		开户银行	中国工商银行太原晋源支行

金额	人民币（大写）　贰拾万元整	亿 千 百 十 万 千 百 十 元 角 分
		¥ 　　　2 0 0 0 0 0 0 0

票据种类	转账支票	票据张数	1
票据号码	07865671		

中国工商银行
太原晋源支行
2011.12.09
转讫
(01)

复核　　　记账　　　　　　　　　　　收款人开户银行签章

业务9：10日，通过网银发放11月份工资。(工资结算汇总表、银行回单、批量代付清单)

表8—29

工资结算汇总表

2011年11月30日　　　　　　　　　　　　　　　　　金额单位：元

部门		应付工资	代扣工资						实发金额
			养老保险 8%	失业保险 1%	医疗保险 2%	住房公积金 6%	个人所得税	小计	
生产车间	生产工人	232 031.00	18 562.48	2 320.31	4 640.62	13 921.86		39 445.27	192 585.73
	管理人员	12 835.00	1 026.80	128.35	256.70	770.10		2 181.95	10 653.05
管理部门		166 234.00	13 298.72	1 662.34	3 324.68	9 974.04	844.32	29 104.10	137 129.90
合　计		411 100.00	32 888.00	4 111.00	8 222.00	24 666.00	844.32	70 731.32	340 368.68

审核：李英达　　　　　　　　　　　　　　　　　制单：张慧兰

表8—30

中国工商银行　电子转账凭证

币种：人民币　　　　委托日期：2011年12月10日　　　　凭证编号：58684391

付款人	全　称	太原艾丽制衣有限责任公司	收款人	全　称	批量代付
	账　号	6222464654546447		账　号	
	汇出地点	山西省太原市/县		汇入地点	省　市/县
汇出行名称		中国工商银行太原晋源支行	汇入行名称		
金额	人民币(大写)	叁拾肆万零叁佰陆拾捌元陆角捌分	亿千百十万千百十元角分 ¥ 3 4 0 3 6 8 6 8		
附加信息及用途		职工工资	支付密码		
			根据中国工商银行太原艾丽制衣有限责任公司客户09098号电子指令，上述款项已由本行支付		
		银行盖章	客户经办人：1234　　复核　　记账		

第一联　客户回单

(银行盖章：中国工商银行太原晋源支行 2011.12.10 转讫(01))

表8—31

特色业务工行太原晋源支行批量代付成功清单

机构代码：3876　　机构名称：工行太原晋源支行　　入账日期：2011年12月10日

账　号	姓　名	金　额
6222024100005160661	周志强	5 833.40
6222024100005160662	李成功	3 969.48
6222024100005160663	刘家昌	5 086.40
6222024100005160664	张宏伟	2 714.91
6222024100005160665	陈中华	2 327.80
6222024100005160666	马晓娟	2 014.73
以下略		
合计		340 368.68

业务 10：10 日，签发转账支票，在本地购买高速成平缝机。(付款申请书、支票存根、固定资产验收单)

表 8—32

本题收款人信息见付款申请书，转账支票的支付密码为：1488－2647－0856－2637，银行行号：102161000197。
要求出纳人员办理下列业务：
(1) 手工签发转账支票和填制进账单，按制度要求加盖银行预留印鉴，并至银行台办理支票倒送手续。
(2) 持进账单回单至"供应商"台索取购货发票，作为本题入账依据。

表 8—33

付款申请书
2011 年 12 月 10 日

用途及情况	金额										收款单位(人)：太原缝纫机器有限责任公司		
支付设备款	亿	千	百	十	万	千	百	十	元	角	分	账号：6222464654546420	
				￥	6	0	8	4	0	0	0	开户行：中国工商银行太原晋源支行	
金额(大写)合计：陆万零捌佰肆拾元整												电汇：□ 信汇：□ 汇票：□ 转账：☑ 其他：□	
总经理	周志强		财务部门	经理		李成功		业务部门		经理		胡志远	
				会计		陈中华				经办人		李明	

表 8—34

工商银行
转账支票存根
36823328
00961539

附加信息
_____

出票日期
2011 年 12 月 10 日

收款人：
太原缝纫机器有限
责任公司
金额：￥60 840.00
用途：支付设备款
单位主管   会计

中国工商银行 转账支票   36823328 00961539

出票日期(大写)　年　月　日　付款行名称：中国工商银行太原晋源支行
收款人：太原缝纫机器有限责任公司　出票人账号：6222464654546447

付款期限自出票之日起十天

人民币(大写)	亿	千	百	十	万	千	百	十	元	角	分
					￥	6	0	8	4	0	0	0

用途 支付设备款　　密码 1488－2647－0856－2637
上列款项请从　　　　行号 102161000197
我账户支付
出票人签章　　　复核　　　记账

上海金达证券印刷有限公司 · 2011 年印制

表8-35

山西增值税专用发票

No 30972681

1401112140

开票日期：2011年12月10日

购货单位	名　　称：太原艾丽制衣有限责任公司 纳税人识别号：140102244212428 地　址、电　话：太原市虎峪区和平北路138号 03516215319 开户行及账号：中国工商银行太原晋源支行 6222464654546447	密码区	3—65745＜19458＜3840481 75/37503848＊7〉＋〉－2//5 ＞＊8574567－7＜8＊873/＋＜4 13－3001152－/＞7142＞＞8－	加密版本:01 1401112140 30972681

货物或应税劳务名称	规格型号	单位	数量	单价	金额	税率	税额
高速成平缝机	PF03	台	10	5 200.00	52 000.00	17％	8 840.40
合计					￥52 000.00		￥8 840.40

价税合计（大写）	⊗陆万零捌佰肆拾元整	（小写）￥60 840.00

销货单位	名　　称：太原缝纫机器有限责任公司 纳税人识别号：140102244212326 地　址、电　话：太原市和平西禾祥西路131号 03516215686 开户行及账号：中国工商银行太原晋源支行 6222464654546420	备注	（销货单位章）

收款人：　　　　　复核：　　　　　开票人：方艳

表8-36

固定资产验收单

2011年12月10日　　　　　　　　　编号:016

名称	规格型号	来源	数量	购（造）价
高速成平缝机	PF03	购入	10	52 000.00
安装费	月折旧率	建造单位		交工日期
	0.8％			年　月　日

验收部门:仓库	验收人员:陈俊	管理部门:车间	管理人员:李路
备注			

审核：刘鹏飞　　　制单：方斌

业务11：11日，收到职工牛生元违反公司纪律交来的罚款。（收据、通知书）

表8-37

收 款 收 据

No 00490021

2011年12月11日

今收到 车间生产人员牛生元

交来：罚款　　　　　　　　　　现金收讫

金额（大写）　零拾　零万　零仟　肆佰　零拾　零元　零角　零分

￥400.00　　☑现金　　□支票　　□信用卡　　□其他　　（收款单位盖章 财务专用章）

核准　　　　会计　　　　记账　　　　出纳赵红利　　　经手人

表 8－38

协助收款通知书

财务部：
　　2011年12月05日,本公司车间生产工人牛生元因违反厂规厂纪,罚款400元,请协助收款!

　　　　　　　　　　　　　　　　　　　　　　太原艾丽制衣有限责任公司
　　　　　　　　　　　　　　　　　　　　　　2011 年 12 月 08 日

业务 12：12 日,缴纳 11 月份住房公积金。(住房公积金汇缴书、支票存根、住房公积金计算表)

表 8－39

住房公积金计算表

2011 年 11 月 30 日　　　　　　　　　　　　　　　　　金额单位:元

部门		应付工资	住房公积金		小 计
			企业承担部分 10%	个人承担部分 6%	
生产车间	生产工人	232 031.00	23 203.10	13 921.86	37 124.96
	管理人员	12 835.00	1 283.50	770.10	2 053.60
管理部门		166 234.00	16 623.40	9 974.04	26 597.44
合 计		411 100.00	41 110.00	24 666.00	65 776.00

审核：李英达　　　　　　　　　　　　　　　　　　制单：张慧兰

表 8－40

工商银行
转账支票存根
36823328
00961540

附加信息

出票日期 2011 年 12 月 12 日

收款人：太原艾丽制衣有限责任公司

金　额：¥65 776.00

用　途：住房公积金

单位主管　　　　　　会计

表8-41

住房公积金汇(补)缴书 No

2011年12月12日　　　　　　　　　附:缴存变更清册　页

缴款单位	单位名称	太原艾丽制衣有限责任公司	收款单位	单位全称	太原艾丽制衣有限责任公司
	单位账号	6222464654546447		公积金账号	6222101264556000
	开户银行	中国工商银行太原晋源支行		开户银行	中国工商银行太原晋源支行

缴款类型	☑汇缴　□补缴	补缴原因										
缴款人数	120	缴款期间	2011年11月至2011年11月	月数	1							
缴款方式	□现金　☑转账			百	十	万	千	百	十	元	角	分
金额(大写)	人民币 陆万伍仟柒佰柒拾陆元整		¥			6	5	7	7	6	0	0

上次汇缴		本次增加汇缴		本次减少汇缴		本次汇(补)缴	
人数	金额	人数	金额	人数	金额	人数	金额
120	65 776.00					120	65 776.00

上述款项已划转至市住房公积金管理中心住房公积金存款户内。(银行盖章)
复核:　　　　经办:　　　　2011年12月12日

(盖章:中国工商银行太原晋源支行 2011.12.12 转讫(01))

业务13:12日,缴纳11月份社会保险费。(电子缴税付款回单、社会保险费计算表)

表8-42

社会保险费计算表

2011年11月30日　　　　　　　　　　　　　　　　　　　　　　单位:元

部　门		应付工资	社会保险费		小　计
			企业承担部分 25.80%	个人承担部分 11%	
生产车间	生产工人	232 031.00	59 864.00	25 523.41	85 387.41
	管理人员	12 835.00	3 311.43	1 411.85	4 723.28
管理部门		166 234.00	42 888.37	18 285.74	61 174.11
合计		411 100.00	106 063.80	45 221.00	151 284.80

审核:李英达　　　　　　　　　　　　　　　　　制单:张慧兰

表8-43

中国工商银行电子缴税回单

转账日期:2011年12月12日

纳税人全称及纳税人识别号:太原艾丽制衣有限责任公司　140102244212428
付款人全称:太原艾丽制衣有限责任公司
付款人账号:6222464654546447　　征收机关名称:太原市虎峪区地方税务局
付款人开户银行:中国工商银行太原晋源支行　收款国库(银行)名称:国家金库太原市虎峪区支库(代理)
小写(合计)金额:¥151 284.80　　　　缴款书交易流水号:23461081876
大写(合计)金额:人民币壹拾伍万壹仟贰佰捌拾肆元捌角整　税票号码:14019797137445

税(费)种名称	所属时期	实缴金额
社会保险费	20111101-20111130	151 284.80

(盖章:中国工商银行太原晋源支行 2011.12.12 转讫(01))

第1次打印　　　　打印日期:2011年12月12日

业务 14：13 日，向西山养老院捐赠款项一笔。（捐赠收据、支票存根）

表 8—44

山西省 2011 年行政事业单位收款收据

2011 年 12 月 13 日　　　　　　　　　　　　　　　　　No 098808

山西省财政厅监制　　山西省财税印刷厂印制

今收到　太原艾丽制衣有限责任公司　　系付　捐赠款

人民币（大写）　伍万元整　　小写 ¥50 000.00

收款单位（公章）：　　　会计（章）：　　　收款人（章）：

第二联　收据

表 8—45

工商银行
转账支票存根
36823328
00961541

附加信息

出票日期 2011 年 12 月 13 日

| 收款人：西山养老院 |
| 金　额：¥ 50 000.00 |
| 用　途：捐赠 |

单位主管　　　　会计

上海金达证券印制有限公司 2011 年印制

业务 15: 13 日,销售产品,收到银行承兑汇票。(增值税专用发票、销售单、银行承兑汇票复印件)

表 8-46

山西增值税专用发票

No 30972731

1401112140

开票日期:2011 年 12 月 13 日

购货单位	名　　称:北京市海淀区劳保用品中心 纳税人识别号:110021554425325 地　址、电话:北京市海淀区万顺路 21 号 01062152179 开户行及账号:中国工商银行北京海淀支行 6222464654546083						密码区	3-65745<19458<3840481 75/37503848*7>+>-2//5 >*8574567-7<8*873/+<4 13-3001152-/>7142>>8-		加密版本:01 1401112140 30972731
货物或应税劳务名称		规格型号	单位	数量	单价	金额		税率	税额	
男夏装			套	800	340.00	272 000.00		17%	46 240.00	
女夏装			套	600	320.00	192 000.00		17%	32 640.00	
男冬装			套	600	380.00	228 000.00		17%	38 760.00	
女冬装			套	800	360.00	288 000.00		17%	48 960.00	
合计							¥980 000.00			¥166 600.00
价税合计(大写)		⊗壹佰壹拾肆万陆仟陆佰元整					(小写)¥1 146 600.00			
销货单位	名　　称:太原艾丽制衣有限责任公司 纳税人识别号:140102244212428 地　址、电话:太原市虎峪区和平北路 138 号 03516215319 开户行及账号:中国工商银行太原晋源支行 6222464654546447						备注	太原艾丽制衣有限责任公司 140102244212428 发票专用章		

收款人:　　　复核:　　　开票人:赵雪凤　　　销货单位(章)

表 8-47

销　售　单

购货单位:北京市海淀区劳保用品中心　　地址和电话:北京市海淀区万顺路 21 号 01062152179

单据编号:001

纳税识别:110021554425325　　开户行及账号:中国工商银行北京海淀支行 6222464654546083

制单日期:2011-12-13

编码	产品名称	规格	单位	单价	数量	金额	备注
01	男夏装		套	340.00	800	272 000.00	不含税价
02	女夏装		套	320.00	600	192 000.00	
合计	人民币(大写):肆拾陆万肆仟元整					¥464 000.00	

总经理:周志强　　销售经理:张春林　　经手人:刘小飞　　会计:　　签收人:杜春丽

表8—48

销 售 单

购货单位：北京市海淀区劳保用品中心　　地址和电话：北京市海淀区万顺路21号 01062152179

单据编号：002

纳税识别号：110021554425325　　开户行及账号：中国工商银行北京海淀支行 6222464654546083

制单日期：2011－12－13

编码	产品名称	规格	单位	单价	数量	金额	备注
01	男冬装		套	380.00	600	228 000.00	不含税价
02	女冬装		套	360.00	800	288 000.00	
合计	人民币(大写)：伍拾壹万陆仟元整					￥516 000.00	

会计联

总经理：周志强　　销售经理：张春林　　经手人：刘小飞　　会计：　　签收人：杜春丽

表8—49

银行承兑汇票

2　G E
　　0 2　68791089

出票日期（大写）　贰零壹壹年壹拾贰月壹拾叁日

出票人全称	北京市海淀区劳保用品中心	收款人	全 称	太原艾丽制衣有限责任公司
出票人账号	6222464654546083		账 号	6222464654546447
付款行全称	中国工商银行北京海淀支行		开户银行	中国工商银行太原晋源支行
出票金额	人民币(大写) 壹佰壹拾肆万陆仟陆佰元整		亿千百十万千百十元角分　￥1 1 4 6 6 0 0 0 0	
汇票到期日(大写)	贰零壹贰年零叁月壹拾壹日	付款人	行号 102161000197	
承兑协议编号	252798		地址 太原市虎峪区和平北路30号	

本汇票请你行承兑，到期无条件付款。

出票人签章

本汇票已经承兑，到期日由本... 承兑行签章

备注：

业务 16：13 日，支付销售产品运杂费。（运杂费发票、支票存根）

表 8-50

公路、内河货物运输统一发票

发票代码：214011122451

开票日期：2011-12-13　　　　　　　　　　　　　　发票号码：00088272

机打代码	214011122451	税控码	*－*5436*6+76>221266908796>2017<226<－13——8//073-621266908796>2017<226<－13——8//2212669908090887996>20017178－<972599879>221269086908796>2017－
机打号码	00088272		
机器编号	499100018941		

收货人及纳税人识别号	北京市海淀区劳保用品中心　110021554425325	承运人及纳税人识别号	太原速达物流有限公司　140121455114550
发货人及纳税人识别号	太原艾丽制衣有限责任公司　140102244212428	主管税务机关及代码	太原市虎峪区地税局　2140194

运输项目及金额	货物名称	数量（重量）	单位运价	计费里程	金额	其他项目及金额	费用名称	金额	备注
	衣服	10		500	5 000.00		搬运费	600.00	
	运费小计	￥5 000.00					其他费用小计	￥600.00	
	合计（大写）伍仟陆佰元整						（小写）￥5 600.00		

承运人盖章　　　　　　　　　　　　　　　　　　　　　　开票人：李达贵

第一联：发票联　付款方记账凭证（手写无效）

表 8-51

工商银行
转账支票存根
36823328
00961542

附加信息 ＿＿＿＿＿＿＿＿＿＿

出票日期　2011 年 12 月 13 日

收款人：	太原速达物流
金　额：	￥5 600.00
用　途：	运输费用

单位主管　　　　会计

业务 17：14 日，支付行政管理部门电话费。（支款通知、发票）

表 8—52

中国电信太原分公司收费专用发票

发票代码：21401108710
发票号码：00002637

客户名称：太原艾丽制衣有限责任公司　　客户号码：0001401005
开户银行：中国工商银行太原晋源支行　　银行账号：6222464654546447
计费周期：2011—11—01 至 2011—11—30　合同号：　　填开日期：2011—12—14

长途电话费	1 205.55
市话费	757.06
信息费	212.00
月基本费	30.00
合计（大写）：贰仟贰佰零肆元陆角壹分	￥2 204.61
备注：	

收款人：王万　　　　　　　　　　　　收款单位（盖章）

说明：本发票必须盖收款单位发票专用章及收款人签章方为有效（本发票手写无效）

第二联：发票

表 8—53

同城特约委托收款凭证（支款通知）

委托日期 2011 年 12 月 14 日　　　　流水号 002178940

付款人	全称	太原艾丽制衣有限责任公司	收款人	全称	中国电信太原分公司
	账号或地址	6222464654546447		账号或地址	6222535335533333
	开户银行	中国工商银行太原晋源支行		开户银行	中国工商银行太原建设支行
委收金额	人民币（大写）	贰仟贰佰零肆元陆角壹分			￥2 204.61

款项内容		合同号	2008125487	凭证张数	1
电话费		注意事项：			
		1. 上列款项为见票全额付款			
		2. 上列款项若有误请与收款单位协商解决			
备注：					

会计　　　复核　　　记账　　　　支付日期 2011 年 12 月 14 日

此联交付款人作支款通知

业务 18：15 日，将 12 月 13 日签发的银行承兑汇票办理贴现。（银行承兑汇票复印件、贴现凭证）

> 要求：出纳人员手工填制"贴现凭证"（一式五联）核心信息，到银行台办理相关手续。月贴现率为 6‰；计算贴现期时，另加 3 天异地结算期，2012 年 2 月份为 29 天。

表 8—54

银行承兑汇票

出票日期（大写）：贰零壹壹年壹拾贰月壹拾叁日　2　GE/02　68791089

出票人全称	北京市海淀区劳保用品中心	收款单位	全称	太原艾丽制衣有限责任公司
出票人账号	6222464654546083		账号	6222464654546447
付款行全称	中国工商银行北京海淀支行		开户银行	中国工商银行太原晋源支行

出票金额（大写）：人民币 壹佰壹拾肆万陆仟陆佰元整　￥1 1 4 6 6 0 0 0 0

汇票到期日（大写）	贰零壹贰年零叁月壹拾壹日	付款人	行号 102161000197
承兑协议编号	252798		地址 太原市虎峪区和平北路 30 号

本汇票请你行承兑，到期无条件付款。

本汇票已经承兑，到期日由本行付款。

表 8—55

贴 现 凭 证（收款通知）④

申请日期 2011 年 12 月 15 日　　第 012 号

贴现汇票	种类	银行承兑汇票	号码	68791089	持票人	名称	太原艾丽制衣有限责任公司
	出票日	2011 年 12 月 13 日				账号	6222464654546447
	到期日	2012 年 03 月 11 日				开户银行	中国工商银行太原晋源支行
汇票承兑人（或银行）	名称	中国工商银行太原晋源支行				账号		开户银行	

出票金额（即贴现金额）：人民币（大写）壹佰壹拾肆万陆仟陆佰元整　￥1 1 4 6 6 0 0 0 0

贴现率 每 月	6‰	贴现利息	￥2 0 6 3 8 8 0	实付贴现金额	￥1 1 2 5 9 6 1 2 0

上述款项已入你单位账号。
此致
贴现申请人

银行盖章

业务 19: 16日,支付车间固定资产修理费。(增值税专用发票、银行回单)

表 8-56

山西增值税专用发票

No 30972976

1401112140

开票日期:2011 年 12 月 16 日

购货单位	名　　称:太原艾丽制衣有限责任公司 纳税人识别号:140102244212428 地址、电话:太原市虎峪区和平北路 138 号 03516215319 开户行及账号:中国工商银行太原晋源支行 6222464654546447				密码区	3-65745<19458<3840481 75/37503848＊7>＋>－2//5 >＊8574567－7<8＊873/＋<4 13－3001152－/>7142>>8－		加密版本:01 1401112140 30972976
货物或应税劳务名称	规格型号	单位	数量	单价	金额	税率	税额	
修理费					3 200.00	17%	544.00	
合　计					￥3 200.00		￥544.00	
价税合计(大写)				⊗叁仟柒佰肆拾肆元整			(小写)￥3 744.00	
销货单位	名　　称:太原宏远设备维修中心 纳税人识别号:140121544212421 地址、电话:太原市虎峪区和平北路 39 号 03517772243 开户行及账号:中国工商银行太原晋源支行 6222939355435829				备注			
收款人:		复核:		开票人:李东辰			销货单位(章)	

表 8-57

中国工商银行电子汇划付款 回单

2011 年 12 月 16 日　　　　　流水号:002179804

付款人	全　称	太原艾丽制衣有限责任公司	收款人	全　称	太原宏远设备维修中心
	账　号	6222464654546447		账　号	6222939355435829
	开户行	中国工商银行太原晋源支行		开户行	中国工商银行太原晋源支行
金额	(大写)	叁仟柒佰肆拾肆元整			￥3 744.00
用途	修理费				

备注:
汇划日期:2011.12.16　　　　汇划流水号:
汇出行行号:　　　　　　　　原凭证种类:
原凭证号码:　　　　　　　　原凭证金额:￥3 744.00
汇款人地址:
收款人地址:
实际收款人账号:6222939355435829
实际收款人名称:太原宏远设备维修中心

中国工商银行
太原晋源支行
2011.12.16
转讫
(01)
银行盖章

业务 20：16 日，收到保定劳保用品有限公司到期银行承兑汇票款。（托收凭证收账通知）

表 8—58

托 收 凭 证（汇款依据或收账通知） 4

委托日期 2011 年 12 月 16 日　　付款期限 2011 年 12 月 16 日

业务类型	委托收款（□邮划、☑电划）　托收承付（□邮划、□电划）
付款人	全称：保定劳保用品有限公司　账号：6222464654546445　地址：河北省保定市县　开户行：工商银行保定建设支行
收款人	全称：太原艾丽制衣有限责任公司　账号：6222464654546447　地址：山西省太原市县　开户行：工商银行太原晋源支行
金额	人民币（大写）壹拾壹万柒仟元整　￥11700000
款项内容	货款
托收凭据名称	银行承兑汇票
附寄单证张数	1
商品发运情况	货物已发送
合同名称号码	销售合同 BDXS20110908
备注	上列款项已划回收入你方账户内。 2011.12.16 转讫

复核　记账　　收款人开户银行签章　年　月　日

业务 21：17 日，上月已转入处置的平头锁眼机出售，并收到货款。该机器设备为 2009 年 12 月购入，其进项税额已于当年抵扣。（进账单、增值税专用发票）

表 8—59

山西增值税普通发票

No 30961891

1401112140

开票日期：2011 年 12 月 17 日

购货单位	名称：太原宝丽物资回收中心 纳税人识别号：140121542445400 地址、电话：太原万柏林区明达大厦 117 号 开户行及账号：中国工商银行太原晋源支行 6222535335533329	密码区	3—65745＜19458＜3840481 75/37503848＊7＞＋＞—2//5 ＞＊8574567—7＜8＊873/＋＜4 13—3001152—/＞7142＞＞8—	加密版本：01 1401112140 30961891

货物或应税劳务名称	规格型号	单位	数量	单价	金额	税率	税额
平头锁眼机	PT345	台	1	28 000.00	28 000.00	17%	4 760.00
合计					￥28 000.00		￥4 760.00

价税合计（大写）　⊗叁万贰仟柒佰陆拾元整　　（小写）￥32 760.00

销货单位	名称：太原艾丽制衣有限责任公司 纳税人识别号：140102244212428 地址、电话：太原市虎峪区和平北路 138 号 03516215319 开户行及账号：中国工商银行太原晋源支行 6222464654546447	备注	太原艾丽制衣有限责任公司 140102244212428 发票专用章

收款人：　　　复核：　　　开票人：张东星　　　销货单位（章）

表 8-60

ICBC 中国工商银行　　进账单(收账通知)　3

2011 年 12 月 17 日

出票人	全 称	太原宝丽物资回收中心	收款人	全 称	太原艾丽制衣有限责任公司
	账 号	6222535335533329		账 号	6222464654546447
	开户银行	中国工商银行太原晋源支行		开户银行	中国工商银行太原晋源支行

金额	人民币(大写) 叁万贰仟柒佰陆拾元整	亿 千 百 十 万 千 百 十 元 角 分
		￥ 3 2 7 6 0 0 0

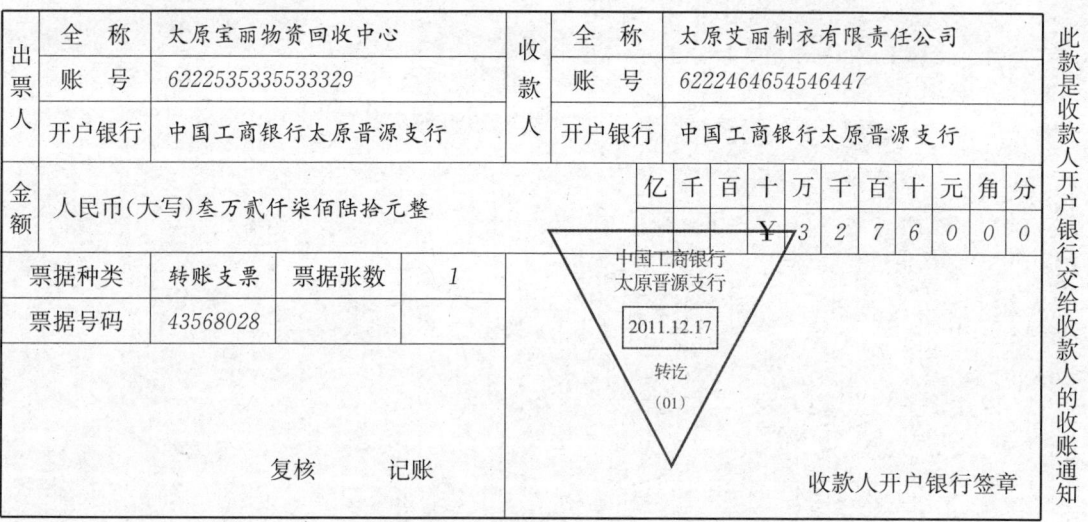

票据种类	转账支票	票据张数	1
票据号码	43568028		

中国工商银行 太原晋源支行 2011.12.17 转讫 (01)

复核　　记账　　　　　　　　　收款人开户银行签章

此款是收款人开户银行交给收款人的收账通知

业务 22：17 日，用现金支付上述锁眼机的拆卸费用。(报销单、发票)

表 8-61

报 销 单

填报日期：2011 年 12 月 17 日　　　　　单据及附件共 1 张

姓名	陆正宇	所属部门	生产车间	报销形式	现金
				支票号码	

报销项目	摘要	金额	备注：
固定资产清理	支付锁眼机拆卸费用	340.00	
	现金付讫		
	合 计	￥340.00	

金额大写：零拾零万零仟叁佰肆拾零元零角零分　　　原借款：0.00 元　　应退(补)款：340.00 元

总经理：周志强　财务经理：李成功　部门经理：李光辉　会计：陈中华　出纳：赵红利　报销人：陆正宇

表8—62

山西省地方税务局通用机打发票

发票代码 123096789012

机打代码 123096789012
机打号码 32345078
开票日期:2011年12月17日　　行业分类:服务业

发票号码 32345078

付款单位名称:太原艾丽制衣有限责任公司		付款单位识别号:			
货物及劳务名称	规格	单位	单价	数量	金额
拆卸费用					340.00

合计人民币(大写):叁佰肆拾元整　　　　　　　合计:¥340.00

收款单位名称:太原伟胜机修有限公司　　收款单位开户银行及账号:交通银行太原五一支行 6222764653546218

收款单位识别号:140102244612711　　开票人:刘书慧　　备注:

业务23:17日,结转平头锁眼机清理损益。(处置决定)

表8—63

固定资产报废处置决定

现有2009年12月30日投入使用的平头锁眼机一台,型号PT345,因维修费用过高,予以处置,处置净损益按会计制度处理。

会计主管:李成功
总经理:周志强

太原艾丽制衣有限责任公司财务部
2011年12月17日

业务 24：18 日，支付新产品研究阶段委托纺织研究所进行的新布料试制费。（支票存根、发票）

表 8-64

```
        工商银行
       转账支票存根
         36823328
         00961543

附加信息
_____
_____

出票日期 2011 年 12 月 18 日

收款人：山西纺织研究所
金  额：￥3 000.00
用  途：新布料试制费

单位主管          会计
```

表 8-65

山西省地方税务局通用机打发票

发 票 联

机打代码 211001111126　　　　　　　　　　　发票代码 211001111126
机打号码 00002218　　　　　　　　　　　　　发票号码 00002218
开票日期：2011 年 12 月 18 日　　　行业分类：服务业

付款单位名称：太原艾丽制衣有限责任公司		付款单位识别号：			
货物及劳务名称	规格	单位	单价	数量	金额
新布料试制费					3 000.00

合计人民币(大写)：叁仟元整　　　　　　　　　　合计：￥3 000.00
收款单位名称(盖章)：山西纺织研究所　　收款单位开户银行及账号：中国工商银行太原双塔支行 6222554333534281
收款单位识别号：140102244211316　　　开票人：方永军　　　备注：

业务 25：18 日，支付职工培训费。（发票、银行回单）

表 8-66

中国工商银行电子汇划付款 回单

2011 年 12 月 18 日　　　　　　　流水号：002280408

付款人	全 称	太原艾丽制衣有限责任公司	收款人	全 称	北京玖玖咨询服务有限公司
	账 号	6222464654546447		账 号	6222939355436972
	开户行	中国工商银行太原晋源支行		开户行	中国工商银行北京海淀支行
金额	（大写)陆仟伍佰柒拾贰元柒角壹分				￥6 572.71
用途	培训费				

备注：
汇划日期：2011.12.18　　　　汇划流水号：
汇出行行号：　　　　　　　原凭证种类：
原凭证号码：　　　　　　　原凭证金额：￥6 572.71
汇款人地址：
收款人地址：
实际收款人账号：6222939355436972
实际收款人名称：北京玖玖咨询服务有限公司

（中国工商银行 太原晋源支行 2011.12.18 转讫 (01) 银行盖章）

表 8-67

北京市国家税务局通用机打发票

发票代码 111016789012

机打代码 111016789012
机打号码 33250455　　　　　　　　　　　　　　　发票号码 33250455
开票日期：2011 年 12 月 18 日　　　　行业分类：服务业

付款单位名称：太原艾丽制衣有限责任公司			付款单位识别号：		
货物及劳务名称	规格	单位	单价	数量	金额
培训费					6 572.71

合计人民币（大写）：陆仟伍佰柒拾贰元柒角壹分　　　　　合计：￥6 572.71
收款单位名称(盖章)：北京玖玖咨询服务有限公司　　收款单位开户银行及账号：中国工商银行北京海淀支行 6222939355436972
收款单位识别号：110121514772250　　开票人：成星　　备注：

（北京玖玖咨询服务有限公司 110121514772250 发票专用章）

第一联：发票联（购货单位付款凭证）（手开无效）

业务 26：18 日，报销业务招待费。（报销单、发票）

表 8-68

报 销 单

填报日期：2011 年 12 月 18 日　　　　　　　　单据及附件共 8 张

姓名	刘建成	所属部门	行政部门	报销形式	现金
				支票号码	

报销项目	摘要	金额	备注：
餐费	招待客户	4 386.00	
		现金付讫	
合　计		￥4 386.00	

金额大写：零拾零万肆仟叁佰捌拾陆元零角零分　　　原借款：　　元　应退(补)款：￥4 386.00 元

总经理：周志强　财务经理：李成功　部门经理：刘家昌　会计：陈中华　出纳：赵红利　报销人：刘建成

表 8-69

兑奖凭证
太原市地方税务局
服务业有奖定额发票

8563745236524896 31173

保密区
校验码

金额：壹仟元整

"在兑奖前不得将发票联和兑奖联撕开，不得刮开保密区，否则不予兑奖"

太原市地方税务局服务业有奖定额发票

发票联

2011 年 12 月 18 日

发票代码 214011111262
发票号码 00103214　　客户名称 太原艾丽制衣有限责任公司

刮奖区 　　　　　　　　项　目 餐费

金额：壹仟元整

企业发票专用章　　　填票人：李月妮
(注：本票由纳税人填写，加盖发票专用章后方可以生效)
发票验证可登入"**太原地方税务局**"实名网站或拨打电话 **12366**

表 8-70

兑奖凭证
太原市地方税务局
服务业有奖定额发票

8563745236524896 31173

保密区
校验码

金额：壹仟元整

"在兑奖前不得将发票联和兑奖联撕开，不得刮开保密区，否则不予兑奖"

太原市地方税务局服务业有奖定额发票

发票联

2011 年 12 月 18 日

发票代码 214011111262
发票号码 00103215　　客户名称 太原艾丽制衣有限责任公司

刮奖区 　　　　　　　　项　目 餐费

金额：壹仟元整

企业发票专用章　　　填票人：李月妮
(注：本票由纳税人填写，加盖发票专用章后方可以生效)
发票验证可登入"**太原地方税务局**"实名网站或拨打电话 **12366**

表8—71

兑奖凭证
太原市地方税务局
服务业有奖定额发票

8563745236524896311 73

保密区
校验码 →

金额：壹仟元整

"在兑奖前不得将发票联和兑奖联撕开，不得刮开保密区，否则不予兑奖"

由兑付奖金者剪下 自行剪下者无效

太原市地方税务局服务业有奖定额发票

发票联

2011年12月18日

发票代码 214011111262
发票号码 00103216   客户名称 太原艾丽制衣有限责任公司
刮奖区 →   项　目 餐费

金额：壹仟元整

企业发票专用章   填票人：李月妮
（注：本票由纳税人填写，加盖发票专用章后方可以生效）
发票验证可登入"**太原地方税务局**"实名网站或拨打电话 12366

表8—72

兑奖凭证
太原市地方税务局
服务业有奖定额发票

8563745236524896311 73

保密区
校验码 →

金额：壹仟元整

"在兑奖前不得将发票联和兑奖联撕开，不得刮开保密区，否则不予兑奖"

太原市地方税务局服务业有奖定额发票

发票联

2011年12月18日

发票代码 214011111262
发票号码 00103217   客户名称 太原艾丽制衣有限责任公司
刮奖区 →   项　目 餐费

金额：壹仟元整

企业发票专用章   填票人：李月妮
（注：本票由纳税人填写，加盖发票专用章后方可以生效）
发票验证可登入"**太原地方税务局**"实名网站或拨打电话 12366

表8—73

兑奖凭证
太原市地方税务局
服务业有奖定额发票

8563745236524896311 73

保密区
校验码 →

金额：壹佰元整

"在兑奖前不得将发票联和兑奖联撕开，不得刮开保密区，否则不予兑奖"

太原市地方税务局服务业有奖定额发票

发票联

2011年12月18日

发票代码 214011111262
发票号码 00102164   客户名称 太原艾丽制衣有限责任公司
刮奖区 →   项　目 餐费

金额：壹佰元整

企业发票专用章   填票人：李月妮
（注：本票由纳税人填写，加盖发票专用章后方可以生效）
发票验证可登入"**太原地方税务局**"实名网站或拨打电话 12366

表 8—74

兑奖凭证
太原市地方税务局
服务业有奖定额发票

8563745236524896311 73

保密区
校验码 ⇨ ▭

金额：壹佰元整

"在兑奖前不得将发票联和兑奖联撕开，不得刮开保密区，否则不予兑奖"

由兑付奖金者剪下　自行剪下者无效

太原市地方税务局服务业有奖定额发票

发票联

2011 年 12 月 18 日

发票代码 214011111262
发票号码 00102165

刮奖区 ⇨ ▭

客户名称 太原艾丽制衣有限责任公司
项　目 餐费

金额：壹佰元整

企业发票专用章　　填票人：李月妮
（注：本票由纳税人填写，加盖发票专用章后方可以生效）
发票验证可登入"**太原地方税务局**"实名网站或拨打电话 **12366**

表 8—75

兑奖凭证
太原市地方税务局
服务业有奖定额发票

8563745236524896311 73

保密区
校验码 ⇨ ▭

金额：壹佰元整

"在兑奖前不得将发票联和兑奖联撕开，不得刮开保密区，否则不予兑奖"

由兑付奖金者剪下　自行剪下者无效

太原市地方税务局服务业有奖定额发票

发票联

2011 年 12 月 18 日

发票代码 214011111262
发票号码 00102166

刮奖区 ⇨ ▭

客户名称 太原艾丽制衣有限责任公司
项　目 餐费

金额：壹佰元整

企业发票专用章　　填票人：李月妮
（注：本票由纳税人填写，加盖发票专用章后方可以生效）
发票验证可登入"**太原地方税务局**"实名网站或拨打电话 **12366**

表 8—76

兑奖凭证
太原市地方税务局
服务业有奖定额发票

8563745236524896311 73

保密区
校验码 ⇨ ▭

金额：壹佰元整

"在兑奖前不得将发票联和兑奖联撕开，不得刮开保密区，否则不予兑奖"

由兑付奖金者剪下　自行剪下者无效

太原市地方税务局服务业有奖定额发票

发票联

2011 年 12 月 18 日

发票代码 214011111262
发票号码 00102167

刮奖区 ⇨ ▭

客户名称 太原艾丽制衣有限责任公司
项　目 餐费

金额：壹佰元整

企业发票专用章　　填票人：李月妮
（注：本票由纳税人填写，加盖发票专用章后方可以生效）
发票验证可登入"**太原地方税务局**"实名网站或拨打电话 **12366**

业务 27：19日，收到职工王洁归还借款。（收据）

表 8—77

收款收据

2011 年 12 月 19 日　　　　　　　　　　　　　No 00490021

今收到	职工王洁			
交来	归还借款		现金收讫	
金额（大写）	零拾零万伍仟零佰零拾零元零角零分			
¥5 000.00	☑ 现金	□ 支票	□ 信用卡	□ 其他

核准　　会计　　记账　　出纳赵红利　　经手人

（收款单位盖章：太原艾丽制衣有限责任公司 财务专用章）

业务 28：19日，收取本年专利权使用费，该专利权系 2011 年 1 月 1 日对外出租。（发票、租赁合同、收账通知）

表 8—78

太原市地方税务局通用机打发票

记 账 联

发票代码 21401108710
发票号码 32580058

机打代码 21401108710
机打号码 32580058
开票日期：2011 年 12 月 19 日　　行业分类：制造业

付款单位名称：太原文慧服装有限公司			付款单位识别号：14012154400582		
货物及劳务名称	规格	单位	单价	数量	金额
专利权租金					86 000.00

合计人民币（大写）：捌万陆仟元整　　　　合计：¥86 000.00
收款单位名称（盖章）：太原艾丽制衣有限责任公司
收款单位识别号：14010224491242428　　开票人：尚杰
收款单位开户银行及账号：中国工商银行太原晋源支行，6222464654546447
备注：

（发票专用章：太原艾丽制衣有限责任公司 14010224912428）

表 8—79

ICBC 中国工商银行 进账单（收账通知） 3

2011 年 12 月 19 日

出票人	全 称	太原文慧服装有限公司	收款人	全 称	太原艾丽制衣有限责任公司
	账 号	6222545544453617		账 号	6222464654546447
	开户银行	中国工商银行太原晋源支行		开户银行	中国工商银行太原晋源支行
金额	人民币（大写）捌万陆仟元整		亿千百十万千百十元角分 ¥ 8 6 0 0 0 0 0		
票据种类	转账支票	票据张数	1		
票据号码	07865535				

中国工商银行 太原晋源支行 2011.12.19 转讫 (01)

复核　　记账　　　　　　　　收款人开户银行签章

表 8—80

专利权出租合同

出租人：太原艾丽制衣有限责任公司（以下简称甲方）
承租人：太原文慧服装有限公司（以下简称乙方）
甲方决定将一项专利权出租给乙方使用，经甲乙双方协商签订合同如下：

一、专利状况

本合同项目下的专利权为实用新型——手工无缝痕迹制衣方法。

二、租赁期限

上款所列专利权的租赁期限为1年，自2011年01月01日起至2011年12月31日止。以上租赁期或租赁延长期届满时，双方如有意修改或续订合同，至少应当在期限满前90日提出协商，并在期满前60日签订新的租赁合同。双方如在本合同租赁期或租赁延长期满前60日内未就争议达成一致或签订新的租赁合同的，本合同到期即行终止。

三、租金及支付方式

乙方于2011年12月31日前一次性支付甲方年租金捌万陆仟元整。
……

十一、合同争议的解决方式

本合同在履行过程中发生的争议，由甲乙双方协商解决；协商不成的依法向人民法院提起诉讼。

十二、本合同未尽事宜双方另行协商解决

本合同经双方签字盖章后生效，一式四份，甲乙双方各执两份。

出租人：太原艾丽制衣有限责任公司　　　　承租人：太原文慧服装有限公司

代表（签字）：李大伟　　　　　　　　　　代表（签字）：高慧云

日期：2010年12月29日　　　　　　　　　 日期：2010年12月29日

业务29：20日，支付本月水费。（增值税专用发票、支款通知）

表8—81

山西增值税专用发票

No 60938629

1401082281

开票日期：2011年12月20日

购货单位	名　　称：太原艾丽制衣有限责任公司
	纳税人识别号：140102244212428
	地址、电话：太原市虎峪区和平北路138号
	开户行及账号：中国工商银行太原晋源支行 6222464654546447

密码区：
3－65745＜19458＜3840481
75/37503848＊7＞＋＞－2//5
＞＊8574567－7＜8＊873/＋＜4
13－3001152－/＞7142＞＞8－

加密版本：01
1401082281
60938629

货物或应税劳务名称	规格型号	单位	数量	单价	金额	税率	税额
工业用水		吨	700	4.20	2 940.00	13%	382.20
合计					￥2 940.00		￥382.20
价税合计（大写）	⊗叁仟叁佰贰拾贰元贰角整					（小写）￥3 322.20	

销货单位	名　　称：太原市自来水公司
	纳税人识别号：140121544280870
	地址、电话：太原市虎峪区和平北路23号
	开户行及账号：中国工商银行太原晋源支行 6222464654542318

备注：（太原市自来水公司 140121544280870 发票专用章）

收款人：　　　复核：　　　开票人：张清　　　销货单位（章）：

表8—82

同城特约委托收款凭证（支款通知）

委托日期：2011年12月20日　　　　流水号：242178923

付款人	全　称	太原艾丽制衣有限责任公司	收款人	全　称	太原市自来水公司
	账号或地址	6222464654546447		账号或地址	6222464654542318
	开户银行	中国工商银行太原晋源支行		开户银行	中国工商银行太原晋源支行
委收金额	人民币（大写）	叁仟叁佰贰拾贰元贰角整			￥3 322.20
	款项内容	水费	合同号	凭证张数	1

（中国工商银行太原晋源支行 2011.12.20 转讫）
（01）

注意事项：
1．上列款项为见票全额付款
2．上列款项若有误请与收款单位协商解决

备注：

会计：　　　复核：　　　记账：　　　支付日期2011年12月20日

业务30：20日，支付本月电费。（增值税专用发票、支款通知）

表8-83

山西增值税专用发票

No 60967914

1401082140

开票日期：2011年12月20日

购货单位	名　　称：太原艾丽制衣有限责任公司 纳税人识别号：140102244212428 地址、电话：太原市虎峪区和平北路138号 03516215319 开户行及账号：中国工商银行太原晋源支行 6222464654546447	密码区	3－65745＜19458＜3840481 75/37503848＊7＞＋＞－2//5 ＞＊8574567－7＜8＊873/＋＜4 13－3001152－/＞7142＞＞8－	加密版本：01 1401082140 60967914

货物或应税劳务名称	规格型号	单位	数量	单价	金额	税率	税额
电		千瓦时	7 120	0.80	5 696.00	17%	968.32
合计					¥5 696.00		¥968.32

价税合计（大写）　⊗陆仟陆佰陆拾肆元叁角贰分　　　　　　（小写）¥6 664.32

销货单位	名　　称：山西省太原供电分公司 纳税人识别号：140121544256380 地址、电话：太原市虎峪区和平北路39号 03516782013 开户行及账号：中国工商银行太原晋源支行 6222464654569631	备注	（山西省太原供电分公司 140121544256380 发票专用章）

收款人：　　　　　复核：　　　　　开票人：李倩秋　　　　　销货单位（章）

表8-84

同城特约委托收款凭证（支款通知）

委托日期：2011年12月20日　　　　流水号：242679201

付款人	全　称	太原艾丽制衣有限责任公司	收款人	全　称	山西省太原供电分公司
	账号或地址	6222464654546447		账号或地址	6222464654569631
	开户银行	中国工商银行太原晋源支行		开户银行	中国工商银行太原晋源支行
委收金额	人民币（大写）	陆仟陆佰陆拾肆元叁角贰分	中国工商银行 太原晋源支行 2011.12.20 转讫 (01)	¥6 664.32
款项内容		合同号		凭证张数	1
	电费				

注意事项：
1. 上列款项为见票全额付款
2. 上列款项若有误请与收款单位协商解决

备注：

会计：　　　　复核：　　　　记账：　　　　支付日期 2011年12月20日

业务 31：21 日,收到存款利息收入。(收款通知 2 张)

表 8－85

中国工商银行(太原晋源)计付存款利息清单(收款通知)

2011 年 12 月 21 日

单位名称:太原艾丽制衣有限责任公司					
结算账号:6222464654546447			存款账号:6222464654546447		
编号	计算类型	计算起讫日期	计算积数	利率	利息金额
	活期存款利息	2011.09.21－2011.12.20	65 008 375.00	0.5%	902.89
摘要:				金额合计	￥902.89
金额合计(大写)玖佰零贰元捌角玖分					

（中国工商银行太原晋源支行 2011.12.21 转讫 (01)）

复核：　　　　　　　记账：

表 8－86

交通银行(太原五一)计付存款利息清单(收款通知)

2011 年 12 月 21 日

单位名称:太原艾丽制衣有限责任公司					
结算账号:6222464654112232			存款账号:6222464654112232		
编号	计算类型	计算起讫日期	计算积数	利率	利息金额
	活期存款利息	2011.09.21－2011.12.20	110 000 000.00	0.50%	1 527.78
摘要:				金额合计	￥1 527.78
金额合计(大写)壹仟伍佰贰拾柒元柒角捌分					

（交通银行太原五一支行 2011.12.04 转讫 (01)）

复核：　　　　　　　记账：

业务32：21日，支付专项借款本月利息，该借款购建的资产尚未开工。（支款通知）

表8-87

交通银行计收利息清单（支款通知）

2011年12月20日

户　名	太原艾丽制衣有限责任公司			账号	6222464654112232	
计息起止时间	2011年11月21日至2011年12月20日				左列贷款利息业已从贵单位账户扣付，逾期按日加计罚息0.21‰。 工行滹源支行（章） 转账日期：2011年12月20日	
贷款种类	贷款账号	计息日贷款余款	计算积数	年利率	计收利息金额	
	专项借款	5 000 000.00	150 000 000.00	7.44%	31 000.00	
利息金额 人民币（大写）：叁万壹仟元整				十万 千 百 十 元 角 分 ￥ 3 1 0 0 0 0 0		

复核：　　　　　　　　记账：

业务33：25日，在建工程1#楼房交付使用，该楼房已签订出租协议，从2012年1月起对外出租。（工程竣工结算单、工程竣工验收单、租赁合同）

表8-88

工程竣工结算单

2011年12月22日

工程名称	太原艾丽制衣有限责任公司1#楼	施工单位	太原第一建筑公司
合同编号	11063	合同价款	7 864 300元
质量评定：合格			
工程追加款：	0	扣罚款：0	
总结算款：7 864 300元			
	甲方		乙方
	太原艾丽制衣有限责任公司		太原第一建筑公司

表8-89

工程竣工验收单

验收时间:2011年12月21日

工程名称:太原艾丽制衣有限公司1#楼			
工程地点:太原市虎峪区和平北路			
竣工验收意见	甲方	太原艾丽制衣有限责任公司	签字(盖章): (太原艾丽制衣有限责任公司 盖章)
	监理单位	太原伟龙工程监理有限公司	签字(盖章): (太原伟龙工程监理有限公司 盖章)
	乙方	太原第一建筑公司	签字(盖章): (太原第一建筑公司 盖章)

备注:竣工验收中,尚有不影响整体工程质量问题,经双方协商一致可以入住,但必须签订竣工后遗留问题协议作为入住后解决遗留问题的依据。

表8—90

房屋租赁合同

出租人:太原艾丽制衣有限责任公司(以下简称甲方)
承租人:太原大兴实业有限责任公司(以下简称乙方)
甲方决定将太原市虎峪区和平北路一幢楼房出租给乙方使用,经甲乙双方协商签订合同如下:

一、租赁物

本合同项目下的租赁物为新建楼房,该项资产的账面价值与公允价值一致,均为人民币7 864 300元。

二、租赁期限

上款所列固定资产的租赁期限为1年,自2012年01月01日起至2012年12月31日止。以上租赁期或租赁延长期届满时,双方如有意修改或续订合同,至少应当在期限满前90日提出协商,并在期满前60日签订新的租赁合同。双方如在本合同租赁期或租赁延长期满前60日内未就争议达成一致或签订新的租赁合同的,本合同到期即行终止。

三、租金及支付方式

乙方于每月支付甲方月租金伍仟元整。
乙方月租金的支付期限为每月3日以前,支付方式为银行转账。
……

十一、合同争议的解决方式

本合同在履行过程中发生的争议,由甲乙双方协商解决;协商不成的依法向人民法院提起诉讼。

十二、本合同未尽事宜双方另行协商解决

本合同经双方签字盖章后生效,一式四份,甲乙双方各执两份。

出租人:太原艾丽制衣有限责任公司   承租人:太原大兴实业有限责任公司
代表(签字):李大伟   代表(签字):王明发
日期:2011年12月21日   日期:2011年12月21日

业务34:26日,签订包含现金折扣条款的销售合同,采用发货制向陕西劳保用品公司销售商品并垫付运费。已办妥托收手续。(增值税专用发票、销售单2张、支票存根、托收凭证、销售合同)

表8—91

山西增值税专用发票

No 30972732

1401112140

此联不作报销抵扣税凭证使用

开票日期:2011年12月26日

购货单位:
- 名　　称:陕西劳保用品公司
- 纳税人识别号:610101554426339
- 地址、电话:西安市新城区光华路51号 02981215213
- 开户行及账号:中国工商银行西安新城支行 6222464359546065

密码区:
3-65745<19458<3840481
75/37503848*7>+>-2//5
>*8574567-7<8*873/+<4
13-3001152-/>7142>>8-

加密版本:01
1401112140
30972732

货物或应税劳务名称	规格型号	单位	数量	单价	金额	税率	税额
男夏装		套	1 000	340.00	340 000.00	17%	57 800.00
女夏装		套	800	320.00	256 000.00	17%	43 520.00
男冬装		套	700	380.00	266 000.00	17%	45 220.00
女冬装		套	900	360.00	324 000.00	17%	55 080.00
合计					¥1 186 000.00		¥201 620.00

价税合计(大写):⊗壹佰叁拾捌万柒仟陆佰贰拾元整　　(小写)¥1 387 620.00

销货单位:
- 名　　称:太原艾丽制衣有限责任公司
- 纳税人识别号:140102244212428
- 地址、电话:太原市虎峪区和平北路138号 03516215319
- 开户行及账号:中国工商银行太原晋源支行 6222464654546447

备注:太原艾丽制衣有限责任公司 140102244212428 发票专用章

收款人:　　复核:　　开票人:赵雪凤　　销货单位(章):

第一联:记账联 销货方记账凭证

国税函【2008】562号海南华森实业公司

表8—92

销　售　单

购货单位:陕西劳保用品公司　　地址和电话:西安市新城区光华路51号 02981215213　　单据编号:003
纳税识别号:610101554426339　　开户行及账号:中国工商银行西安新城支行 6222464359546065　　制单日期:2011-12-26

编码	产品名称	规格	单位	单价	数量	金额	备注
01	男夏装		套	340.00	1 000	340 000.00	不含税价
02	女夏装		套	320.00	800	256 000.00	
合计	人民币(大写):伍拾玖万陆仟元整					¥596 000.00	

总经理:周志强　　销售经理:张春林　　经手人:刘小飞　　会计:　　签收人:王方辉

会计联

表8—93

销　售　单

购货单位:陕西劳保用品公司　　地址和电话:西安市新城区光华路51号 02981215213　　单据编号:004
纳税识别号:610101554426339　　开户行及账号:中国工商银行西安新城支行 6222464359546065　　制单日期:2011-12-26

编码	产品名称	规格	单位	单价	数量	金额	备注
03	男冬装		套	380.00	700	266 000.00	不含税价
04	女冬装		套	360.00	900	324 000.00	
合计	人民币(大写):伍拾玖万元整					¥590 000.00	

总经理:周志强　　销售经理:张春林　　经手人:刘小飞　　会计:　　签收人:王方辉

会计联

表 8—94

```
        工商银行
        转账支票存根
         36823328
         00961544

附加信息
_____
_____

出票日期 2011 年 12 月 26 日
收款人：太原速达物流
金  额：￥5 200.00
用  途：运输费用

单位主管            会计
```

表 8—95

托 收 凭 证（受理回单） 1

委托日期 2011 年 12 月 26 日

业务类型	委托收款(□邮划、☑电划)　　托收承付(□邮划、□电划)						
付款人	全称	陕西劳保用品公司	收款人	全称	太原艾丽制衣有限责任公司		
	账号	6222464359546065		账号	6222464654546447		
	地址	陕西省西安市县	开户行	工商银行西安新城支行	地址	山西省太原市县	开户行	工商银行太原晋源支行
金额	人民币（大写） 壹佰叁拾玖万贰仟捌佰贰拾元整			亿千百十万千百十元角分　￥1 3 9 2 8 2 0 0 0			
款项内容	货款	托收凭据名称	发票、运单	附寄单证张数	5		
商品发运情况	货物已发送		合同名称号码	销售合同 BDXS20110016			
备注：				中国工商银行 太原晋源支行 2011.12.26 业务受理章 收款人开户银行签章			
复核　　记账			年　月　日			年　月　日	

此联作收款人开户银行给收款人的受理回单

表 8—96

销售合同

买方:陕西劳保用品公司(以下简称甲方)
卖方:太原艾丽制衣有限责任公司(以下简称乙方)
甲乙双方依照《中华人民共和国合同法》及有关法律、行政法规,遵循平等、自愿、公平和诚信原则,双方就工装采购有关事项协商一致,订立本合同如下:

一、产品内容

产品名称	数量	不含税单价	总额	其他要求
男夏装	1 000	340	340 000	
女夏装	800	320	256 000	
男冬装	700	380	266 000	
女冬装	900	360	324 000	
合计			¥1 186 000	

二、结算方式

(1)乙方向甲方发出商品后,采用委托收款方式向甲方收取货款。
(2)双方约定的现金折扣条件为:2/10,1/20,n/30,现金折扣只针对货款,不包括增值税税额。

三、运输

乙方负责交货前货物的运输,运费先由乙方代垫。
……

六、合同争议的解决方式

本合同在履行过程中发生的争议,由甲乙双方协商解决;协商不成的依法向人民法院提起诉讼。

七、合同生效

本合同经双方签字盖章后生效,一式四份,甲乙双方各执两份。

甲方:陕西劳保用品公司　　　　　　　　乙方:太原艾丽制衣有限责任公司
代表(签字):刘伟强　　　　　　　　　　代表(签字):李大伟
日期:2011 年 12 月 25 日　　　　　　　 日期:2011 年 12 月 25 日

业务35：28日，支付职工餐费补助。（支票存根、发票）

表8—97

```
            工商银行
          转账支票存根
            36823328
            00961545

附加信息

出票日期 2011 年 12 月 28 日
收款人：太原大丰收餐饮
金  额：￥22 200.00
用  途：职工餐费补助

单位主管            会计
```

表8—98

山西省地方税务局通用机打发票

机打代码 211039116964　　　　　　　　　　　发票代码 211039116964
机打号码 20872201　　　　　　　　　　　　　发票号码 20872201
开票日期：2011 年 12 月 28 日　　　　行业分类：服务业

货物及劳务名称	规格	单位	单价	数量	金额
餐费					22 200.00

付款单位名称：太原艾丽制衣有限责任公司　　　付款单位识别号：

合计人民币(大写)：贰万贰仟贰佰元整　　　　　　　　合计：￥22200.00
收款单位名称(盖章)：太原大丰收餐饮有限公司　　收款单位开户银行及账号：中国工商银行太原晋源支行 6222554333534021
收款单位识别号：140102987791074　　　开票人：王永杰　　　备注：

业务 36： 28 日，取得上月入库全棉蓝厚水洗布发票，并支付款项。（增值税专用发票、银行回单）

表 8－99

河北增值税专用发票

No 30972313

1401112140

开票日期：2011 年 12 月 10 日

购货单位	名　　　称	太原艾丽制衣有限责任公司	密码区	3－65745＜19458＜3840481 75/37503848＊7＞+＞－2//5 ＞＊8574567－7＜8＊873/＋＜4 13－3001152－/＞7142＞＞8－	加密版本：01 1401112140 30972313
	纳税人识别号	140102244212428			
	地　址、电　话	太原市虎峪区和平北路 138 号 03516215319			
	开户行及账号	中国工商银行太原晋源支行 6222464654546447			

货物或应税劳务名称	规格型号	单位	数量	单价	金额	税率	税额
全棉蓝厚水洗布		米	600	34.00	20 400.00	17%	3 468.00
合计					￥20 400.00		￥3 468.00

价税合计（大写）	⊗贰万叁仟捌佰陆拾捌元整	（小写）￥23 868.00

销货单位	名　　　称	石家庄靓景布业有限公司	备注	（石家庄靓景布业有限公司 130125244212167 发票专用章）
	纳税人识别号	130125244212167		
	地　址、电　话	石家庄市长安区伟业路 106 号 031187372371		
	开户行及账号	中国工商银行石家庄长安支行 6222341234225210		

收款人：　　　　复核：　　　　开票人：高小凯　　　　销货单位（章）：

表 8－100

中国工商银行　电子转账凭证

币种：人民币　　　　委托日期：2011 年 12 月 28 日　　　　凭证编号：58684418

付款人	全　称	太原艾丽制衣有限责任公司	收款人	全　称	石家庄靓景布业有限公司
	账　号	6222464654546447		账　号	6222341234225210
	汇出地点	山西省太原市/县		汇入地点	河北省石家庄市/县
汇出行名称		中国工商银行太原晋源支行	汇入行名称		中国工商银行石家庄长安支行

金额	人民币（大写）	贰万叁仟捌佰陆拾捌元整	亿	千	百	十	万	千	百	十	元	角	分
							￥	2	3	8	6	8	0	0

附加信息及用途： 货款	（中国工商银行太原晋源支行 2011.12.28 转讫 银行盖章(01)）	支付密码	
		根据中国工商银行太原艾丽制衣有限责任公司客户 09418 号电子指令，上述款项已由本行支付	
		客户经办人：1234　复核　　　记账	

业务 37：29 日,销售给东盛实业公司女夏装一批,上月已预收部分款项。(增值税专用发票、销售单、收账通知)

表 8-101

山西增值税专用发票

No 30972733

1401112140

开票日期:2011 年 12 月 29 日

购货单位	名　　称:东盛实业有限公司 纳税人识别号:140102244213516 地　址、电话:太原市万柏林区迎泽街 108 号 03516232420 开户行及账号:中国工商银行太原万柏林支行 6222464654545138	密码区	3-65745＜19458＜3840481 75/37503848＊7＞+＞-2//5 ＞＊8574567-7＜8＊873/+＜4 13-3001152-/＞7142＞＞8-	加密版本:01 1401112140 30972733
货物或应税劳务名称	规格型号	单位	数量	单价	金额	税率	税额
女夏装		套	300	320.00	96 000.00	17％	16 320.00
合计					￥96 000.00		￥16 320.00
价税合计(大写)	⊗壹拾壹万贰仟叁佰贰拾元整				(小写)￥112 320.00		
销货单位	名　　称:太原艾丽制衣有限责任公司 纳税人识别号:140102244212428 地　址、电话:太原市虎峪区和平北路 138 号 03516215319 开户行及账号:中国工商银行太原晋源支行 6222464654546447	备注		

收款人:　　　　　复核:　　　　　开票人:赵雪凤　　　　　销货单位(章)

表 8-102

销　售　单

购货单位:东盛实业有限公司　　地址和电话:太原市万柏林区迎泽街 108 号
　　　　　　　　　　　　　　　　　　　　　　03516232420　　　　　　　　　单据编号:005
纳税识别号:140102244213516　　开户行及账号:中国工商银行太原万柏林支行
　　　　　　　　　　　　　　　　　　　　　　6222464654545138　　　　　制单日期:2011-12-29

编码	产品名称	规格	单位	单价	数量	金额	备注
02	女夏装		套	320.00	300	96 000.00	不含税价
合计	人民币(大写):玖万陆仟元整					￥96 000.00	

总经理:周志强　　销售经理:张春林　　经手人:刘小飞　　会计:　　　　签收人:赵小兰

表8-103

中国工商银行 进账单(收账通知) 3

2011年12月29日

出票人	全　称	东盛实业有限公司	收款人	全　称	太原艾丽制衣有限责任公司
	账　号	6222464654545138		账　号	6222464654546447
	开户银行	中国工商银行太原万柏林支行		开户银行	中国工商银行太原晋源支行

金额	人民币(大写)　壹万贰仟叁佰贰拾元整	亿 千 百 十 万 千 百 十 元 角 分
		¥ 　1 2 3 2 0 0 0

票据种类	转账支票	票据张数	1
票据号码	00969216		

中国工商银行
太原晋源支行
2011.12.29
转讫
(01)

复核　　记账　　　　　　收款人开户银行签章

此联是收款人开户银行交给收款人的收账通知

业务38: 31日,摊销本年专利权和土地使用权(无形资产摊销表)。

表8-104

无形资产摊销表

2011年12月31日　　　　　　　　　　　　　金额单位:元

无形资产	原值	摊销年限	年摊销额
专利权(已出租)	360 000.00	5	72 000.00
土地使用权	4 500 000.00	30	150 000.00
合　计			222 000.00

审核:李成功　　　　　　　　　　　制单:陈中华

业务39：31日，收到业务34陕西劳保用品公司所付货款及代垫运费款。（现金折扣计算表、收账通知）

表8-105

现金折扣计算表

2011年12月31日　　　　　　　　　　　　　　　金额单位：元

品名	金额	税额	合计
男夏装	340 000.00	57 800.00	397 800.00
女夏装	256 000.00	43 520.00	299 520.00
男冬装	266 000.00	45 220.00	311 220.00
女冬装	324 000.00	55 080.00	379 080.00
合计	1 186 000.00	201 620.00	1 387 620.00
运费			5 200.00
应收总额			1 392 820.00
现金折扣	2/10		
财务费用	23 720.00		
折后金额	1 162 280.00	201 620.00	1 363 900.00
代垫运费			5 200.00
收款额			1 369 100.00

审核：李成功　　　　　　　　　　　　　　　制单：陈中华

表8-106

中国工商银行电子汇划收款 回单

2011年12月31日　　　　　　流水号：0017866759

付款人	全称	陕西劳保用品公司	收款人	全称	太原艾丽制衣有限责任公司
	账号	6222464359546065		账号	6222464654546447
	开户行	中国工商银行西安新城支行		开户行	中国工商银行太原晋源支行
金额	（大写）壹佰叁拾陆万玖仟壹佰元整			￥1 369 100.00	
用途	货款及运费				

备注：
汇划日期：2011.12.31　　　　汇划流水号：
汇出行行号：　　　　　　　　原凭证种类：
原凭证号码：　　　　　　　　原凭证金额：
汇款人地址：
收款人地址：
实际收款人账号：
实际收款人名称：

中国工商银行
太原晋源支行
2011.12.31
转讫
（01）

银行盖章

业务 40：31 日，支付生产车间办公用品购置费。（报销单、发票）

表 8-107

报 销 单

填报日期：2011 年 12 月 31 日　　　　　　　　　单据及附件共 1 张

姓名	刘喜	所属部门	生产车间	报销形式	现金
				支票号码	

报销项目	摘要	金额	备注：
办公用品	购买笔记本与笔　现金付讫	548.09	
合　计		￥548.09	

金额大写：零拾零万零仟伍佰肆拾捌元零角玖分　　原借款：0.00 元　　应退（补）款：￥548.09 元

总经理：周志强　财务经理：李成功　部门经理：刘家昌　会计：陈中华　出纳：赵红利　报销人：刘喜

表 8-108

山西省国家税务局通用机打发票

机打代码 114016789380　　　　　　　　　　　发票代码 114016789380
机打号码 33250011　　　　　　　　　　　　　发票号码 33250011
开票日期：2011-12-31　　　　　　行业分类：商业

付款单位名称：太原艾丽制衣有限责任公司			付款单位识别号：		
货物及劳务名称	规格	单位	单价	数量	金额
办公用品					548.09

合计人民币（大写）：伍佰肆拾捌元零玖分　　　　　合计：￥548.09
收款单位名称（盖章）：太原雅达办公用品有限公司　收款单位开户银行及账号：中国工商银行太原晋源支行 6222533355554443
收款单位识别号：14012154400222　开票人：吴四德　备注：

业务 41：31 日，分配本月发生的职工福利费。（职工福利费汇总表、职工福利费分配表）

表 8-109

职工福利费汇总表

2011 年 12 月 31 日　　　　　　　　　　　　　　　　　　　　金额单位:元

部　　门		本月发生福利费支出
生产车间	生产工人	14 700.00
	管理人员	750.00
管理部门		6 750.00
合　　计		22 200.00

审核:李英达　　　　　　　　　　　　　　　　　　制单:张慧兰

表 8-110

职工福利费分配表

2011 年 12 月 31 日　　　　　　　　　　　　　　　　　　　　金额单位:元

受益对象		分配标准	分配率	分配金额
生产车间工人	男夏装	25		
	女夏装	30		
	男冬装	25		
	女冬装	18		
	小　计	98		
车间管理人员				
公司管理人员				
合　计				

审核:李成功　　　　　　　　　　　　　　　　　　制单:马晓娟

业务 42：31 日计算并结转本月应代扣个人所得税。（个人所得税计算表）

表 8-111

个人所得税计算表

2011 年 12 月 31 日　　　　　　　　　　　　　　　　　　　　金额单位:元

姓名	应付工资	三险一金	应税工资	应交个人所得税
周志强	7 200.00	1 224.00	5 976.00	
李成功	6 200.00	1 054.00	5 146.00	
刘家昌	4 800.00	816.00	3 984.00	
合　计				

备注:公司其他职工本月无应交个人所得税

审核:李成功　　　　　　　　　　　　　　　　　　制单:马晓娟

业务 43：31 日，分配本月职工薪酬。（职工薪酬汇总表、职工薪酬分配表）

表 8-112

职工薪酬汇总表

2011 年 12 月 31 日　　　　　　　　　　　　　　　　　　　　金额单位：元

部　　门		应付工资	社会保险费	住房公积金	工会经费	职工教育经费	合　计
基本生产车间	生产工人	230 931.00	59 580.20	23 093.10	4 618.62	5 773.28	323 996.20
	管理人员	12 835.00	3 311.43	1 283.50	256.70	320.88	18 007.51
公司管理部门人员		156 234.00	40 308.37	15 623.40	3 124.68	3 905.84	219 196.29
合　计		400 000.00	103 200.00	40 000.00	8 000.00	10 000.00	561 200.00

审核：李成功　　　　　　　　　　　　　　　　　　　　　　　　制单：马晓娟

表 8-113

职工薪酬分配表

2011 年 12 月 31 日　　　　　　　　　　　　　　　　　　　　金额单位：元

受益对象		分配标准（工时）	分配率	分配金额
生产车间工人	男夏装	2 250		
	女夏装	2 550		
	男冬装	1 800		
	女冬装	1 900		
	小　计	8 500		
车间管理人员				
公司管理人员				
合　计				

审核：李成功　　　　　　　　　　　　　　　　　　　　　　　　制单：马晓娟

业务44：31日，计提本月折旧。(折旧计算表)

表8—114

固定资产折旧计算表

2011年12月31日　　　　　　　　　　　　　　　金额单位：元

使用单位和固定资产类别		月初原值	固定资产月折旧率(%)	本月应提折旧额
生产车间	厂房	1 150 000.00		
	生产设备	2 770 000.00		
	小计	3 920 000.00		
管理部门	房屋	3 600 000.00		
	运输设备	1 046 000.00		
	管理设备	588 950.00		
	小计	5 234 950.00		
无偿提供给高管用车		210 000.00		
小　计		9 364 950.00		

审核：李成功　　　　　　　　　　　　　　　　　　　　　制单：马晓娟

业务45：31日确认本月高管用车折旧费为非货币性福利。(资料见业务44)

业务46：31日，分配本月水费。(水费分配表)

表8—115

外购水费分配表

2011年12月31日　　　　　　　　　　　　　　　金额单位：元

受益对象	耗用量	单价	分配金额
生产车间	500	4.20	
公司管理部门	200	4.20	
合　计	700		

审核：李成功　　　　　　　　　　　　　　　　　　　　　制单：马晓娟

业务47：31日，分配本月电费。(电费分配表)

表8—116

外购电费分配表

2011年12月31日　　　　　　　　　　　　　　　金额单位：元

受益对象	耗用量	单价	分配金额
生产车间	5 000	0.80	
公司管理部门	2 120	0.80	
合　计	7 120		

审核：李成功　　　　　　　　　　　　　　　　　　　　　制单：马晓娟

业务 48：31 日,根据"收料单"编制"收料凭证汇总表",结转本月入库材料计划成本。(收料单 5 张、上月暂估入账收料单复印件、收料凭证汇总表)

表 8—117

收料单

2011 年 12 月 01 日　　　　　　　　　　　编码:001

材料编号	材料名称	规格	材质	单位	数量 应收	数量 实收	计划单价	计划总成本
R01	全棉蓝薄水洗布			米	4 500	4 500	25.80	116 100.00

会计联

主管:杨延阳　　　质量检验员:王杨　　　仓库验收:龚伟清　　　经办人:胡各各

表 8—118

收料单

2011 年 12 月 01 日　　　　　　　　　　　编码:002

材料编号	材料名称	规格	材质	单位	数量 应收	数量 实收	计划单价	计划总成本
R02	全棉红薄水洗布			米	5 500	5 500	25.80	141 900.00

会计联

主管:杨延阳　　　质量检验员:王杨　　　仓库验收:龚伟清　　　经办人:胡各各

表 8—119

收料单

2011 年 12 月 01 日　　　　　　　　　　　编码:003

材料编号	材料名称	规格	材质	单位	数量 应收	数量 实收	计划单价	计划总成本
R03	全棉蓝厚水洗布			米	3 400	3 400	32.90	111 860.00

会计联

主管:杨延阳　　　质量检验员:王杨　　　仓库验收:龚伟清　　　经办人:胡各各

表 8-120

收料单

2011 年 12 月 01 日　　　　　　　　　　　　　编码:004

材料编号	材料名称	规格	材质	单位	数量 应收	数量 实收	计划单价	计划总成本
R04	全棉红厚水洗布			米	3 600	3 600	32.90	118 440.00

会计联

主管:杨延阳　　　质量检验员:王杨　　　仓库验收:龚伟清　　　经办人:胡各各

表 8-121

收料单

2011 年 12 月 07 日　　　　　　　　　　　　　编码:005

材料编号	材料名称	规格	材质	单位	数量 应收	数量 实收	计划单价	计划总成本
R05	反光条			圈	260	260	40.00	10 400.00

会计联

主管:杨延阳　　　质量检验员:王杨　　　仓库验收:龚伟清　　　经办人:胡各各

表 8-122

收料单

2011 年 11 月 30 日　　　　　　　　　　　　　编码:023

材料编号	材料名称	规格	材质	单位	数量 应收	数量 实收	计划单价	计划总成本
R03	全棉蓝厚水洗布			米	600	600	32.90	19 740.00
	复印件与原件核对无误							

会计联

主管:杨延阳　　　质量检验员:王杨　　　仓库验收:龚伟清　　　经办人:胡各各

表8-123

收料凭证汇总表

2011年12月31日　　　　　　　　　　　　　　　　　　金额单位:元

材料名称	入库数量	计划单价	计划总成本
全棉蓝薄水洗布			
全棉红薄水洗布			
全棉蓝厚水洗布			
全棉红厚水洗布			
反光条			
合　计		—	—

审核:李成功　　　　　　　　　　　　　　　　　　制单:马晓娟

业务49:31日,计算并结转本月入库材料成本差异。(材料成本差异计算表)

表8-124

入库材料成本差异计算表

2011年12月31日　　　　　　　　　　　　　　　　　　金额单位:元

材料名称	入库数量	计划单价	计划总成本	实际总成本	材料成本差异
全棉蓝薄水洗布					
全棉红薄水洗布					
全棉蓝厚水洗布					
全棉红厚水洗布					
反光条					
合　计		—	—		

审核:李成功　　　　　　　　　　　　　　　　　　制单:马晓娟

业务50:31日,编制发出材料汇总表,分配并结转本月发出材料计划成本。(领料单9张、发出材料汇总表、材料费用分配表)

表8-125

领料单

领料部门:生产车间

用　途:男夏装　　　　　2011年12月05日　　　　　　第　　001号

材料编号	材料名称	规格	单位	数量请领	数量实发	单价	计划总成本 百十万千百十元角分
R01	全棉蓝薄水洗布		米	4 500	4 500	25.8	1 1 6 1 0 0 0 0
合计						¥	1 1 6 1 0 0 0 0

领料人:林书敏　　　领料部门负责人:段成刚　　　发料人:赵志明　　　仓库负责人:杨延阳

表 8—126

领料单

领料部门：生产车间

用　　途：女夏装　　　　　2011 年 12 月 05 日　　　　　第　　002 号

材料			单位	数量		单价	计划总成本								
编号	名称	规格		请领	实发		百	十	万	千	百	十	元	角	分
R02	全棉红薄水洗布		米	5 040	5 040	25.8		1	3	0	0	3	2	0	0
合计							¥	1	3	0	0	3	2	0	0

会计联

领料人：林书敏　　　领料部门负责人：段成刚　　　发料人：赵志明　　　仓库负责人：杨延阳

表 8—127

领料单

领料部门：生产车间

用　　途：男冬装　　　　　2011 年 12 月 05 日　　　　　第　　003 号

材料			单位	数量		单价	计划总成本								
编号	名称	规格		请领	实发		百	十	万	千	百	十	元	角	分
R03	全棉蓝厚水洗布		米	3 150	3 150	32.9		1	0	3	6	3	5	0	0
合计							¥	1	0	3	6	3	5	0	0

会计联

领料人：林书敏　　　领料部门负责人：段成刚　　　发料人：赵志明　　　仓库负责人：杨延阳

表 8—128

领料单

领料部门：生产车间

用　　途：女冬装　　　　　2011 年 12 月 05 日　　　　　第　　004 号

材料			单位	数量		单价	计划总成本								
编号	名称	规格		请领	实发		百	十	万	千	百	十	元	角	分
R04	全棉红厚水洗布		米	3 600	3 600	32.9		1	1	8	4	4	0	0	0
合计							¥	1	1	8	4	4	0	0	0

会计联

领料人：林书敏　　　领料部门负责人：段成刚　　　发料人：赵志明　　　仓库负责人：杨延阳

表 8-129

领料单

领料部门：生产车间
用　　途：服装　　　　　2011 年 12 月 07 日　　　　　第　　005 号

材料			单位	数量		单价	计划总成本								
编号	名称	规格		请领	实发		百	十	万	千	百	十	元	角	分
R06	扣子		包	1 014	1 014	10			1	0	1	4	0	0	0
合计							¥		1	0	1	4	0	0	0

领料人：林书敏　　　领料部门负责人：段成刚　　　发料人：赵志明　　　仓库负责人：杨延阳

会计联

表 8-130

领料单

领料部门：生产车间
用　　途：服装　　　　　2011 年 12 月 07 日　　　　　第　　006 号

材料			单位	数量		单价	计划总成本								
编号	名称	规格		请领	实发		百	十	万	千	百	十	元	角	分
R07	松紧带		卷	110	110	75				8	2	5	0	0	0
合计							¥			8	2	5	0	0	0

领料人：林书敏　　　领料部门负责人：段成刚　　　发料人：赵志明　　　仓库负责人：杨延阳

会计联

表 8-131

领料单

领料部门：生产车间
用　　途：服装　　　　　2011 年 12 月 10 日　　　　　第　　007 号

材料			单位	数量		单价	计划总成本								
编号	名称	规格		请领	实发		百	十	万	千	百	十	元	角	分
R05	反光条		圈	564	564	40			2	2	5	6	0	0	0
合计							¥		2	2	5	6	0	0	0

领料人：林书敏　　　领料部门负责人：段成刚　　　发料人：赵志明　　　仓库负责人：杨延阳

会计联

表8-132

领料单

领料部门：生产车间
用　　途：服装　　　　　　2011年12月10日　　　　　　　　第　　008号

材料			单位	数量		单价	计划总成本								
编号	名称	规格		请领	实发		百	十	万	千	百	十	元	角	分
R08	线		塔	606	606	8				4	8	4	8	0	0
合计							￥			4	8	4	8	0	0

会计联

领料人：林书敏　　　领料部门负责人：段成刚　　　发料人：赵志明　　　仓库负责人：杨延阳

表8-133

领料单

领料部门：生产车间
用　　途：一般耗用　　　　2011年12月18日　　　　　　　　第　　009号

材料			单位	数量		单价	计划总成本								
编号	名称	规格		请领	实发		百	十	万	千	百	十	元	角	分
R09	311高级衣车油		瓶	6	6	105					6	3	0	0	0
合计							￥				6	3	0	0	0

会计联

领料人：林书敏　　　领料部门负责人：段成刚　　　发料人：赵志明　　　仓库负责人：杨延阳

表8-134

发出材料汇总表

2011年12月31日　　　　　　　　　　　　　　　　　　　　　　金额单位：元

材料 用途			生产产品耗用								车间一般耗用	
			男夏装		女夏装		男冬装		女冬装		产品共同耗用		
品名	单位	计划单价	数量	金额	数量	金额	数量	金额	数量	金额	数量	金额	数量	金额
全棉蓝薄水洗布	米	25.8												
全棉红薄水洗布	米	25.8												
全棉蓝厚水洗布	米	32.9												
全棉红厚水洗布	米	32.9												
扣子	包	10												
松紧带	卷	75												
反光条	圈	40												
线	塔	8												
311高级衣车油	瓶	105												
总计														

审核：李成功　　　　　　　　　　　　　　　　制单：马晓娟

表 8-135

生产车间材料费用分配表
2011 年 12 月 31 日　　　　　　　　　　金额单位：元

产品名称	本期投产量	间接计入											直接计入	材料费用合计
^	^	扣子			松紧带			反光条			线			^	^
^	^	单位消耗定额	分配率	分配额	单位消耗定额	分配率	分配额	单位消耗定额	分配率	分配额	单位消耗定额	分配率	分配额	^	^
男夏装	1 500	0.18			1			5.2			0.11				
女夏装	1 800	0.18			1			5.1			0.1				
男冬装	900	0.2			1.1			5.4			0.13				
女冬装	1 200	0.2			1			5.3			0.12				
小计															

审核：李成功　　　　　　　　　　　　　制单：马晓娟

业务 51：31 日，计算并结转本月发出材料成本差异（材料成本差异率计算表、发出材料成本差异计算表）

表 8-136

材料成本差异率计算表
2011 年 12 月 31 日　　　　　　　　　　金额单位：元

材料成本差异		原材料计划成本		材料成本差异率(%)
期初结存	本期增加	期初结存	本期增加	^

审核：李成功　　　　　　　　　　　　　制单：马晓娟

表 8-137

发出材料成本差异计算表
2011 年 12 月 31 日　　　　　　　　　　金额单位：元

车间名称	产品名称	计划成本	材料成本差异率	材料成本差异额
生产车间	男夏装			
^	女夏装			
^	男冬装			
^	女冬装			
^	小计			
制造费用				
合计				

审核：李成功　　　　　　　　　　　　　制单：马晓娟

业务 52：31 日，结转本月发出周转材料成本。（包装物领用单）

表 8—138

包装物领用单

领用部门：生产车间
用　　途：包装产品　　　　　　2011 年 12 月 10 日　　　　　　　　　　计量单位：包

品名	数量 请领	数量 实发	单位成本	总成本	备注
男夏装袋	20	15	5.00	75.00	
女夏装袋	18	18	5.00	90.00	
男冬装袋	11	9	6.00	54.00	
女冬装袋	15	12	6.00	72.00	
合计				291.00	

领料人：林书敏　　　领料部门负责人：段成刚　　　发料人：赵志明　　　仓库负责人：杨延阳

业务 53：31 日，分配并结转本月制造费用。（制造费用分配表）

表 8—139

制造费用分配表

2011 年 12 月 31 日　　　　　　　　　　金额单位：元

产品名称	分配标准（工时）	分配率	分配金额
男夏装	2 250		
女夏装	2 550		
男冬装	1 800		
女冬装	1 900		
合计	8 500		

审核：李成功　　　　　　　　　　　　　　　　　　　　　　　制单：马晓娟

注：分配率保留小数点后四位，分配金额保留小数点后两位，尾差计入女冬装。

业务 54：31 日，计算各工序在产品完工程度及月末在产品约当产量，计算并结转本月完工产品成本。（入库单 8 张、在产品约当产量计算表、完工产品与月末在产品成本分配表 4 张、产品成本汇总表）

> 各个成本项目的"单位成本"保留 4 位小数，"单位成本合计"保留 2 位小数，成本计算尾差计入完工产品成本。成本会计应登记约当产量计算表、产品成本汇总表。

表8-140

产成品入库单

交库单位：生产车间　　　　　2011年12月12日　　　　　　　　单号：111201

产品批号	产品名称	计量单位	交付数量	检验结果 合格	检验结果 不合格	实收数量
CP01	男夏装	套	500	500	0	500

交库人：胡杨　　　　　　　　　　　　　　　　　　仓库保管员：林华

会计联

表8-141

产成品入库单

交库单位：生产车间　　　　　2011年12月12日　　　　　　　　单号：111202

产品批号	产品名称	计量单位	交付数量	检验结果 合格	检验结果 不合格	实收数量
CP02	女夏装	套	800	800	0	800

交库人：胡杨　　　　　　　　　　　　　　　　　　仓库保管员：林华

会计联

表8-142

产成品入库单

交库单位：生产车间　　　　　2011年12月12日　　　　　　　　单号：111203

产品批号	产品名称	计量单位	交付数量	检验结果 合格	检验结果 不合格	实收数量
CP03	男冬装	套	500	500	0	500

交库人：胡杨　　　　　　　　　　　　　　　　　　仓库保管员：林华

会计联

表8—143

产成品入库单

交库单位:生产车间　　　　　2011年12月12日　　　　　　　　单号:111204

产品批号	产品名称	计量单位	交付数量	检验结果		实收数量
				合格	不合格	
CP04	女冬装	套	900	900	0	900

交库人:胡杨　　　　　　　　　　　　　　　　　仓库保管员:林华

会计联

表8—144

产成品入库单

交库单位:生产车间　　　　　2011年12月25日　　　　　　　　单号:111205

产品批号	产品名称	计量单位	交付数量	检验结果		实收数量
				合格	不合格	
CP05	男夏装	套	1 000	1 000	0	1 000

交库人:胡杨　　　　　　　　　　　　　　　　　仓库保管员:林华

会计联

表8—145

产成品入库单

交库单位:生产车间　　　　　2011年12月25日　　　　　　　　单号:111206

产品批号	产品名称	计量单位	交付数量	检验结果		实收数量
				合格	不合格	
CP06	女夏装	套	1 000	1 000	0	1 000

交库人:胡杨　　　　　　　　　　　　　　　　　仓库保管员:林华

会计联

表 8-146

产成品入库单

交库单位：生产车间　　　　2011 年 12 月 25 日　　　　　　　　单号：111207

产品批号	产品名称	计量单位	交付数量	检验结果 合格	检验结果 不合格	实收数量
CP07	男冬装	套	1 000	1 000	0	1 000

会计联

交库人：胡杨　　　　　　　　　　　　　　　　　　仓库保管员：林华

表 8-147

产成品入库单

交库单位：生产车间　　　　2011 年 12 月 25 日　　　　　　　　单号：111208

产品批号	产品名称	计量单位	交付数量	检验结果 合格	检验结果 不合格	实收数量
CP08	女冬装	套	180	180	0	180

会计联

交库人：胡杨　　　　　　　　　　　　　　　　　　仓库保管员：林华

表 8-148

期末在产品约当产量计算表

产品名称：女冬装　　　　2011 年 12 月 31 日　　　　　　　　计量单位：套

工序	工序名称	定额工时（分钟）	完工程度	期末在产品数量	在产品约当产量
1	验布	4			
2	裁布	4		10	
3	缝纫	84		100	
4	锁眼钉扣	4		10	
5	检验包装	4			
合计		100		120	

审核：李成功　　　　　　　　　　　　　　　　　　制单：马晓娟

表 8-149

产品成本计算单

车间：生产车间
产品：男夏装　　　　　　　　　2011 年 12 月 31 日　　　　　　　　　完工产品：1 500

成本项目	月初在产品成本	本月发生费用	生产费用合计	期末在产品约当产量	完工产品产量	完工产品总成本	单位成本	期末在产品成本
直接材料								
直接人工								
制造费用								
合计								

审核：李成功　　　　　　　　　　　　　　　　　　　　　制单：马晓娟

表 8-150

产品成本计算单

车间：生产车间
产品：女夏装　　　　　　　　　2011 年 12 月 31 日　　　　　　　　　完工产品：1 800

成本项目	月初在产品成本	本月发生费用	生产费用合计	期末在产品约当产量	完工产品产量	完工产品总成本	单位成本	期末在产品成本
直接材料								
直接人工								
制造费用								
合计								

审核：李成功　　　　　　　　　　　　　　　　　　　　　制单：马晓娟

表 8-151

产品成本计算单

车间：生产车间
产品：男冬装　　　　　　　　　2011 年 12 月 31 日　　　　　　　　　完工产品：1 500

成本项目	月初在产品成本	本月发生费用	生产费用合计	期末在产品约当产量	完工产品产量	完工产品总成本	单位成本	期末在产品成本
直接材料	74 532.00							
直接人工	14 250.00							
制造费用	2 536.50							
合计	91 318.50							

审核：李成功　　　　　　　　　　　　　　　　　　　　　制单：马晓娟

表 8-152

产品成本计算单

车间：生产车间
产品：女冬装　　　　　　　　　2011 年 12 月 31 日　　　　　　　　　完工产品：1 080

成本项目	月初在产品成本	本月发生费用	生产费用合计	期末在产品约当产量	完工产品产量	完工产品总成本	单位成本	期末在产品成本
直接材料								
直接人工								
制造费用								
合计								

审核：李成功　　　　　　　　　　　　　　　　　　　　　制单：马晓娟

表8-153

产品成本汇总表

编制单位:太原艾丽制衣有限责任公司　　2011年12月31日　　　　　　　　金额单位:元

项目	男夏装	女夏装	男冬装	女冬装	合计
期初在产品成本					
本期生产费用					
生产费用合计					
期末完工产品成本					
期末在产品成本					

审核:李成功　　　　　　　　　　　　　　　　　　制单:马晓娟

业务55:31日,结转本月销售产品成本,单位成本保留两位小数,计算尾差计入销售产品成本。(出库单3张、销售产品成本计算表)

表8-154

出　库　单

出货单位:太原艾丽制衣有限责任公司　　2011年12月31日　　　　单号:001
提货单位或领货部门:北京市海淀区劳保用品中心　　销售单号:001　　发出仓库:产品库

编号	名称及规格	单位	数量
FZ01	男夏装	套	800
FZ02	女夏装	套	600
FZ03	男冬装	套	600
FZ04	女冬装	套	800
合计			2 800

会计联

经办人:谢成　　销售部门负责人:张春林　　仓库管理员:冯静　　仓库负责人:杨延阳

表8-155

出　库　单

出货单位:太原艾丽制衣有限责任公司　　2011年12月26日　　　　单号:002
提货单位或领货部门:陕西劳保用品公司　　销售单号:002　　　　发出仓库:产品库

编号	名称及规格	单位	数量
FZ01	男夏装	套	1 000
FZ02	女夏装	套	800
FZ03	男冬装	套	700
FZ04	女冬装	套	900
合计			3 400

会计联

经办人:谢成　　销售部门负责人:张春林　　仓库管理员:冯静　　仓库负责人:杨延阳

表8-156

出　库　单

出货单位：太原艾丽制衣有限责任公司　　2011年12月29日　　　　单号：003
提货单位或领货部门：东盛实业有限公司　　销售单号：003　　　发出仓库：产品库

编号	名称及规格	单位	数量
FZ02	女夏装	套	300
合计			300

会计联

经办人：谢成　　销售部门负责人：张春林　　仓库管理员：冯静　　仓库负责人：杨延阳

表8-157

销售成本计算表

2011年12月31日　　　　　　　　　　　　　　　　金额单位：元

产品	期初结存数量	本期完工产量	本期销售数量	期末结存数量	期初结存成本	完工产品成本	单位成本（加权）	期末存货	销售成本
男夏装	456	1 500	1 800		72 244.08				
女夏装	386	1 800	1 700		58 502.16				
男冬装	209	1 500	1 300		39 808.23				
女冬装	700	1 080	1 700		126 329.00				
合计					296 946.47				

审核：李成功　　　　　　　　　　　　　　　　制单：陈中华

业务56： 31日，结转新产品研究阶段发生的费用化支出。

业务57： 31日，确认对联营企业太原晋通实业公司的投资收益。（确认投资收益相关说明）

表8-158

确认投资收益相关说明

　　由于本公司的联营企业太原晋通实业有限公司2011年实现净利润4 765 870.20元，本公司持股比例25%，为此应确认相应的投资收益。本年投资双方会计政策一致、无相互贸易往来，企业取得该长期股权投资时资产、负债的账面价值与公允价值一致，投资双方企业所得税税率一致。

　　会计主管：李成功
　　总经理：周志强

　　　　　　　　　　　　　　　　　　　　　　太原艾丽制衣有限责任公司财务部
　　　　　　　　　　　　　　　　　　　　　　　　2011年12月31日

业务 58:31 日,经测试,本年度单项金额重大的应收款项的未来现金流量的现值均不小于其账面价值,计提应收账款坏账准备。(坏账损失计算表)

表 8-159

坏账损失计算表

2011 年 12 月 31 日　　　　　　　　　　　金额单位:元

公司名称	应收账款	账龄	比例	估计坏账损失额	坏账准备账户期初余额（贷方）	本期应计提额
宏达公司	126 755.00	逾期 2 个月	2%			
华伟公司	56 432.00	逾期 4 个月	4%			
红盛公司	56 652.00	逾期 10 个月	6%			
百成公司	658 762.00	逾期 13 个月	10%			
际宇公司	76 854.00	逾期 19 个月	12%			
新华公司	67 540.00	逾期 1 个月	2%			
合计						

审核:李成功　　　　　　　　　　　　　　　　制单:陈中华

业务 59:31 日,核算可供出售金融资产及投资性房地产公允价值变动。(公允价值变动计算表)

表 8-160

公允价值变动计算表

2011 年 12 月 31 日　　　　　　　　　　　金额单位:元

资产名称	账面价值	公允价值	公允价值变动
可供出售金融资产	108 432.00	112 000.00	3 568.00
投资性房地产	7 864 300.00	8 254 000.00	389 700.00

审核:李成功　　　　　　　　　　　　　　　　制单:陈中华

业务 60:31 日,计算并结转本月未交增值税。(未交增值税计算表)

表 8-161

未交增值税计算表

编制单位:太原艾丽制衣有限责任公司　　2011 年 12 月　　　　　金额单位:元

项目	进项税额	销项税额	未交增值税
金额			
合计			

审核:李成功　　　　　　　　　　　　　　　　制单:陈中华

业务 61：31 日，计提本月应交营业税及应交城市维护建设税与教育费附加。（应交营业税计算表、应交城市维护建设税与教育费附加计算表）

表 8-162

应交营业税计算表

2011 年 12 月 31 日　　　　　　　　　　　　　　　　　　金额单位：元

经营项目	应税营业额	税率	应交营业税额
专利使用费			

审核：李成功　　　　　　　　　　　　　　　　　　制单：陈中华

表 8-163

应交城市维护建设税与教育费附加计算表

2011 年 12 月 31 日　　　　　　　　　　　　　　　　　　金额单位：元

税目	计税依据	计税金额	税率	应纳税额
城建税	增值税		7%	
	营业税		7%	
	小计			
教育费附加	增值税		3%	
	营业税		3%	
	小计			

审核：李成功　　　　　　　　　　　　　　　　　　制单：陈中华

业务 62：31 日，计提应交财产税。（应交财产税计算表）

公司年初拥有房产原值 4 750 000 元，地产原值为 4 500 000 元，本年 1~11 月无增减变动，房产余值扣除比例为 30%；公司土地使用面积 12 000 平方米，土地使用税 2 元/平方米。

表 8-164

车船税 2011 年税目税额及企业车辆情况表

税目	税额（元/辆）	数量（辆）
1.0 升（含）以下	30.00	2
1.0 升以上	360.00	5

表8—165

应交财产税计算表

2011年12月31日　　　　　　　　　　　　　　　金额单位:元

税种	应纳税额计算								
房产税	征收方式	从价计征			从租计征			应纳房产税税额合计	
^	项目	房产原值	房产余值	税率	应纳税额	租金收入	税率	应纳税额	^
^	金额	9 250 000.00							
车船税	税目	计税单位		单位税额	数量		税额		应纳车船税税额合计
^	载客人数9人(含)以下: 1.0升(含)以下								
^	1.0升以上								
土地使用税	应税面积(平方米)				税率(元/平方米)				应纳土地使用税税额
^									
应交财产税总额									

审核:李成功　　　　　　　　　　　　　　　　　制单:陈中华

业务63:31日,损益类(收入)账户结转(只填写总账科目)。
业务64:31日,损益类(费用支出)账户结转(只填写总账科目)。
业务65:31日,预缴第四季度所得税。(电子缴税付款回单)

表8—166

中国工商银行电子缴税回单

转账日期:2011年12月31日

纳税人全称及纳税人识别号:太原艾丽制衣有限责任公司　140102244212428
付款人全称:太原艾丽制衣有限责任公司
付款人账号:6222464654546447　　　　　征收机关名称:太原市虎峪区国家税务局
付款人开户银行:中国工商银行太原晋源支行　收款国库(银行)名称:国家金库太原市虎峪区支库
小写(合计)金额:¥658 374.07　　　　　缴款书交易流水号:29710808790
大写(合计)金额:人民币陆拾伍万捌仟叁佰柒拾肆元零柒分　税票号码:14019797137627

税(费)种名称　　　　　所属时期　　　　　　实缴金额
企业所得税　　　　　　20111001—20111231　　658 374.07

第1次打印　　　　　打印日期:2011年12月31日

业务 66:31 日,计提本年度所得税费用和应交所得税。(企业所得税计算表)

> 除下列说明及 12 月份业务外,本年无其他所得税纳税调整事项:
> 1. 本年度业务招待费支出为 76 560 元,本年度 1~11 月份营业收入总额为 20 560 789.44 元;
> 2. 本年度确认的对联营企业(太原晋通实业有限公司)的投资收益,不确认相关的所得税影响;
> 3. 以前年度尚未弥补亏损 34 787 元,可在税前扣除;
> 4. 1~11 月份所发生的营业外支出可在税前扣除;
> 5. 1~11 月份发生的投资收益须计入应纳税所得额。

表 8—167

应交所得税计算表

2011 年 12 月 31 日　　　　　　　　　　　　　　　　金额单位:元

项目	账面价值	计税基础	可抵扣暂时性差异	应纳税暂时性差异	纳税调整增减额
捐赠支出					
技术开发费					
业务招待费					
投资收益					
应收账款					
可供出售金融资产					
投资性房地产					
可抵扣亏损					
小计					

年度利润总额	应纳税所得额	应交所得税	递延所得税资产		递延所得税负债	
			期初	期末	期初	期末
所得税费用						
资本公积——其他资本公积						

审核:李成功　　　　　　　　　　　　　　　制单:陈中华

业务 67:31 日,结转所得税费用。
业务 68:31 日,结转本年利润。
业务 69:31 日,计提法定盈余公积金。(盈余公积计提表)

表 8—168

盈余公积计提表

2011 年 12 月 31 日　　　　　　　　　　　　　　　　金额单位:元

项目	金额
计提基数	6 876 944.23
提取法定盈余公积(10%)	687 694.42

审核:李成功　　　　　　　　　　　　　　　制单:陈中华

业务 70:31 日,结转利润分配明细账户余额。

实训一参考答案

一、银行结算业务实训

1

付 款 凭 证
DISBURSEMENT VOUCHER

第 1 号 VOUCHER NO.

贷方科目 CREDIT　A/C 银行存款　DATE　2010 年 7 月 2 日　　总 号 GEN.NO.

对方单位或领款人(PAYEE)	摘要 EXPLANATION	借方科目 DEBIT 总账科目 GEN.LEG	借方科目 DEBIT 明细科目 SUB.LEG	金额 AMOUNT	记账 R.R.
	购买支票	财务费用	手续费	30 00	
			工本费	10 00	
	合 计　TOTAL			¥40 00	

核准 APPROVED　复核 CHECKED　记账 ENTERED　出纳 CASHIER　制单 PREPAR　略

附单据 1 张　ATTACHMENTS

2

付 款 凭 证
DISBURSEMENT VOUCHER

第 5 号 VOUCHER NO.

贷方科目 CREDIT　A/C 银行存款　DATE　2010 年 7 月 8 日　　总 号 GEN.NO.

对方单位或领款人(PAYEE)	摘要 EXPLANATION	借方科目 DEBIT 总账科目 GEN.LEG	借方科目 DEBIT 明细科目 SUB.LEG	金额 AMOUNT	记账 R.R.
	预付货款	预付账款	南方纺织有限公司	2000 00	
		财务费用	手续费	5 50	
	合 计　TOTAL			¥2005 50	

核准 APPROVED　复核 CHECKED　记账 ENTERED　出纳 CASHIER　制单 PREPAR　略

附单据 2 张　ATTACHMENTS

3

付 款 凭 证
DIS BURSEMENT VOUCHER

第 6 号 VOUCHER NO.

贷方科目 CREDIT　A/C 银行存款　DATE　2010 年 7 月 9 日　　总 号 GEN.NO.

对方单位或领款人(PAYEE)	摘要 EXPLANATION	借方科目 DEBIT 总账科目 GEN.LEG	明细科目 SUB.LEG	金额 AMOUNT	记账 R.R.
	购材料	在途物资	辅助材料	1 2 0 0 0 0 0	
		应交税金	增值税(进项)	2 0 4 0 0 0	
	合 计 TOTAL			¥ 1 4 0 4 0 0 0	

附单据 2 张 ATTACHMENTS

核准 APPROVED　复核 CHECKED　记账 ENTERED　出纳 CASHIER　制单 PREPAR 略

4　见转账凭证

5

收 款 凭 证
RECEIVING VOUCHER

第 2 号 VOUCHER NO.

借方科目 DEBIT　A/C 银行存款　DATE　2010 年 7 月 25 日　　总 号 GEN.NO.

对方单位或领款人(PAYEE)	摘要 EXPLANATION	贷方科目 CREDIT 总账科目 GEN.LEG	明细科目 SUB.LEG	金额 AMOUNT	记账 R.
	销售	主营业务收入	烟台仪表厂	9 6 0 0 0 0	
		应交税费	增值税(销项)	1 6 3 2 0 0	
	合 计 TOTAL			¥ 1 1 2 3 2 0 0	

附单据 2 张 ATTACHMENTS

核准 APPROVED　复核 CHECKED　记账 ENTERED　出纳 CASHIER　制单 PREPAR 略

二、现金收付业务实训要求（二）参考答案

1

付款凭证
DIS BURSEMENT VOUCHER

第 2 号 VOUCHER NO.

贷方科目 CREDIT　A/C 银行存款　DATE　2010 年 7 月 4 日　总 号 GEN.NO.

对方单位或领款人(PAYEE)	摘要 EXPLANATION	借方科目 DEBIT 总账科目 GEN.LEG	明细科目 SUB.LEG	金额 AMOUNT	记账 R.R.
	提现金	库存现金		5 000 00	
	合 计 TOTAL			¥5 000 00	

附单据 1 张 ATTACHMENTS

核准 APPROVED　复核 CHECKED　记账 ENTERED　出纳 CASHIER　制单 PREPAR　略

2

付款凭证
DIS BURSEMENT VOUCHER

第 4 号 VOUCHER NO.

贷方科目 CREDIT　A/C 库存现金　DATE　2010 年 7 月 5 日　总 号 GEN.NO.

对方单位或领款人(PAYEE)	摘要 EXPLANATION	借方科目 DEBIT 总账科目 GEN.LEG	明细科目 SUB.LEG	金额 AMOUNT	记账 R.R.
	购办公用品	管理费用	办公费	240 00	
	合 计 TOTAL			¥240 00	

附单据 1 张 ATTACHMENTS

核准 APPROVED　复核 CHECKED　记账 ENTERED　出纳 CASHIER　制单 PREPAR　略

3

收 款 凭 证
RECEIVING VOUCHER

第 1 号 VOUCHER NO.

借方科目 DEBIT A/C 银行存款 DATE 2010 年 7 月 10 日 总 号 GEN.NO.

对方单位或领款人 (PAYEE)	摘要 EXPLANATION	贷方科目 CREDIT 总账科目 GEN.LEG	明细科目 SUB.LEG	金额 AMOUNT	记账 R.R.
	销售边角料	其他业务收入		194 17	
		应缴税费	增值税（销项）	5 83	
	合 计 TOTAL			¥200 00	

附单据 2 张 ATTACHMENTS

核准 APPROVED　复核 CHECKED　记账 ENTERED　出纳 CASHIER　制单 PREPAR 略

4

付 款 凭 证
DISBURSEMENT VOUCHER

第 7 号 VOUCHER NO.

贷方科目 CREDIT A/C 库存现金 DATE 2010 年 7 月 16 日 总 号 GEN.NO.

对方单位或领款人 (PAYEE)	摘要 EXPLANATION	借方科目 DEBIT 总账科目 GEN.LEG	明细科目 SUB.LEG	金额 AMOUNT	记账 R.R.
	报销餐费	管理费用	招待费	357 00	
	合 计 TOTAL			¥357 00	

附单据 1 张 ATTACHMENTS

核准 APPROVED　复核 CHECKED　记账 ENTERED　出纳 CASHIER　制单 PREPAR 略

三、差旅费报销业务实训参考答案

1

付 款 凭 证
DISBURSEMENT VOUCHER

第 3 号　VOUCHER NO.

贷方科目 CREDIT　A/C 库存现金　DATE　2010 年 7 月 4 日　总　号 GEN.NO.

对方单位或领款人(PAYEE)	摘要 EXPLANATION	借方科目 DEBIT		金额 AMOUNT									记账 R.R.
^	^	总账科目 GEN.LEG	明细科目 SUB.LEG			5	0	0	0	0	0	
	借差旅费	其他应收款	吴友朋			5	0	0	0	0	0	
合　计　TOTAL				¥		5	0	0	0	0	0	

附单据 1 张 ATTACHMENTS

核准 APPROVED　复核 CHECKED　记账 ENTERED　出纳 CASHIER　制单 PREPAR 略

2 若余款收回

收 款 凭 证
RECEIVING VOUCHER

第 3 号　VOUCHER NO.

借方科目 DEBIT　A/C 库存现金　DATE　2010 年 7 月 20 日　总　号 GEN.NO.

对方单位或缴款人(PAYEE)	摘要 EXPLANATION	贷方科目 CREDIT		金额 AMOUNT									记账 R.R.
^	^	总账科目 GEN.LEG	明细科目 SUB.LEG			1	1	9	0	0	0	
	差旅费余款	其他应收款	吴友朋			1	1	9	0	0	0	
合　计　TOTAL				¥		1	1	9	0	0	0	

附单据　张 ATTACHMENTS

核准 APPROVED　复核 CHECKED　记账 ENTERED　出纳 CASHIER　制单 PREPAR 略

3 报销差旅费见转账凭证

四、现金清查业务实训参考答案

1

付款凭证
DISBURSEMENT VOUCHER

第 8 号 VOUCHER NO.

贷方科目 CREDIT　A/C 库存现金　DATE　2010 年 7 月 15 日　　总 号 GEN.NO.

对方单位或领款人(PAYEE)	摘要 EXPLANATION	借方科目 DEBIT 总账科目 GEN.LEG	明细科目 SUB.LEG	金额 AMOUNT	记账 R.R.
	盘亏现金	待处理财产损溢		256 00	
	合　计　TOTAL			¥256 00	

核准 APPROVED　复核 CHECKED　记账 ENTERED　出纳 CASHIER　制单 PREPAR 略

附单据 1 张　ATTACHMENTS

2

收款凭证
RECEIVING VOUCHER

第 5 号 VOUCHER NO.

借方科目 DEBIT　A/C 银行存款　DATE　2010 年 7 月 16 日　　总 号 GEN.NO.

对方单位或缴款人(PAYEE)	摘要 EXPLANATION	贷方科目 CREDIT 总账科目 GEN.LEG	明细科目 SUB.LEG	金额 AMOUNT	记账 R.R.
	更正错账	其他业务收入		194 17	
		应缴税费	增值税(销项)	5 83	
	合　计　TOTAL			¥200 00	

核准 APPROVED　复核 CHECKED　记账 ENTERED　出纳 CASHIER　制单 PREPAR 略

附单据 张　ATTACHMENTS

3 见转账凭证

五、银行结算业务实训要求 2 参考答案

4

转 账 凭 证
JOURNAL VOUCHER

第 1 号 VOUCHER NO.
总 号 GEN.NO.

DATE 2010 年 7 月 10 日

摘要 EXPLANATION	总账科目 GEN.LEG.A/C	明细科目 SUB.LEG.A/C	借方 DEBIT	贷方 CREDIT	记账 R.R.
	固定资产	清华同方	8 0 0 0 0 0		
	应交税费	增值税(进项)	1 3 6 0 0 0		
	应付票据	威海科星电脑		9 3 6 0 0 0	
	合计 TOTAL		¥ 9 3 6 0 0 0	¥ 9 3 6 0 0 0	

核准 APPROVED　　复核 CHECKED　　记账 ENTERED　　制单 PREPARED 略

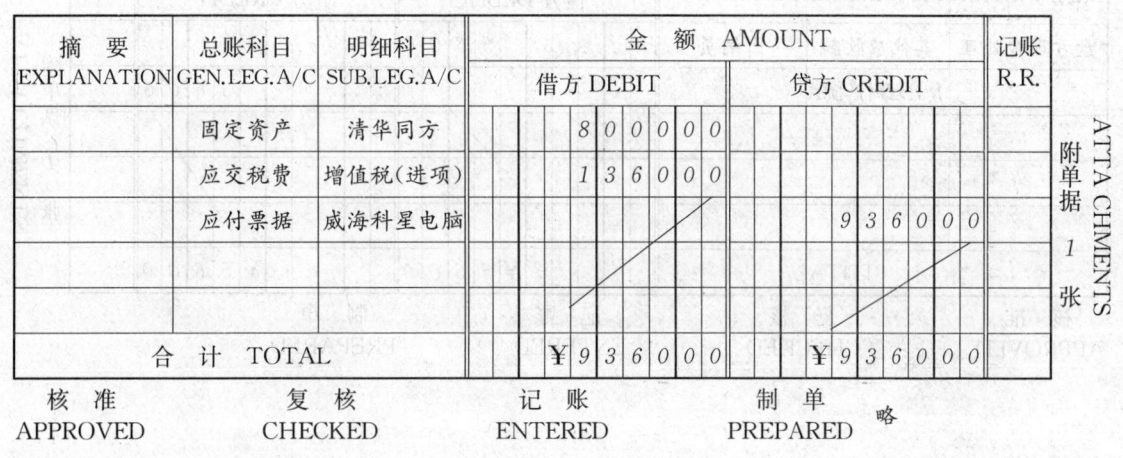

附单据 1 张

六、差旅费报销业务实训要求 2 参考答案

2

转 账 凭 证
JOURNAL VOUCHER

第 2 号 VOUCHER NO.
总 号 GEN.NO.

DATE 2010 年 7 月 20 日

摘要 EXPLANATION	总账科目 GEN.LEG.A/C	明细科目 SUB.LEG.A/C	借方 DEBIT	贷方 CREDIT	记账 R.R.
报销差旅费	管理费用	差旅费	3 8 1 0 0 0		
	其他应收款	吴友朋		3 8 1 0 0 0	
	合计 TOTAL		¥ 3 8 1 0 0 0	¥ 3 8 1 0 0 0	

核准 APPROVED　　复核 CHECKED　　记账 ENTERED　　制单 PREPARED

附单据 1 张

七、现金清查业务实训参考答案

2

转 账 凭 证
JOURNAL VOUCHER

第 7 号　VOUCHER NO.
总　号　GEN.NO.

DATE 2010 年 7 月 16 日

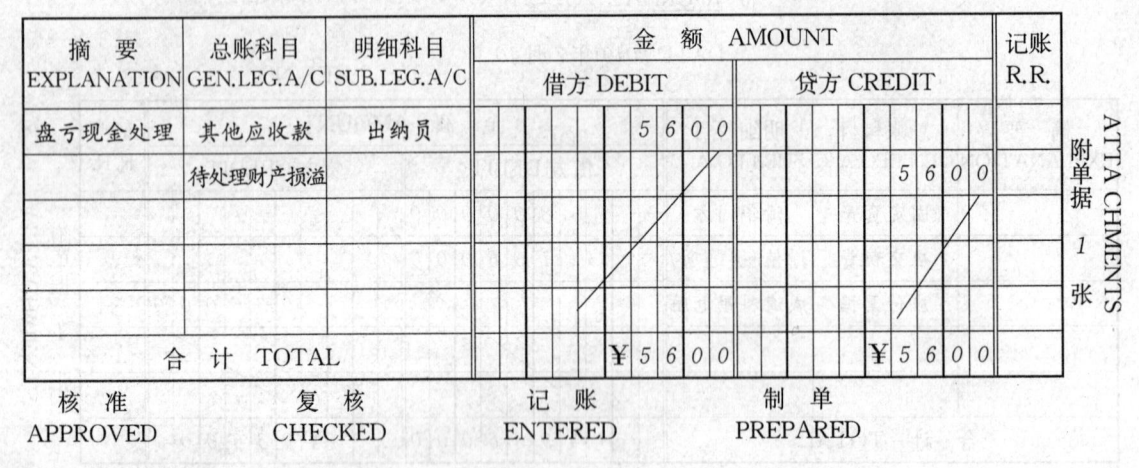

摘要 EXPLANATION	总账科目 GEN.LEG.A/C	明细科目 SUB.LEG.A/C	借方 DEBIT	贷方 CREDIT	记账 R.R.
盘亏现金处理	其他应收款	出纳员	56 00		
	待处理财产损溢			56 00	
合　计 TOTAL			¥56 00	¥56 00	

附单据 1 张　ATTACHMENTS

核准 APPROVED　　复核 CHECKED　　记账 ENTERED　　制单 PREPARED

现金日记账

2010年		凭证字	号数	摘要	对方科目	借方 千百十万千百十元角分	贷方 千百十万千百十元角分	余额 千百十万千百十元角分	√
月	日								
1	1			上年结转				7 5 0 0 0 0	√
				……					
				……					
6	31			本月合计(略)				5 8 0 0 0 0	
				累计(略)				8 3 5 0 0 0	
								8 3 5 0 0 0	
7	4	付	2	提现		5 0 0 0 0 0			√
7	4	付	3	付差旅费			5 0 0 0 0		√
7	5	付	4	购办公用品			2 4 0 0 0		√
7	16	付	7	报销餐费			3 5 7 0 0		√
7	20	收	3	差旅费余款		1 1 9 0 0 0		8 9 4 3 0 0	
				本月合计		6 1 9 0 0 0	5 5 9 7 0 0	8 9 4 3 0 0	
				本年累计(略)					

银行存款日记账

2010年		凭证		摘要	对方科目	借方 千百十万千百十元角分	贷方 千百十万千百十元角分	余额 千百十万千百十元角分	√
月	日	字	号数						
1	1			上年结转				8 6 7 3 5 0 0 0	√
				……					
				……					
6	31			本月合计(略)				5 4 3 7 0 0 0 0	
				本年累计(略)				5 4 3 7 0 0 0 0	
7	2	付	1	购支票			4 0 0 0 0	5 4 3 7 0 0 0 0	√
7	4	付	2	提现			5 0 0 0 5 5 0		√
7	8	付	5	预付货款			2 0 0 5 5 0		√
7	9	付	6	购料			1 4 0 4 0 0 0		√
7	10	收	1	销售		2 0 0 0 0 0			√
7	25	收	2	销售		1 1 2 3 2 0 0			√
				本月合计		1 1 4 3 2 0 0	2 1 0 8 5 5 0	5 3 4 0 4 6 5 0	
				本年累计(略)					

实训二参考答案

一、初始投资业务

记 账 凭 证

2007 年 6 月 12 日

总字　号
记字　号

摘要	会计科目		借方金额	贷方金额	记账
	总账科目	明细科目	百十万千百十元角分	百十万千百十元角分	
投入资本	银行存款	建行	7 0 0 0 0 0 0 0		
	实收资本	张锦秀		3 0 0 0 0 0 0 0	
	实收资本	徐筱尚		4 0 0 0 0 0 0 0	
	合计金额		¥ 7 0 0 0 0 0 0 0	¥ 7 0 0 0 0 0 0 0	

附件 4 张

会计主管：　　　记账：　　　稽核：　　　出纳：　　　制单:略

记 账 凭 证

2007 年 6 月 15 日

总字　号
记字　号

摘要	会计科目		借方金额	贷方金额	记账
	总账科目	明细科目	百十万千百十元角分	百十万千百十元角分	
投入资本	固定资产	机器设备	3 1 2 0 0 0 0 0		
	实收资本	张锦秀		3 0 0 0 0 0 0 0	
	其他应付款	张锦秀		1 2 0 0 0 0 0	
	合计金额		¥ 3 1 2 0 0 0 0 0	¥ 3 1 2 0 0 0 0 0	

附件 2 张

会计主管：　　　记账：　　　稽核：　　　出纳：　　　制单：

二、增加注册资本业务

记 账 凭 证

总字　号
记字　号

2010 年 8 月 10 日

摘要	会计科目		借方金额	贷方金额	记账
	总账科目	明细科目	百十万千百十元角分	百十万千百十元角分	
投入资本(增资)	银行存款	工行	1 0 8 0 0 0 0 0 0		
	实收资本	张锦秀		4 0 0 0 0 0 0 0	
	实收资本	徐筱尚		2 0 0 0 0 0 0 0	
	实收资本	华宇贸易		4 0 0 0 0 0 0 0	
	资本公积	资本溢价		8 0 0 0 0 0 0	
	合计金额		1 0 8 0 0 0 0 0 0	1 0 8 0 0 0 0 0 0	

附件 1 张

会计主管：　　记账：　　稽核：　　出纳：　　制单：

三、银行借款业务

记 账 凭 证

总字　号
记字　号

2010 年 7 月 1 日

摘要	会计科目		借方金额	贷方金额	记账
	总账科目	明细科目	百十万千百十元角分	百十万千百十元角分	
借款	银行存款	工行	5 0 0 0 0 0 0 0		
	短期借款	工行		5 0 0 0 0 0 0 0	
	合计金额		¥ 5 0 0 0 0 0 0 0	¥ 5 0 0 0 0 0 0 0	

附件 2 张

会计主管：　　记账：　　稽核：　　出纳：　　制单：

记 账 凭 证

2010 年 7 月 31 日

总字　号
记字　号

摘要	会计科目		借方金额	贷方金额	记账
	总账科目	明细科目	百十万千百十元角分	百十万千百十元角分	
预提利息	财务费用	利息支出	4 5 0 0 0 0		
	应付利息	工行		4 5 0 0 0 0	
	合计金额		¥ 4 5 0 0 0 0	¥ 4 5 0 0 0 0	

附件 1 张

会计主管：　　记账：　　稽核：　　出纳：　　制单：

记 账 凭 证

2010 年 9 月 30 日

总字　号
记字　号

摘要	会计科目		借方金额	贷方金额	记账
	总账科目	明细科目	百十万千百十元角分	百十万千百十元角分	
支付利息	财务费用	利息支出	4 5 0 0 0 0		
	应付利息	工行	9 0 0 0 0 0		
	银行存款	工行		1 3 5 0 0 0 0	
	合计金额		¥ 1 3 5 0 0 0 0	¥ 1 3 5 0 0 0 0	

附件 1 张

会计主管：　　记账：　　稽核：　　出纳：　　制单：

记 账 凭 证

2010 年 12 月 31 日

总字　号
记字　号

摘要	会计科目		借方金额	贷方金额	记账
	总账科目	明细科目	百十万千百十元角分	百十万千百十元角分	
支付利息	短期借款	工行	5 0 0 0 0 0 0 0		
	财务费用	利息支出	4 5 0 0 0 0		
	应付利息	工行	9 0 0 0 0 0		
	银行存款	工行		5 1 3 5 0 0 0 0	
	合计金额		¥ 5 1 3 5 0 0 0 0	¥ 5 1 3 5 0 0 0 0	

附件 2 张

会计主管：　　记账：　　稽核：　　出纳：　　制单：

记 账 凭 证

2010 年 7 月 1 日

总字　　号
记字　　号

摘　要	会计科目		借方金额	贷方金额	记账
	总账科目	明细科目	百十万千百十元角分	百十万千百十元角分	
借款	银行存款	工行	1 0 0 0 0 0 0 0 0		
	长期借款	工行		1 0 0 0 0 0 0 0 0	
	合计金额		1 0 0 0 0 0 0 0 0	1 0 0 0 0 0 0 0 0	

附件 2 张

会计主管：　　　记账：　　　稽核：　　　出纳：　　　制单：

记 账 凭 证

2010 年 12 月 31 日

总字　　号
记字　　号

摘　要	会计科目		借方金额	贷方金额	记账
	总账科目	明细科目	百十万千百十元角分	百十万千百十元角分	
预提利息	在建工程	生产线	4 0 0 0 0 0 0		
7～12 月	长期借款	工行借款利息		4 0 0 0 0 0 0	
	合计金额		¥ 4 0 0 0 0 0 0	¥ 4 0 0 0 0 0 0	

附件 1 张

会计主管：　　　记账：　　　稽核：　　　出纳：　　　制单：

记 账 凭 证

2010 年 12 月 31 日

总字　　号
记字　　号

摘　要	会计科目		借方金额	贷方金额	记账
	总账科目	明细科目	百十万千百十元角分	百十万千百十元角分	
预提利息	在建工程	生产线	4 0 0 0 0 0 0		
	财务费用	利息支出	4 0 0 0 0 0 0		
	长期借款	工行借款利息		8 0 0 0 0 0 0	
	合计金额		¥ 8 0 0 0 0 0 0	¥ 8 0 0 0 0 0 0	

附件 1 张

会计主管：　　　记账：　　　稽核：　　　出纳：　　　制单：

记 账 凭 证

2013 年 6 月 30 日

总字　　号
记字　　号

摘要	会计科目		borrowed方金额	贷方金额	记账
	总账科目	明细科目	百十万千百十元角分	百十万千百十元角分	
还借款本息	长期借款	工行借款利息	1 2 4 0 0 0 0 0		
	银行存款	工行借款利息		1 2 4 0 0 0 0 0	
	合计金额		1 2 4 0 0 0 0 0	1 2 4 0 0 0 0 0	

附件 1 张

会计主管：　　　记账：　　　稽核：　　　出纳：　　　制单：

实训三参考答案

一、实际成本法——材料收发业务实训

记 账 凭 证

总字　　号
2010 年 7 月 5 日　　　　　　　　　　　　　　　　记字 5 号

摘要	会计科目		借方金额	贷方金额	记账
	总账科目	明细科目	百十万千百十元角分	百十万千百十元角分	
购料	在途物资	600g红毛涤面料	2 5 7 0 2 7 0		
	应交税费	增值税进项	4 2 0 7 3 0		
	银行存款			2 9 9 1 0 0 0	
	合计金额		¥ 2 9 9 1 0 0 0	¥ 2 9 9 1 0 0 0	

附件 4 张

会计主管：　　记账：　　稽核：　　出纳：　　制单：略

记 账 凭 证

总字　　号
2010 年 7 月 8 日　　　　　　　　　　　　　　　　记字 6 号

摘要	会计科目		借方金额	贷方金额	记账
	总账科目	明细科目	百十万千百十元角分	百十万千百十元角分	
购料	原材料	600g红毛涤面料	1 2 5 0 0 0 0		✓
	应交税费	增值税进项	2 1 2 5 0 0		
	银行存款			1 4 6 2 5 0 0	
	合计金额		¥ 1 4 6 2 5 0 0	¥ 1 4 6 2 5 0 0	

附件 2 张

会计主管：　　记账：　　稽核：　　出纳：　　制单：

记 账 凭 证

总字　号
2010 年 7 月 10 日　　　　　记字 7 号

摘要	会计科目		借方金额	贷方金额	记账
	总账科目	明细科目	百十万千百十元角分	百十万千百十元角分	
材料入库	原材料	600g 红毛涤面料	2 5 7 0 2 7 0		√
	在途物资	600g 红毛涤面料		2 5 7 0 2 7 0	
	合计金额		¥2 5 7 0 2 7 0	¥2 5 7 0 2 7 0	

附件 1 张

会计主管：　　　记账：　　　稽核：　　　出纳：　　　制单：

记 账 凭 证

总字　号
2010 年 7 月 20 日　　　　　记字 12 号

摘要	会计科目		借方金额	贷方金额	记账
	总账科目	明细科目	百十万千百十元角分	百十万千百十元角分	
购料	原材料	600g 红毛涤面料	7 2 0 0 0 0		√
	应交税费	增值税进项	1 2 2 4 0 0		
	银行存款			8 4 2 4 0 0	
	合计金额		¥8 4 2 4 0 0	¥8 4 2 4 0 0	

附件 2 张

会计主管：　　　记账：　　　稽核：　　　出纳：　　　制单：

记 账 凭 证

总字　号
2010 年 7 月 31 日　　　　　记字 25 号

摘要	会计科目		借方金额	贷方金额	记账
	总账科目	明细科目	百十万千百十元角分	百十万千百十元角分	
料到账单未到	原材料	黑色毛料	7 0 0 0 0 0		√
	应付账款	暂估应付账款		7 0 0 0 0 0	
	合计金额		¥7 0 0 0 0 0	¥7 0 0 0 0 0	

附件 1 张

会计主管：　　　记账：　　　稽核：　　　出纳：　　　制单：

先进先出法发出材料的记账凭证

记 账 凭 证

2010 年 7 月 11 日　　　　　　　总字　号　　记字 9 号

摘要	会计科目		借方金额	贷方金额	记账
	总账科目	明细科目	百十万千百十元角分	百十万千百十元角分	
发出材料	生产成本	001 号红色女风衣	3 3 4 4 0 0 0		
	原材料	600g 红毛涤面料		3 3 4 4 0 0 0	✓
		合计金额	￥3 3 4 4 0 0 0	￥3 3 4 4 0 0 0	

附件 1 张

会计主管：　　记账：　　稽核：　　出纳：　　制单：

记 账 凭 证

2010 年 7 月 15 日　　　　　　　总字　号　　记字 10 号

摘要	会计科目		借方金额	贷方金额	记账
	总账科目	明细科目	百十万千百十元角分	百十万千百十元角分	
发出材料	生产成本	001 号红色女风衣	1 0 0 0 0 0 0		
	原材料	600g 红毛涤面料		1 0 0 0 0 0 0	✓
		合计金额	￥1 0 0 0 0 0 0	￥1 0 0 0 0 0 0	

附件 1 张

会计主管：　　记账：　　稽核：　　出纳：　　制单：

全月一次加权平均法

记 账 凭 证

2010 年 7 月 11 日　　　　　　　总字　号　　记字 9 号

摘要	会计科目		借方金额	贷方金额	记账
	总账科目	明细科目	百十万千百十元角分	百十万千百十元角分	
发出材料	生产成本	001 号红色女风衣	3 2 9 1 6 0 0		
	原材料	600g 红毛涤面料		3 2 9 1 6 0 0	✓
		合计金额	￥3 2 9 1 6 0 0	￥3 2 9 1 6 0 0	

附件 1 张

会计主管：　　记账：　　稽核：　　出纳：　　制单：

记 账 凭 证

2010 年 7 月 15 日
总字　号
记字 10 号

摘要	会计科目		借方金额	贷方金额	记账
	总账科目	明细科目	百十万千百十元角分	百十万千百十元角分	
发出材料	生产成本	001 号红色女风衣	1 0 1 2 8 0 0		
	原材料	600g 红毛涤面料		1 0 1 2 8 0 0	√
	合计金额		￥1 0 1 2 8 0 0	￥1 0 1 2 8 0 0	

附件 1 张

会计主管：　　记账：　　稽核：　　出纳：　　制单：

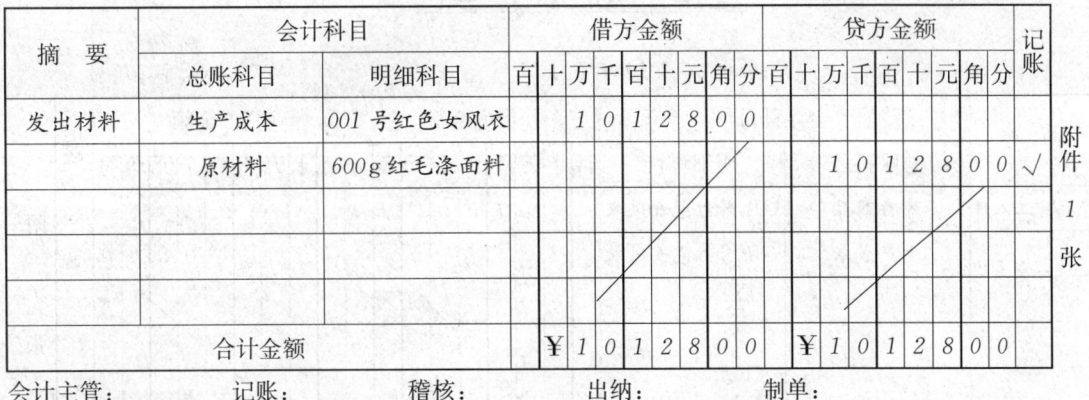

移动加权平均法发出材料的记账凭证

记 账 凭 证

2010 年 7 月 11 日
总字　号
记字 9 号

摘要	会计科目		借方金额	贷方金额	记账
	总账科目	明细科目	百十万千百十元角分	百十万千百十元角分	
发出材料	生产成本	001 号红色女风衣	3 3 2 0 2 0 0		
	原材料	600g 红毛涤面料		3 3 2 0 2 0 0	√
	合计金额		￥3 3 2 0 2 0 0	￥3 3 2 0 2 0 0	

附件 1 张

会计主管：　　记账：　　稽核：　　出纳：　　制单：

记 账 凭 证

2010 年 7 月 15 日
总字　号
记字 10 号

摘要	会计科目		借方金额	贷方金额	记账
	总账科目	明细科目	百十万千百十元角分	百十万千百十元角分	
发出材料	生产成本	001 号红色女风衣	1 0 2 1 6 0 0		
	原材料	600g 红毛涤面料		1 0 2 1 6 0 0	√
	合计金额		￥1 0 2 1 6 0 0	￥1 0 2 1 6 0 0	

附件 1 张

会计主管：　　记账：　　稽核：　　出纳：　　制单：

二、计划成本法——库存商品收发业务实训

记 账 凭 证

总字　　号
2010 年 7 月 15 日　　　　　　　　　　　　　记字 11 号

摘　要	会计科目		借方金额	贷方金额	记账
	总账科目	明细科目	百十万千百十元角分	百十万千百十元角分	
产品完工入库	库存商品	001 号红色女风衣	1 3 0 0 0 0		
	生产成本	001 号红色女风衣		1 3 0 0 0 0	✓
		合计金额	￥1 3 0 0 0 0	￥1 3 0 0 0 0	

附件 1 张

会计主管：　　　记账：　　　稽核：　　　出纳：　　　制单：

记 账 凭 证

总字　　号
2010 年 7 月 15 日　　　　　　　　　　　　　记字 12 号

摘　要	会计科目		借方金额	贷方金额	记账
	总账科目	明细科目	百十万千百十元角分	百十万千百十元角分	
结转入库差异	生产成本	001 号红色女风衣	2 0 0 0		
	商品成本差异	001 号红色女风衣		2 0 0 0	✓
		合计金额	￥2 0 0 0	￥2 0 0 0	

附件 张

会计主管：　　　记账：　　　稽核：　　　出纳：　　　制单：

记 账 凭 证

总字　　号
2010 年 7 月 25 日　　　　　　　　　　　　　记字 15 号

摘　要	会计科目		借方金额	贷方金额	记账
	总账科目	明细科目	百十万千百十元角分	百十万千百十元角分	
产品完工入库	库存商品	001 号红色女风衣	1 0 4 0 0 0 0		✓
	生产成本	001 号红色女风衣		1 0 4 0 0 0 0	
		合计金额	￥1 0 4 0 0 0 0	￥1 0 4 0 0 0 0	

附件 1 张

会计主管：　　　记账：　　　稽核：　　　出纳：　　　制单：

记 账 凭 证

2010 年 7 月 20 日　　　　　　　　　　　　总字　号
　　　　　　　　　　　　　　　　　　　　　记字 13 号

摘要	会计科目		借方金额	贷方金额	记账
	总账科目	明细科目	百十万千百十元角分	百十万千百十元角分	
销售	银行存款		4 2 1 2 0 0		
	主营业务收入	001 号红色女风衣		3 6 0 0 0 0	
	应交税费	增值税销项		6 1 2 0 0	
	合计金额		¥ 4 2 1 2 0 0	¥ 4 2 1 2 0 0	

附件 1 张

会计主管：　　　记账：　　　稽核：　　　出纳：　　　制单：

记 账 凭 证

2010 年 7 月 20 日　　　　　　　　　　　　总字　号
　　　　　　　　　　　　　　　　　　　　　记字 14 号

摘要	会计科目		借方金额	贷方金额	记账
	总账科目	明细科目	百十万千百十元角分	百十万千百十元角分	
产品出库	主营业务成本	001 号红色女风衣	2 3 4 0 0 0		
	库存商品	001 号红色女风衣		2 3 4 0 0 0	√
	合计金额		¥ 2 3 4 0 0 0	¥ 2 3 4 0 0 0	

附件 1 张

会计主管：　　　记账：　　　稽核：　　　出纳：　　　制单：

记 账 凭 证

2010 年 7 月 25 日　　　　　　　　　　　　总字　号
　　　　　　　　　　　　　　　　　　　　　记字 16 号

摘要	会计科目		借方金额	贷方金额	记账
	总账科目	明细科目	百十万千百十元角分	百十万千百十元角分	
结转入库差异	生产成本	001 号红色女风衣	4 0 0 0 0		
	商品成本差异	001 号红色女风衣		4 0 0 0 0	√
	合计金额		¥ 4 0 0 0 0	¥ 4 0 0 0 0	

附件　张

会计主管：　　　记账：　　　稽核：　　　出纳：　　　制单：

记 账 凭 证

2010 年 7 月 30 日　　　　　　　　　　　　　　总字　　号
　　　　　　　　　　　　　　　　　　　　　　　记字 20 号

摘要	会计科目		借方金额	贷方金额	记账
	总账科目	明细科目	百十万千百十元角分	百十万千百十元角分	
销售	应收账款	威海文联百货公司	1 6 3 8 0 0 0		
	主营业务收入	001 号红色女风衣		1 4 0 0 0 0 0	
	应交税费	增值税销项		2 3 8 0 0 0	
	合计金额		¥ 1 6 3 8 0 0 0	¥ 1 6 3 8 0 0 0	

附件 1 张

会计主管：　　　记账：　　　稽核：　　　出纳：　　　制单：

记 账 凭 证

2010 年 7 月 30 日　　　　　　　　　　　　　　总字　　号
　　　　　　　　　　　　　　　　　　　　　　　记字 21 号

摘要	会计科目		借方金额	贷方金额	记账
	总账科目	明细科目	百十万千百十元角分	百十万千百十元角分	
结转出库成本	主营业务成本	001 号红色女风衣	9 1 0 0 0 0		
	库存商品	001 号红色女风衣		9 1 0 0 0 0	√
	合计金额		¥ 9 1 0 0 0 0	¥ 9 1 0 0 0 0	

附件 1 张

会计主管：　　　记账：　　　稽核：　　　出纳：　　　制单：

记 账 凭 证

2010 年 7 月 30 日　　　　　　　　　　　　　　总字　　号
　　　　　　　　　　　　　　　　　　　　　　　记字 22 号

摘要	会计科目		借方金额	贷方金额	记账
	总账科目	明细科目	百十万千百十元角分	百十万千百十元角分	
结转出库差异	主营业务成本	001 号红色女风衣	3 5 0 9 9		
	商品成本差异	001 号红色女风衣		3 5 0 9 9	√
	合计金额		¥ 3 5 0 9 9	¥ 3 5 0 9 9	

附件 1 张

会计主管：　　　记账：　　　稽核：　　　出纳：　　　制单：

商品成本差异明细账

品名:红色女风衣　　编号:001　　计量单位:件

2010年		凭证		摘要	借方	贷方	借或贷	余额	√
月	日	种类	号数		千百十万千百十元角分	千百十万千百十元角分		千百十万千百十元角分	
1	1			上年结转			借	8 0 0 0	
6	30			……			"		
7	3			……			"		
7	10			入库	2 0 0 0	6 0 0 0	借		
7	15			入库		2 0 0 0	"		
7	25			入库		4 0 0 0 0	"		
7	30			结转出库差异	3 5 0 9 9		贷	2 9 0 1	

库存商品明细账

类别：_____ 品名：红色女风衣 计划单价：130元/件 计量单位：件 编号：1

2010年		凭证种类号数	摘要	收入 数量	收入 单价	收入 金额(千百十万千百十元角分)	发出 数量	发出 单价	发出 金额(千百十万千百十元角分)	结存 数量	结存 单价	结存 金额(千百十万千百十元角分)
月	日											
1	1		上年结转							80	130.00	1 0 4 0 0 0 0
			……									
			……									
6	30		本月合计(略)							80	130.00	1 0 4 0 0 0 0
7	3		入库	20	130.00							
7	5		出库				90	130.00				
7	10		入库	30	130.00							
7	14		出库				25	130.00				
7	15		入库	10	130.00							
7	20		出库				18	130.00				
7	25		入库	80	130.00							
7	30		出库				70	130.00				
7	31		本月合计	140		1 8 2 0 0 0 0	203		2 6 3 9 0 0 0	17	130.00	2 2 1 0 0 0

原材料明细账（先进先出法）

最高存量　　　　　　　　　　　　　　　　　　　　　　　　　　　分页　　　　　　　　　　　编号、名称　　　　　　　　类别
最低存量　　　　　　　储存天数　　　　存放地点　第一仓库　　　计量单位　米　　　总页　　　　　　　　　规格　600 g红毛涤面料　原料及主要材料

2010年		凭证		摘要	收入			发出			结存		
月	日	种类	号数		数量	单价	金额	数量	单价	金额	数量	单价	金额
1	1			上年结转							200	12.00	2400.00
6	30			……									
				……									
				本月合计（略）							200	12.00	2400.00
7	3			发出材料				180	12.00	2160.00	20	12.00	240.00
7	4			购入原材料	500	13.00	6500.00				520		6740.00
7	8			购入原材料	1000	12.50	12500.00				1520		19240.00
7	10			材料入库	2000	12.85	25700.00				3520		44940.00
7	11	转		领用原材料				2600		33118.00			
7	15	转	15	领用原材料				800		10280.00	120		15420.00
7	20			购进原材料	600	12.00	7200.00				720		8744.00
7	31			本月合计	4100		51900.00	3580		45558.00	720		8744.00

原材料明细账（全月一次加权平均法）

存放地点：第一仓库　　计量单位：米　　编号、名称　　　　　规格　　　　　类别：原料及主要材料　　分页　　总页

储存天数：　　最高存量：　　最低存量：　　　600 g红毛漆面料

2010年		凭证种类号数		摘要	收入			发出			结存		
月	日	种类	号数		数量	单价	金额（千百十万千百十元角分）	数量	单价	金额（千百十万千百十元角分）	数量	单价	金额（千百十万千百十元角分）
1	1			上年结转							200	12.00	2 4 0 0 0 0
6	30			……							200	12.00	2 4 0 0 0 0
				本月合计（略）									
7	3			发出原材料				180					
7	4			购入原材料	500	13.00	6 5 0 0 0 0				520		
7	8			购入原材料	1000	12.50	1 2 5 0 0 0 0				1520		
7	10			材料入库	2000	12.85	2 5 7 0 2 7 0	2600			3520		
7	11	转		领用原材料				800			920		
7	15	转	15	领用原材料							120		
7	20			购进入库	600	12.00	7 2 0 0 0 0				720		
7	31			本月合计	4100		5 1 9 0 2 7 0	3580	12.63	4 5 2 1 5 4 0	720	12.63	9 0 8 7 3 0

原材料明细账（移动加权平均法）

最高存量 _____ 储存天数 _____ 计量单位 米 编号、名称 _____ 分页 _____

最低存量 _____ 存放地点 第一仓库   规格 600g红毛漆面料   类别 原料及主要材料   总页 _____

2010年		凭证种类号数	摘要	收入 数量	收入 单价	收入 金额 千百十万千百十元角分	发出 数量	发出 单价	发出 金额 千百十万千百十元角分	结存 数量	结存 单价	结存 金额 千百十万千百十元角分
月	日											
1	1		上年结转							200	12.00	2 4 0 0 0 0
			……									
6	30		……							200	12.00	2 4 0 0 0 0
			本月合计（略）									
7	3		发出材料				180	12.00	2 1 6 0 0 0	20	12.96	2 4 0 0 0
7	4		购入原材料	500	13.00	6 5 0 0 0 0				520	12.96	6 7 4 0 0 0
7	8		购入原材料	1000	12.50	1 2 5 0 0 0 0				1520	12.66	1 9 2 4 0 0 0
7	10		材料入库	2000	12.85	2 5 7 0 2 7 0				3520	12.77	4 4 9 4 2 7 0
7	11	转	领用原材料				2600	12.77	3 3 2 0 2 0 0	920	12.77	1 1 7 4 0 7 0
7	15	转	领用原材料				800	12.77	1 0 2 1 6 0 0	120	12.77	1 5 3 2 4 7 0
7	20	15	购进入库	600	12.00	7 2 0 0 0 0				720	12.12	8 7 2 4 7 0
7	31		本月合计	4100		5 1 9 0 2 7 0			4 5 5 7 8 0 0	720	12.12	8 7 2 4 7 0

实训三参考答案   411

实训四参考答案

一、外购固定资产业务

记 账 凭 证

2010 年 6 月 5 日

总字　号
记字　号

摘要	会计科目		借方金额	贷方金额	记账
	总账科目	明细科目	百十万千百十元角分	百十万千百十元角分	
购缝纫机	固定资产	机器设备	3 0 6 3 0 6 3		
	应交税费	增值税(进项)	5 1 6 9 3 7		
	银行存款	工行		3 5 8 0 0 0 0	
	合计金额		¥ 3 5 8 0 0 0 0	¥ 3 5 8 0 0 0 0	

附件 3 张

会计主管：　　记账：　　稽核：　　出纳：　　制单：略

记 账 凭 证

2010 年 6 月 10 日

总字　号
记字　号

摘要	会计科目		借方金额	贷方金额	记账
	总账科目	明细科目	百十万千百十元角分	百十万千百十元角分	
购整烫机	在建工程	整烫机	2 0 1 8 0 1 8		
	应交税费	增值税(进项)	3 4 1 9 8 2		
	银行存款	工行		2 3 6 0 0 0 0	
	合计金额		¥ 2 3 6 0 0 0 0	¥ 2 3 6 0 0 0 0	

附件 3 张

会计主管：　　记账：　　稽核：　　出纳：　　制单：

记 账 凭 证

2010 年 6 月 10 日

总字　号
记字　号

摘 要	会计科目		借方金额	贷方金额	记账
	总账科目	明细科目	百十万千百十元角分	百十万千百十元角分	
安装费	在建工程	整烫机	4 0 0 0 0 0		
	银行存款	工行		4 0 0 0 0 0	
	合计金额		￥4 0 0 0 0 0	￥4 0 0 0 0 0	

附件 9 张

会计主管：　　　记账：　　　稽核：　　　出纳：　　　制单：

记 账 凭 证

2010 年 6 月 11 日

总字　号
记字　号

摘 要	会计科目		借方金额	贷方金额	记账
	总账科目	明细科目	百十万千百十元角分	百十万千百十元角分	
交付使用	固定资产	机器设备	2 4 1 8 0 1 8		
	在建工程	整烫机		2 4 1 8 0 1 8	
	合计金额		￥2 4 1 8 0 1 8	￥2 4 1 8 0 1 8	

附件 1 张

会计主管：　　　记账：　　　稽核：　　　出纳：　　　制单：

二、自营方式购建固定资产

记 账 凭 证

2010 年 6 月 10 日

总字　号
记字　号

摘 要	会计科目		借方金额	贷方金额	记账
	总账科目	明细科目	百十万千百十元角分	百十万千百十元角分	
购建筑材料	工程物资	专用材料	2 9 2 5 0 0 0 0		
	银行存款	工行		2 9 2 5 0 0 0 0	
	合计金额		￥2 9 2 5 0 0 0 0	￥2 9 2 5 0 0 0 0	

附件 2 张

会计主管：　　　记账：　　　稽核：　　　出纳：　　　制单：

记 账 凭 证

2010 年 6 月 12 日

总字　号
记字　号

摘要	会计科目		借方金额	贷方金额	记账
	总账科目	明细科目	百十万千百十元角分	百十万千百十元角分	
工程领用	在建工程	建筑工程(展厅)	2 9 2 5 0 0 0 0		
	工程物资	专用材料		2 9 2 5 0 0 0 0	
		合计金额	¥ 2 9 2 5 0 0 0 0	¥ 2 9 2 5 0 0 0 0	

会计主管：　　　记账：　　　稽核：　　　出纳：　　　制单：

附件 1 张

记 账 凭 证

2010 年 6 月 13 日

总字　号
记字　号

摘要	会计科目		借方金额	贷方金额	记账
	总账科目	明细科目	百十万千百十元角分	百十万千百十元角分	
工程领用	在建工程	建筑工程(展厅)	2 0 0 0 0 0 0		
	原材料	甲材料		2 0 0 0 0 0 0	
	应交税费	增值税(进项转出)		3 4 0 0 0 0	
		合计金额	¥ 2 3 4 0 0 0 0	¥ 2 3 4 0 0 0 0	

会计主管：　　　记账：　　　稽核：　　　出纳：　　　制单：

附件 1 张

记 账 凭 证

2010 年 6 月 30 日

总字　号
记字　号

摘要	会计科目		借方金额	贷方金额	记账
	总账科目	明细科目	百十万千百十元角分	百十万千百十元角分	
工程人员工资	在建工程	建筑工程(展厅)	1 1 1 5 0 0 0		
	应付职工薪酬	工资		1 1 1 5 0 0 0	
		合计金额	¥ 1 1 1 5 0 0 0	¥ 1 1 1 5 0 0 0	

会计主管：　　　记账：　　　稽核：　　　出纳：　　　制单：

附件 1 张

记 账 凭 证

2010 年 6 月 30 日

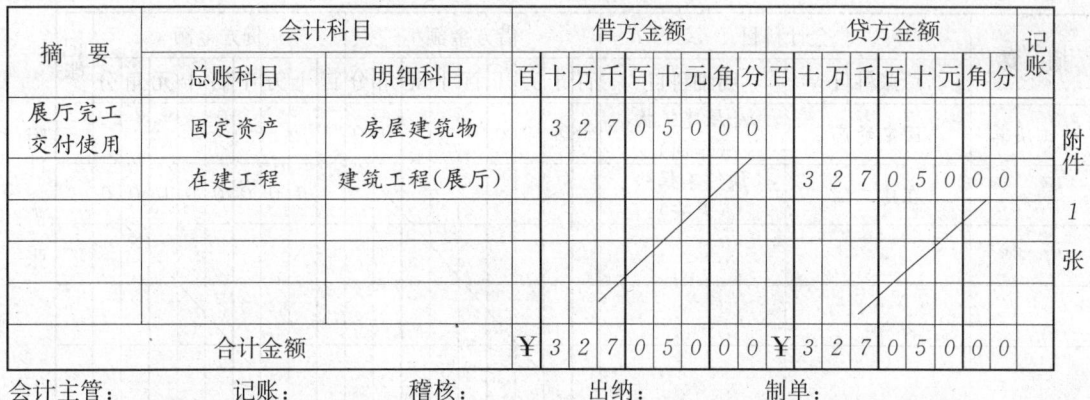

总字　　号
记字　　号

摘　要	会计科目		借方金额	贷方金额	记账
	总账科目	明细科目	百十万千百十元角分	百十万千百十元角分	
展厅完工交付使用	固定资产	房屋建筑物	3 2 7 0 5 0 0 0		
	在建工程	建筑工程(展厅)		3 2 7 0 5 0 0 0	
		合计金额	￥3 2 7 0 5 0 0 0	￥3 2 7 0 5 0 0 0	

会计主管：　　　记账：　　　稽核：　　　出纳：　　　制单：

附件 1 张

三、出包方式购建固定资产

记 账 凭 证

2010 年 6 月 2 日

总字　　号
记字　　号

摘　要	会计科目		借方金额	贷方金额	记账
	总账科目	明细科目	百十万千百十元角分	百十万千百十元角分	
预付工程款	在建工程	预付工程款（天安）	4 5 0 0 0 0 0 0		
	银行存款	工行		4 5 0 0 0 0 0 0	
		合计金额	￥4 5 0 0 0 0 0 0	￥4 5 0 0 0 0 0 0	

会计主管：　　　记账：　　　稽核：　　　出纳：　　　制单：

附件 2 张

记 账 凭 证

2010 年 8 月 20 日

总字　　号
记字　　号

摘　要	会计科目		借方金额	贷方金额	记账
	总账科目	明细科目	百十万千百十元角分	百十万千百十元角分	
预付工程款	在建工程	预付工程款（天安）	1 5 0 0 0 0 0 0		
	银行存款	工行		1 5 0 0 0 0 0 0	
		合计金额	￥1 5 0 0 0 0 0 0	￥1 5 0 0 0 0 0 0	

会计主管：　　　记账：　　　稽核：　　　出纳：　　　制单：

附件 2 张

记 账 凭 证

2010 年 12 月 16 日

总字　号
记字　号

摘要	会计科目		借方金额	贷方金额	记账
	总账科目	明细科目	百十万千百十元角分	百十万千百十元角分	
竣工决算	固定资产	房屋建筑物（车间）	6 0 0 0 0 0 0 0		
	在建工程	预付工程款（天安）		6 0 0 0 0 0 0 0	
		合计金额	￥6 0 0 0 0 0 0 0	￥6 0 0 0 0 0 0 0	

附件 1 张

会计主管：　　　记账：　　　稽核：　　　出纳：　　　制单：

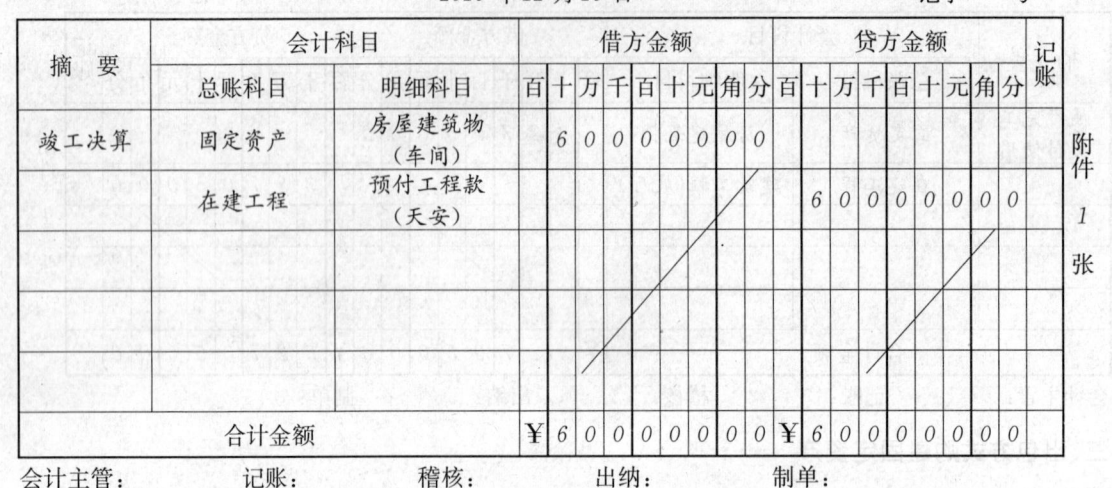

四、固定资产计提折旧

记 账 凭 证

2010 年 6 月 30 日

总字　号
记字　号

摘要	会计科目		借方金额	贷方金额	记账
	总账科目	明细科目	百十万千百十元角分	百十万千百十元角分	
提取6月折旧	管理费用	折旧费	3 3 0 0 0 0		
	制造费用	折旧费	2 4 2 8 0 0 0		
	累计折旧			2 7 5 8 0 0 0	
		合计金额	￥2 7 5 8 0 0 0	￥2 7 5 8 0 0 0	

附件 2 张

会计主管：　　　记账：　　　稽核：　　　出纳：　　　制单：

五、固定资产处置

记 账 凭 证

总字　号
记字　号

2010 年 6 月 30 日

摘要	会计科目		借方金额	贷方金额	记账
	总账科目	明细科目	百十万千百十元角分	百十万千百十元角分	
出售起毛机	固定资产清理	起毛机	6 8 2 5 0 0		
	累计折旧		6 7 5 0 0		
	固定资产	机器设备		7 5 0 0 0 0	
	合计金额		¥ 7 5 0 0 0 0	¥ 7 5 0 0 0 0	

附件 1 张

会计主管：　　记账：　　稽核：　　出纳：　　制单：

记 账 凭 证

总字　号
记字　号

2010 年 6 月 30 日

摘要	会计科目		借方金额	贷方金额	记账
	总账科目	明细科目	百十万千百十元角分	百十万千百十元角分	
出售起毛机价款	银行存款	工行	7 2 0 0 0 0		
	固定资产清理	起毛机		7 2 0 0 0 0	
	合计金额		¥ 7 2 0 0 0 0	¥ 7 2 0 0 0 0	

附件 2 张

会计主管：　　记账：　　稽核：　　出纳：　　制单：

记 账 凭 证

总字　号
记字　号

2010 年 6 月 30 日

摘要	会计科目		借方金额	贷方金额	记账
	总账科目	明细科目	百十万千百十元角分	百十万千百十元角分	
出售起毛机收益	固定资产清理	起毛机	3 7 5 0 0		
	营业外收入			3 7 5 0 0	
	合计金额		¥ 3 7 5 0 0	¥ 3 7 5 0 0	

附件　张

会计主管：　　记账：　　稽核：　　出纳：　　制单：

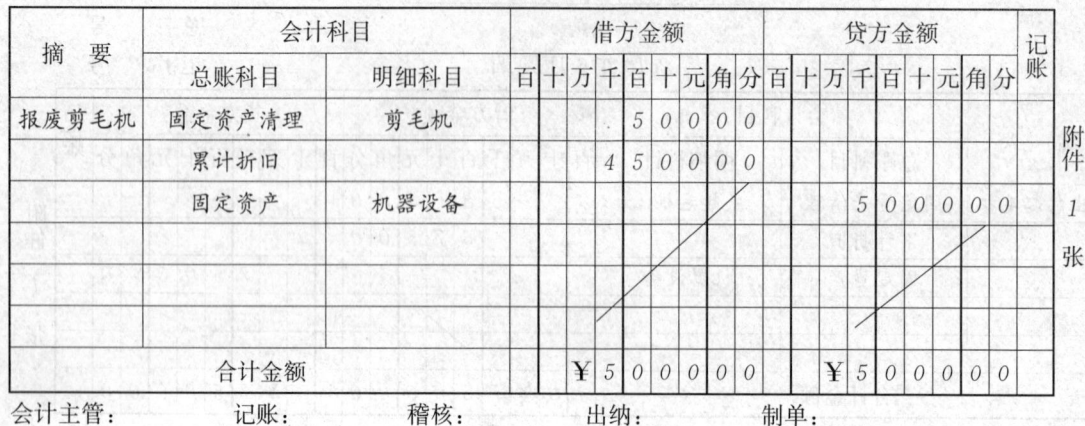

记 账 凭 证

2010 年 6 月 30 日

总字　　号
记字　　号

摘要	会计科目		借方金额	贷方金额	记账
	总账科目	明细科目	百十万千百十元角分	百十万千百十元角分	
报废剪毛机	固定资产清理	剪毛机	5 0 0 0 0		
	累计折旧		4 5 0 0 0 0		
	固定资产	机器设备		5 0 0 0 0 0	
	合计金额		¥ 5 0 0 0 0 0	¥ 5 0 0 0 0 0	

附件 1 张

会计主管：　　记账：　　稽核：　　出纳：　　制单：

记 账 凭 证

2010 年 6 月 30 日

总字　　号
记字　　号

摘要	会计科目		借方金额	贷方金额	记账
	总账科目	明细科目	百十万千百十元角分	百十万千百十元角分	
清理费用	固定资产清理	剪毛机	2 0 0 0 0		
	库存现金			2 0 0 0 0	
	合计金额		¥ 2 0 0 0 0	¥ 2 0 0 0 0	

附件 1 张

会计主管：　　记账：　　稽核：　　出纳：　　制单：

记 账 凭 证

2010 年 6 月 30 日

总字　　号
记字　　号

摘要	会计科目		借方金额	贷方金额	记账
	总账科目	明细科目	百十万千百十元角分	百十万千百十元角分	
报废剪毛机净损失	营业外支出		7 0 0 0 0		
	固定资产清理	剪毛机		7 0 0 0 0	
	合计金额		¥ 7 0 0 0 0	¥ 7 0 0 0 0	

附件　张

会计主管：　　记账：　　稽核：　　出纳：　　制单：

记 账 凭 证

2010 年 6 月 30 日

总字　号
记字　号

摘　要	会计科目		借方金额	贷方金额	记账
	总账科目	明细科目	百十万千百十元角分	百十万千百十元角分	
火灾损毁仓库	固定资产清理	仓库	1 3 7 5 0 0 0 0		
	累计折旧		1 1 2 5 0 0 0 0		
	固定资产	房屋建筑物		2 5 0 0 0 0 0 0	
	合计金额		¥ 2 5 0 0 0 0 0 0	¥ 2 5 0 0 0 0 0 0	

附件 1 张

会计主管：　　　记账：　　　稽核：　　　出纳：　　　制单：

记 账 凭 证

2010 年 6 月 30 日

总字　号
记字　号

摘　要	会计科目		借方金额	贷方金额	记账
	总账科目	明细科目	百十万千百十元角分	百十万千百十元角分	
清理费用	固定资产清理	仓库	5 0 0 0 0		
	库存现金			5 0 0 0 0	
	合计金额		¥ 5 0 0 0 0	¥ 5 0 0 0 0	

附件 1 张

会计主管：　　　记账：　　　稽核：　　　出纳：　　　制单：

记 账 凭 证

2010 年 6 月 30 日

总字　号
记字　号

摘　要	会计科目		借方金额	贷方金额	记账
	总账科目	明细科目	百十万千百十元角分	百十万千百十元角分	
保险赔款	其他应收款	保险公司	5 0 0 0 0 0 0		
	固定资产清理	仓库		5 0 0 0 0 0 0	
	合计金额		¥ 5 0 0 0 0 0 0	¥ 5 0 0 0 0 0 0	

附件 1 张

会计主管：　　　记账：　　　稽核：　　　出纳：　　　制单：

记 账 凭 证

2010 年 6 月 30 日
总字　号
记字　号

摘 要	会计科目		借方金额	贷方金额	记账
	总账科目	明细科目	百十万千百十元角分	百十万千百十元角分	
仓库火灾损失	营业外支出		8 8 0 0 0 0 0		
	固定资产清理	仓库		8 8 0 0 0 0 0	
	合计金额		¥ 8 8 0 0 0 0 0	¥ 8 8 0 0 0 0 0	

附件　张

会计主管：　　记账：　　稽核：　　出纳：　　制单：

记 账 凭 证

2010 年 6 月 30 日
总字　号
记字　号

摘 要	会计科目		借方金额	贷方金额	记账
	总账科目	明细科目	百十万千百十元角分	百十万千百十元角分	
盘亏设备	待处理财产损溢		5 3 0 0 0 0 0		
	累计折旧		3 6 0 0 0 0 0		
	固定资产	机器设备		8 9 0 0 0 0 0	
	合计金额		¥ 8 9 0 0 0 0 0	¥ 8 9 0 0 0 0 0	

附件 1 张

会计主管：　　记账：　　稽核：　　出纳：　　制单：

记 账 凭 证

2010 年 6 月 30 日
总字　号
记字　号

摘 要	会计科目		借方金额	贷方金额	记账
	总账科目	明细科目	百十万千百十元角分	百十万千百十元角分	
盘亏设备	营业外支出		5 3 0 0 0 0 0		
	待处理财产损溢			5 3 0 0 0 0 0	
	合计金额		¥ 5 3 0 0 0 0 0	¥ 5 3 0 0 0 0 0	

附件　张

会计主管：　　记账：　　稽核：　　出纳：　　制单：

实训五参考答案

一、计算工资

记 账 凭 证

总字　　号
2010 年 7 月 30 日　　　　　　　　　　　　记字　　号

摘　要	会计科目		借方金额	贷方金额	记账
	总账科目	明细科目	百十万千百十元角分	百十万千百十元角分	
分配工资费用	管理费用	工资	3 2 2 4 0 0 0		
	生产成本	直接人工	3 0 3 1 2 0 0 0		
	制造费用	工资	1 1 3 2 0 0 0		
	销售费用	工资	1 1 9 4 0 0 0		
	应付职工薪酬	工资		3 5 8 6 2 0 0 0	
	合计金额		￥3 5 8 6 2 0 0 0	￥3 5 8 6 2 0 0 0	

附件 4 张

会计主管：　　记账：　　稽核：　　出纳：　　制单：略

记 账 凭 证

总字　　号
2010 年 7 月 30 日　　　　　　　　　　　　记字　　号

摘　要	会计科目		借方金额	贷方金额	记账
	总账科目	明细科目	百十万千百十元角分	百十万千百十元角分	
代扣个人负担保险及个人所得税	应付职工薪酬	工资	6 9 1 5 7 80		
	其他应付款	社会保险		3 9 4 4 8 20	
	其他应付款	住房公积金		2 8 6 8 9 60	
	应交税费	个人所得税		1 0 2 0 0 0	
	合计金额		￥　6 9 1 5 7 80	￥　6 9 1 5 7 80	

附件 2 张

会计主管：　　记账：　　稽核：　　出纳：　　制单：

二、发放工资

记 账 凭 证

2010 年 8 月 10 日

总字　号
记字　号

摘要	会计科目		借方金额	贷方金额	记账
	总账科目	明细科目	百十万千百十元角分	百十万千百十元角分	
发放工资	应付职工薪酬	工资	2 8 9 4 6 2 2 0		
	现金			3 5 4 9 5 8 0	
	银行存款	工行		2 5 3 9 6 6 4 0	
	合计金额		¥ 2 8 9 4 6 2 2 0	¥ 2 8 9 4 6 2 2 0	

附件 4 张

会计主管：　　　记账：　　　稽核：　　　出纳：　　　制单：

三、支付其他项目

记 账 凭 证

2010 年 7 月 10 日

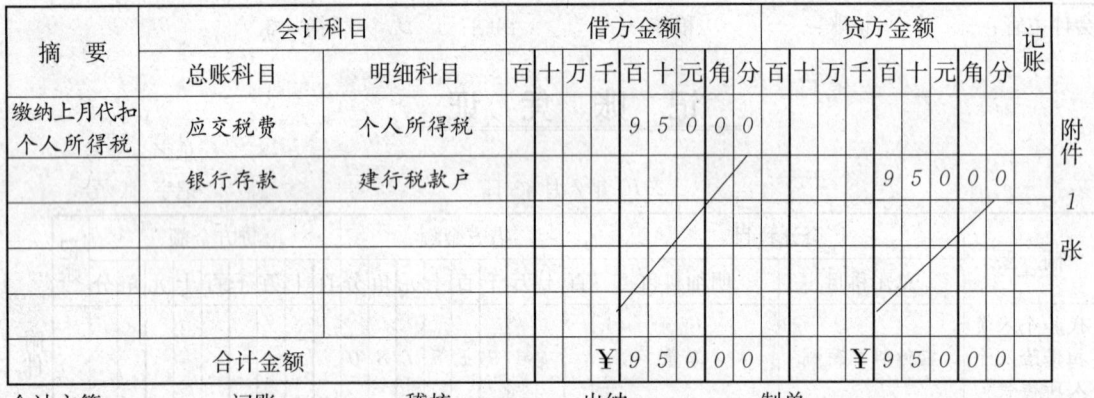

总字　号
记字　号

摘要	会计科目		借方金额	贷方金额	记账
	总账科目	明细科目	百十万千百十元角分	百十万千百十元角分	
缴纳上月代扣个人所得税	应交税费	个人所得税	9 5 0 0 0		
	银行存款	建行税款户		9 5 0 0 0	
	合计金额		¥ 9 5 0 0 0	¥ 9 5 0 0 0	

附件 1 张

会计主管：　　　记账：　　　稽核：　　　出纳：　　　制单：

记 账 凭 证

2010 年 7 月 11 日

总字　　号
记字　　号

摘要	会计科目		借方金额	贷方金额	记账
	总账科目	明细科目	百十万千百十元角分	百十万千百十元角分	
报销培训费	应付职工薪酬	教育经费	8 0 0 0 0		
	现金			8 0 0 0 0	
	合计金额		¥ 8 0 0 0 0	¥ 8 0 0 0 0	

附件 4 张

会计主管：　　　记账：　　　稽核：　　　出纳：　　　制单：

记 账 凭 证

2010 年 7 月 12 日

总字　　号
记字　　号

摘要	会计科目		借方金额	贷方金额	记账
	总账科目	明细科目	百十万千百十元角分	百十万千百十元角分	
拨付伙食费	应付职工薪酬	福利费	1 8 9 0 0 0		
	现金			1 8 9 0 0 0	
	合计金额		¥ 1 8 9 0 0 0	¥ 1 8 9 0 0 0	

附件 1 张

会计主管：　　　记账：　　　稽核：　　　出纳：　　　制单：

记 账 凭 证

2010 年 7 月 16 日

总字　　号
记字　　号

摘要	会计科目		借方金额	贷方金额	记账
	总账科目	明细科目	百十万千百十元角分	百十万千百十元角分	
报销托幼费	应付职工薪酬	福利费	6 4 0 0 0		
	现金			6 4 0 0 0	
	合计金额		¥ 6 4 0 0 0	¥ 6 4 0 0 0	

附件 1 张

会计主管：　　　记账：　　　稽核：　　　出纳：　　　制单：

四、货币性职工薪酬计算

记 账 凭 证

2010年7月26日

总字　号
记字　号

摘要	会计科目		借方金额	贷方金额	记账
	总账科目	明细科目	百十万千百十元角分	百十万千百十元角分	
提取工会经费、教育经费	管理费用	工资	1 1 2 8 4 0		
	生产成本	直接人工	1 0 6 0 9 2 0		
	制造费用	工资	3 9 6 2 0		
	销售费用	工资	4 1 7 9 0		
	应付职工薪酬	工会经费		7 1 7 2 4 0	
	应付职工薪酬	教育经费		5 3 7 9 3 0	
	合计金额		¥1 2 5 5 1 7 0	¥1 2 5 5 1 7 0	

附件1张

会计主管：　　记账：　　稽核：　　出纳：　　制单：

记 账 凭 证

2010年7月28日

总字　号
记字　号

摘要	会计科目		借方金额	贷方金额	记账
	总账科目	明细科目	百十万千百十元角分	百十万千百十元角分	
缴纳拨付工会经费	应付职工薪酬	工会经费	7 1 7 2 4 0		
	银行存款	工行		2 8 6 8 9 6	
	其他应付款	工会委员会		4 3 0 3 4 4	
	合计金额		¥7 1 7 2 4 0	¥7 1 7 2 4 0	

附件1张

会计主管：　　记账：　　稽核：　　出纳：　　制单：

记 账 凭 证

2010 年 7 月 26 日

总字　号
记字　号

摘　要	会计科目		借方金额	贷方金额	记账
	总账科目	明细科目	百十万千百十元角分	百十万千百十元角分	
提取公司负担的保险、公积金	管理费用	工资	1 2 0 9 0 0 0		
	生产成本	直接人工	1 1 3 6 7 0 0 0		
	制造费用	工资	4 2 4 5 0 0		
	销售费用	工资	4 4 7 7 5 0		
	应付职工薪酬	社会保险		1 0 5 7 9 2 9 0	
	应付职工薪酬	住房公积金		2 8 6 8 9 6 0	
	合计金额		¥ 1 3 4 4 8 2 5 0	¥ 1 3 4 4 8 2 5 0	

附件 1 张

会计主管：　　　记账：　　　稽核：　　　出纳：　　　制单：

记 账 凭 证

2010 年 7 月 30 日

总字　号
记字　号

摘　要	会计科目		借方金额	贷方金额	记账
	总账科目	明细科目	百十万千百十元角分	百十万千百十元角分	
缴纳保险费	其他应付款	社会保险	3 9 4 4 8 2 0		
	应付职工薪酬	社会保险	1 0 5 7 9 2 9 0		
	银行存款			1 4 5 2 4 1 1 0	
	合计金额		¥ 1 4 5 2 4 1 1 0	¥ 1 4 5 2 4 1 1 0	

附件 2 张

会计主管：　　　记账：　　　稽核：　　　出纳：　　　制单：

记 账 凭 证

2010 年 7 月 30 日

总字　号
记字　号

摘　要	会计科目		借方金额	贷方金额	记账
	总账科目	明细科目	百十万千百十元角分	百十万千百十元角分	
缴纳公积金	其他应付款	公积金	2 8 6 8 9 6 0		
	应付职工薪酬	公积金	2 8 6 8 9 6 0		
	银行存款	工行		5 7 3 7 9 2 0	
	合计金额		¥ 5 7 3 7 9 2 0	¥ 5 7 3 7 9 2 0	

附件 2 张

会计主管：　　　记账：　　　稽核：　　　出纳：　　　制单：

记 账 凭 证

2010 年 7 月 26 日

总字　号
记字　号

摘要	会计科目		借方金额	贷方金额	记账
	总账科目	明细科目	百十万千百十元角分	百十万千百十元角分	
提取福利费	管理费用	工资	1 8 4 0 0 0		
	生产成本	直接人工	1 6 4 4 0 0 0		
	制造费用	工资	6 3 0 0 0		
	销售费用	工资	6 3 0 0 0		
	应付职工薪酬	福利费		1 9 5 4 0 0 0	
	合计金额		¥1 9 5 4 0 0 0	¥1 9 5 4 0 0 0	

附件 1 张

会计主管：　　记账：　　稽核：　　出纳：　　制单：

五、非货币性职工薪酬计算

记 账 凭 证

2010 年 7 月 15 日

总字　号
记字　号

摘要	会计科目		借方金额	贷方金额	记账
	总账科目	明细科目	百十万千百十元角分	百十万千百十元角分	
自产产品发放福利	应付职工薪酬	非货币性福利	7 5 8 1 6 0 0		
	主营业务收入			6 4 8 0 0 0 0	
	应交税金	增值税(销项)		1 1 0 1 6 0 0	
	合计金额		¥7 5 8 1 6 0 0	¥7 5 8 1 6 0 0	

附件 2 张

会计主管：　　记账：　　稽核：　　出纳：　　制单：

记 账 凭 证

2010 年 7 月 15 日

总字　号
记字　号

摘要	会计科目		借方金额	贷方金额	记账
	总账科目	明细科目	百十万千百十元角分	百十万千百十元角分	
转成本	主营业务成本		5 2 2 0 0 0 0		
	库存商品			5 2 2 0 0 0 0	
	合计金额		¥5 2 2 0 0 0 0	¥5 2 2 0 0 0 0	

附件 2 张

会计主管：　　记账：　　稽核：　　出纳：　　制单：

记 账 凭 证

2010 年 7 月 15 日

总字　　号
记字　　号

摘　要	会计科目		借方金额								贷方金额								记账
	总账科目	明细科目	百	十	万	千	百	十	元	角	分	百	十	万	千	百	十	元	角	分	
发电暖气	应付职工薪酬	非货币性福利			7	2	0	0	0	0	0										
	银行存款	工行												7	2	0	0	0	0	0	
	合计金额		¥		7	2	0	0	0	0	0	¥		7	2	0	0	0	0	0	

附件 2 张

会计主管：　　　记账：　　　稽核：　　　出纳：　　　制单：

记 账 凭 证

2010 年 7 月 30 日

总字　　号
记字　　号

摘　要	会计科目		借方金额								贷方金额								记账
	总账科目	明细科目	百	十	万	千	百	十	元	角	分	百	十	万	千	百	十	元	角	分	
提取非货币性福利	管理费用	工资				1	3	1	3	9	2	0									
	生产成本	直接人工			1	2	4	8	2	2	4	0									
	制造费用	工资					4	9	2	7	2	0									
	销售费用	工资					4	9	2	7	2	0									
	应付职工薪酬	非货币性福利												1	4	7	8	1	6	0	0
	合计金额		¥		1	4	7	8	1	6	0	0	¥	1	4	7	8	1	6	0	0

附件 1 张

会计主管：　　　记账：　　　稽核：　　　出纳：　　　制单：

实训六参考答案

一、生产企业商品销售业务实训

记 账 凭 证

2010 年 7 月 8 日　　　总字　号　　记字　号

摘　要	会计科目		借方金额	贷方金额	记账
	总账科目	明细科目	百十万千百十元角分	百十万千百十元角分	
销售男风衣	银行存款		5 6 1 6 0 0		
	主营业务收入	男黑风衣		4 8 0 0 0 0	
	应交税费	增值税销项		8 1 6 0 0	
	合计金额		¥5 6 1 6 0 0	¥5 6 1 6 0 0	

附件 2 张

会计主管：　　记账：　　稽核：　　出纳：　　制单：略

记 账 凭 证

2010 年 7 月 8 日　　　总字　号　　记字　号

摘　要	会计科目		借方金额	贷方金额	记账
	总账科目	明细科目	百十万千百十元角分	百十万千百十元角分	
结转销售成本	主营业务成本		2 4 0 0 0 0		√
	库存商品	男黑风衣		2 4 0 0 0 0	
	合计金额		¥2 4 0 0 0 0	¥2 4 0 0 0 0	

附件 1 张

会计主管：　　记账：　　稽核：　　出纳：　　制单：

记 账 凭 证

总字 号
2010 年 7 月 10 日　　　　　　　　　　　　　　　　记字 号

摘 要	会计科目		借方金额	贷方金额	记账
	总账科目	明细科目	百十万千百十元角分	百十万千百十元角分	
销售毛料	应收票据	厦门南方纺织	8 9 3 5 0 0		✓
	其他业务收入			7 5 0 0 0 0	
	应交税费	增值税销项		1 2 7 5 0 0	
	银行存款			1 6 0 0 0	
	合计金额		¥ 8 9 3 5 0 0	¥ 8 9 3 5 0 0	

附件 4 张

会计主管：　　记账：　　稽核：　　出纳：　　制单：

记 账 凭 证

总字 号
2010 年 7 月 10 日　　　　　　　　　　　　　　　　记字 号

摘 要	会计科目		借方金额	贷方金额	记账
	总账科目	明细科目	百十万千百十元角分	百十万千百十元角分	
结转销售成本	其他业务成本		5 7 5 0 0 0		✓
	原材料	红毛涤		5 7 5 0 0 0	
	合计金额		¥ 5 7 5 0 0 0	¥ 5 7 5 0 0 0	

附件 1 张

会计主管：　　记账：　　稽核：　　出纳：　　制单：

记 账 凭 证

总字 号
2010 年 7 月 10 日　　　　　　　　　　　　　　　　记字 号

摘 要	会计科目		借方金额	贷方金额	记账
	总账科目	明细科目	百十万千百十元角分	百十万千百十元角分	
销售男西裤	应收账款	文联百货	1 3 8 9 9 6 0		
	主营业务收入	男西裤		1 1 8 8 0 0 0	
	应交税费	增值税销项		2 0 1 9 6 0	
	合计金额		¥ 1 3 8 9 9 6 0	¥ 1 3 8 9 9 6 0	

附件 2 张

会计主管：　　记账：　　稽核：　　出纳：　　制单：略

记 账 凭 证

2010 年 7 月 10 日

总字 号
记字 号

摘 要	会计科目		借方金额	贷方金额	记账
	总账科目	明细科目	百十万千百十元角分	百十万千百十元角分	
结转销售成本	主营业务成本		7 2 0 0 0 0		✓
	库存商品	男西裤		7 2 0 0 0 0	
	合计金额		¥ 7 2 0 0 0 0	¥ 7 2 0 0 0 0	

附件 1 张

会计主管：　　记账：　　稽核：　　出纳：　　制单：

记 账 凭 证

2010 年 7 月 15 日

总字 号
记字 号

摘 要	会计科目		借方金额	贷方金额	记账
	总账科目	明细科目	百十万千百十元角分	百十万千百十元角分	
销售边角料	银行存款		3 0 0 0 0		
	其他业务收入			2 5 6 4 1	✓
	应交税费	增值税销项		4 3 5 9	
	合计金额		¥ 3 0 0 0 0	¥ 3 0 0 0 0	

附件 2 张

会计主管：　　记账：　　稽核：　　出纳：　　制单：

二、销售折扣实训

记 账 凭 证

2010 年 7 月 18 日

总字 号
记字 号

摘 要	会计科目		借方金额	贷方金额	记账
	总账科目	明细科目	百十万千百十元角分	百十万千百十元角分	
销售男风衣	应收账款	华娟服装	5 6 1 6 0 0 0		
	主营业务收入	男黑风衣		4 8 0 0 0 0 0	
	应交税费	增值税销项		8 1 6 0 0 0	
	合计金额		¥ 5 6 1 6 0 0 0	¥ 5 6 1 6 0 0 0	

附件 2 张

会计主管：　　记账：　　稽核：　　出纳：　　制单：

记 账 凭 证

2010 年 7 月 18 日

总字　　号
记字　　号

摘要	会计科目		借方金额	贷方金额	记账
	总账科目	明细科目	百十万千百十元角分	百十万千百十元角分	
结转销售成本	主营业务成本		2 4 0 0 0 0 0		√
	库存商品	男黑风衣		2 4 0 0 0 0 0	
	合计金额		¥ 2 4 0 0 0 0 0	¥ 2 4 0 0 0 0 0	

附件 1 张

会计主管：　　　记账：　　　稽核：　　　出纳：　　　制单：

记 账 凭 证

2010 年 7 月 25 日

总字　　号
记字　　号

摘要	会计科目		借方金额	贷方金额	记账
	总账科目	明细科目	百十万千百十元角分	百十万千百十元角分	
收前欠货款	银行存款		5 5 0 3 6 8 0		√
	财务费用		1 1 2 3 2 0		
	应收账款	华娟服装		5 6 1 6 0 0 0	
	合计金额		¥ 5 6 1 6 0 0 0	¥ 5 6 1 6 0 0 0	

附件 1 张

会计主管：　　　记账：　　　稽核：　　　出纳：　　　制单：

三、代销商品——视同买断销售业务实训

记 账 凭 证

2010 年 7 月 6 日

总字　　号
记字　　号

摘要	会计科目		借方金额	贷方金额	记账
	总账科目	明细科目	百十万千百十元角分	百十万千百十元角分	
发出代销商品	委托代销商品/发出商品	男黑风衣	4 8 0 0 0 0		√
	库存商品	男黑风衣		4 8 0 0 0 0	
	合计金额		¥ 4 8 0 0 0 0	¥ 4 8 0 0 0 0	

附件 1 张

会计主管：　　　记账：　　　稽核：　　　出纳：　　　制单：

记 账 凭 证

2010 年 7 月 25 日

总字 号
记字 号

摘 要	会计科目		借方金额	贷方金额	记账
	总账科目	明细科目	百十万千百十元角分	百十万千百十元角分	
售出代销商品	应收账款	家家悦集团	9 3 6 0 0 0		
	主营业务收入			8 0 0 0 0 0	
	应交税费	增值税销项		1 3 6 0 0 0	
	合计金额		¥ 9 3 6 0 0 0	¥ 9 3 6 0 0 0	

附件 3 张

会计主管：　　记账：　　稽核：　　出纳：　　制单：

记 账 凭 证

2010 年 7 月 25 日

总字 号
记字 号

摘 要	会计科目		借方金额	贷方金额	记账
	总账科目	明细科目	百十万千百十元角分	百十万千百十元角分	
结转代销商品成本	主营业务成本	男黑风衣	4 8 0 0 0 0		√
	委托代销商品/发出商品	男黑风衣		4 8 0 0 0 0	
	合计金额		¥ 4 8 0 0 0 0	¥ 4 8 0 0 0 0	

附件 1 张

会计主管：　　记账：　　稽核：　　出纳：　　制单：

记 账 凭 证

2010 年 7 月 31 日

总字 号
记字 号

摘 要	会计科目		借方金额	贷方金额	记账
	总账科目	明细科目	百十万千百十元角分	百十万千百十元角分	
收到代销商品款	银行存款		9 3 6 0 0 0		√
	应收账款	家家悦集团		9 3 6 0 0 0	
	合计金额		¥ 9 3 6 0 0 0	¥ 9 3 6 0 0 0	

附件 1 张

会计主管：　　记账：　　稽核：　　出纳：　　制单：

四、代销商品——收取手续费销售业务实训

记 账 凭 证

2010 年 7 月 2 日
总字 号
记字 号

摘 要	会计科目		借方金额	贷方金额	记账
	总账科目	明细科目	百十万千百十元角分	百十万千百十元角分	
发出代销商品	委托代销商品/发出商品	女风衣	2 5 6 0 0 0		✓
	库存商品	女风衣		2 5 6 0 0 0	
	合计金额		¥ 2 5 6 0 0 0	¥ 2 5 6 0 0 0	

附件 1 张

会计主管：　　记账：　　稽核：　　出纳：　　制单：

记 账 凭 证

2010 年 7 月 25 日
总字 号
记字 号

摘 要	会计科目		借方金额	贷方金额	记账
	总账科目	明细科目	百十万千百十元角分	百十万千百十元角分	
售出代销商品	应收账款	华娟服装	7 0 2 0 0 0		
	主营业务收入			6 0 0 0 0 0	
	应交税费	增值税销项		1 0 2 0 0 0	
	合计金额		¥ 7 0 2 0 0 0	¥ 7 0 2 0 0 0	

附件 2 张

会计主管：　　记账：　　稽核：　　出纳：　　制单：

记 账 凭 证

2010 年 7 月 25 日
总字 号
记字 号

摘 要	会计科目		借方金额	贷方金额	记账
	总账科目	明细科目	百十万千百十元角分	百十万千百十元角分	
结转代销商品成本	主营业务成本	女风衣	2 5 6 0 0 0		✓
	委托代销商品/发出商品	女风衣		2 5 6 0 0 0	
	合计金额		¥ 2 5 6 0 0 0	¥ 2 5 6 0 0 0	

附件 1 张

会计主管：　　记账：　　稽核：　　出纳：　　制单：

记 账 凭 证

2010 年 7 月 31 日

总字　号
记字　号

摘要	会计科目		借方金额	贷方金额	记账
	总账科目	明细科目	百十万千百十元角分	百十万千百十元角分	
收到代销商品款	银行存款		6 4 2 0 0 0		✓
	销售费用		6 0 0 0 0		
	应收账款	家家悦集团		7 0 2 0 0 0	
	合计金额		¥ 7 0 2 0 0 0	¥ 7 0 2 0 0 0	

附件 2 张

会计主管：　　记账：　　稽核：　　出纳：　　制单：

五、预收货款销售业务实训

记 账 凭 证

2010 年 7 月 5 日

总字　号
记字　号

摘要	会计科目		借方金额	贷方金额	记账
	总账科目	明细科目	百十万千百十元角分	百十万千百十元角分	
收到预付款	银行存款		1 1 7 0 0 0		✓
	预收账款	拓源服装		1 1 7 0 0 0	
	合计金额		¥ 1 1 7 0 0 0	¥ 1 1 7 0 0 0	

附件 2 张

会计主管：　　记账：　　稽核：　　出纳：　　制单：

记 账 凭 证

2010 年 7 月 28 日

总字　号
记字　号

摘要	会计科目		借方金额	贷方金额	记账
	总账科目	明细科目	百十万千百十元角分	百十万千百十元角分	
实现销售	预收账款	拓源服装	1 1 7 0 0 0		
	其他业务收入			1 0 0 0 0 0	
	应交税费	增值税销项		1 7 0 0 0	
	合计金额		¥ 1 1 7 0 0 0	¥ 1 1 7 0 0 0	

附件 2 张

会计主管：　　记账：　　稽核：　　出纳：　　制单：

记 账 凭 证

2010 年 7 月 28 日

总字 号
记字 号

摘 要	会计科目		借方金额	贷方金额	记账
	总账科目	明细科目	百十万千百十元角分	百十万千百十元角分	
结转销售材料成本	其他业务成本	黑毛涤	7 5 0 0 0		√
	原材料	黑毛涤		7 5 0 0 0	
	合计金额		¥ 7 5 0 0 0	¥ 7 5 0 0 0	

附件 1 张

会计主管：　　　记账：　　　稽核：　　　出纳：　　　制单：

六、利润业务实训

记 账 凭 证

2010 年 7 月 17 日

总字 号
记字 号

摘 要	会计科目		借方金额	贷方金额	记账
	总账科目	明细科目	百十万千百十元角分	百十万千百十元角分	
支付运费	销售费用	运费	2 0 0 0 0		
	银行存款			2 0 0 0 0	√
	合计金额		¥ 2 0 0 0 0	¥ 2 0 0 0 0	

附件 2 张

会计主管：　　　记账：　　　稽核：　　　出纳：　　　制单：

记 账 凭 证

2010 年 7 月 19 日

总字 号
记字 号

摘 要	会计科目		借方金额	贷方金额	记账
	总账科目	明细科目	百十万千百十元角分	百十万千百十元角分	
支付广告费	销售费用	广告费	8 0 0 0 0		
	银行存款			8 0 0 0 0	√
	合计金额		¥ 8 0 0 0 0	¥ 8 0 0 0 0	

附件 2 张

会计主管：　　　记账：　　　稽核：　　　出纳：　　　制单：

记 账 凭 证

2010 年 7 月 21 日

总字 号
记字 号

摘 要	会计科目		借方金额	贷方金额	记账
	总账科目	明细科目	百十万千百十元角分	百十万千百十元角分	
支付捐赠款	营业外支出	捐赠	5 0 0 0 0 0		
	银行存款			5 0 0 0 0 0	√
	合计金额		¥ 5 0 0 0 0 0	¥ 5 0 0 0 0 0	

附件 2 张

会计主管: 记账: 稽核: 出纳: 制单:

记 账 凭 证

2010 年 7 月 31 日

总字 号
记字 号

摘 要	会计科目		借方金额	贷方金额	记账
	总账科目	明细科目	百十万千百十元角分	百十万千百十元角分	
结转收入	主营业务收入		7 8 6 8 0 0 0		
	其他业务收入		8 7 5 6 4 1		√
	本年利润			8 7 4 3 6 4 1	
	合计金额		¥ 8 7 4 3 6 4 1	¥ 8 7 4 3 6 4 1	

附件 2 张

会计主管: 记账: 稽核: 出纳: 制单:

记 账 凭 证

2010 年 7 月 31 日

总字 号
记字 号

摘 要	会计科目		借方金额	贷方金额	记账
	总账科目	明细科目	百十万千百十元角分	百十万千百十元角分	
结转收入	本年利润		5 5 1 8 3 2 0		
	主营业务成本			4 0 9 6 0 0 0	√
	其他业务成本			6 5 0 0 0 0	
	销售费用			1 6 0 0 0 0	
	财务费用			1 1 2 3 2 0	
	营业外支出			5 0 0 0 0 0	
	合计金额		¥ 5 5 1 8 3 2 0	¥ 5 5 1 8 3 2 0	

附件 0 张

会计主管: 记账: 稽核: 出纳: 制单:

记 账 凭 证

2010 年 7 月 31 日

总字　　号
记字　　号

摘要	会计科目		借方金额	贷方金额	记账
	总账科目	明细科目	百十万千百十元角分	百十万千百十元角分	
结转收入	本年利润		3 2 2 5 3 2 1		
	利润分配	未分配利润		3 2 2 5 3 1 1	√
	合计金额		¥ 3 2 2 5 3 2 1	¥ 3 2 2 5 3 2 1	

附件 0 张

会计主管：　　记账：　　稽核：　　出纳：　　制单：

实训七参考答案

利 润 表

企业名称：威海锦尚服装有限公司　　　2010年12月　　　单位：人民币元

项　目	行次	本期金额	累计金额
一、营业收入	1	232 500.00	略
减：营业成本	2	81 327.00	
营业税金及附加	3		
销售费用	4	20 343.00	
管理费用	5	20 694.00	
财务费用	6		
资产减值损失	7		
加：公允价值变动收益（损失以"－"号填列）	8		
投资收益（损失以"－"号填列）	9	35 840.00	
其中：对联营企业和合营企业的投资收益	10		
二、营业利润（亏损以"－"号填列）	11	145 976.00	
加：营业外收入	12	47 500.00	
减：营业外支出	13	11 000.00	
其中：非流动资产处置损失	14		
三、利润总额（亏损总额以"－"号填列）	15	182 476.00	
减：所得税费用	16	45 619.00	
四、净利润（净亏损以"－"号填列）	17	136 857.00	
五、每股收益	18		
（一）基本每股收益	19		
（二）稀释每股收益	20		

资产负债表

2010年12月31日

企业名称：威海锦尚服装有限公司 单位：人民币元

资　产	行次	期末余额	期初余额	负债和所有者权益	行次	期末余额	期初余额
流动资产：	1			流动负债：	34		
货币资金	2	971 912.00	1 191 182.00	短期借款	35	746 850.00	1 226 850.00
交易性金融资产	3			交易性金融负债	36		
应收票据	4	33 228.00	10 998.00	应付票据	37		
应收账款	5	232 945.00	17 000.00	应付账款	38	40 950.00	54 350.00
预付账款	6			预收账款	39		
应收利息	7			应付职工薪酬	40	216 000.00	216 000.00
应收股利	8	4 000.00	5 000.00	应交税费	41	96 052.00	7 928.00
其他应收款	9	339 868.00	138 900.00	应付利息	42		
存货	10	1 581 953.00	1 363 080.00	应付股利	43	20 000.00	27 000.00
一年内到期的非流动资产	11			其他应付款	44		
其他流动资产	12			一年内到期的非流动负债	45		
流动资产合计	13			其他流动负债	46		
非流动资产：	14			流动负债合计	47	1 119 852.00	1 532 128.00
可供出售金融资产	15			非流动负债：	48		
持有至到期投资	16			长期借款	49	80 000.00	
长期应收款	17			应付债券	50		
长期股权投资	18			长期应付款	51		
投资性房地产	19			专项应付款	52		
固定资产	20	1 722 278.00	1 757 570.00	预计负债	53		
在建工程	21				54		

续表

资　产	行次	期末余额	期初余额	负债和所有者权益	行次	期末余额	期初余额
工程物资	22			递延所得税负债	55		
固定资产清理	23			其他非流动负债	56		
生产性生物资产	24			非流动负债合计	57	80 000.00	0.00
油气资产	25			负债合计	58	1 199 852.00	1 532 128.00
无形资产	26	301 000.00	500 000.00	所有者权益	59		
开发支出	27			实收资本	60	2 200 000.00	2 000 000.00
商誉	28			资本公积	61	10 000.00	10 000.00
长期待摊费用	29			减:库存股	62		
递延所得税资产	30			盈余公积	63	41 195.70	27 510.00
其他非流动资产	31			未分配利润	64	154 183.30	51 012.00
非流动资产合计	32	2 023 278.00	2 257 570.00	所有者权益合计	65	2 405 379.00	2 088 522.00
资产总计	33	3 605 231.00	3 620 650.00	负债和所有者权益总计	66	3 605 231.00	3 620 650.00

科目汇总表

2010年12月31日　　　　　　　　　　　　　　　　　　　　　　　　　　　　　　　　　汇字1号

序号	会计科目	借/贷	期初余额	借/贷	本期发生额 借方	本期发生额 贷方	借/贷	期末余额
1	库存现金	借	2090.00	借	21620.00	21624.00	借	2086.00
2	银行存款	借	1170282.00	借	66239.00	88162.00	借	910520.00
3	应收票据	借	109980.00	借	28080.00	5850.00	借	332280.00
4	应收账款	借	170000.00	借	243945.00	280000.00	借	232945.00
5	其他应收款	借	5000.00	借		1000.00	借	4000.00
6	应收股利	借		平	10000.00	10000.00	平	
7	交易性金融资产	借	826000.00	借	34500.00		借	573500.00
8	原材料	借	563705.00	借	75254.00	52527.00	借	282518.00
9	库存商品	借		借	81345.00	13275.00	借	
10	生产成本	借		平	30754.00	307545.00	平	
11	制造费用	借		平	37500.00	37500.00	平	
12	固定资产	借	1927000.00	借	62000.00	5600.00	借	1877725.00
13	固定资产清理	借		平	12000.00	12000.00	平	
14	无形资产	借	50700.00	借		20000.00	借	30700.00
15	待处理财产损溢	借		平	6000.00	6000.00	平	
16	累计折旧	贷	165480.00	贷	4200.00	29492.00	贷	152972.00
17	固定资产减值准备	贷	4000.00	贷	2000.00		贷	2000.00
18	累计摊销	贷	700000.00	贷	1000.00	9000.00	贷	6000.00
19	短期借款	贷	1226850.00	贷	500.00	2000.00	贷	746850.00

序号	会计科目	借/贷	期初余额	借/贷	本期发生额 借方	本期发生额 贷方	借/贷	期末余额
20	应付账款	贷	54350.00		54350.00	40950.00	贷	40950.00
21	应交税费	贷	7928.00		9564.00	9764.00	贷	9605.20
22	应付职工薪酬	贷	216000.00		216000.00		贷	216000.00
23	应付利息	贷	2700.00		2700.00		平	
24	应付股利	贷				200000.00	贷	200000.00
25	长期借款	贷	200000.00				贷	200000.00
26	实收资本	贷	1000000.00			800000.00	贷	800000.00
27	资本公积	贷					贷	
28	盈余公积	贷	275100.00				贷	
29	本年利润	贷			315840.00	136857.00	贷	41195.00
30	未分配利润	贷	510120.00		336685.00		贷	541830.00
31	主营业务收入				23250.00	136857.00	平	
32	投资收益				36540.00		平	
33	营业外收入				4750.00		平	
34	主营业务成本				81327.00		平	
35	销售费用				20343.00		平	
36	管理费用				20694.00		平	
37	营业外支出				11000.00		平	
38	所得税费用				45619.00		平	
	合 计				3618323.00	3618323.00		

总　　账

科目：银行存款

2010年		凭证		摘要	借方	贷方	借或贷	余额	
月	日	种类	号数						
1	1			上年结转			借		
				……			…		
				……			…		
11	31			……			借	1 170 282 00	
				本月合计（略）					
				本年累计（略）					
12	31	汇	1	本月汇总	662 390 00	881 620 00	借	951 052 00	√
				本月合计	662 390 00	881 620 00			
				本年累计（略）					

总　　账

科目：原材料

2010年		凭证		摘要	借方	贷方	借或贷	余额	
月	日	种类	号数						
1	1			上年结转			借		
				……			…		
				……			…		
11	31			……			借	82 600 00	
				本月合计（略）					
				本年累计（略）					
12	31	汇	1	本月汇总	50 000 00	75 250 00	借	57 350 00	√
				本月合计	50 000 00	75 250 00			
				本年累计（略）					

总　　账

科目：库存商品

2010年		凭证		摘要	借方	贷方	借或贷	余额	
月	日	种类	号数		千百十万千百十元角分	千百十万千百十元角分		千百十万千百十元角分	
1	1			上年结转			借		
				……			…		
				……			…		
11	31			……			借	5 6 3 0 0 0 0	
				本月合计(略)					
				本年累计(略)					
12	31	汇	1	本月汇总	3 0 7 5 4 5 0 0	8 1 3 2 7 0 0	借	2 8 2 5 1 8 0 0	√
				本月合计	3 0 7 5 4 5 0 0	8 1 3 2 7 0 0			
				本年累计(略)					

总　　账

科目：累计折旧

2010年		凭证		摘要	借方	贷方	借或贷	余额	
月	日	种类	号数		千百十万千百十元角分	千百十万千百十元角分		千百十万千百十元角分	
1	1			上年结转			贷		
				……			…		
				……			…		
11	31			……			贷	1 6 5 4 8 0 0 0	
				本月合计(略)					
				本年累计(略)					
12	31	汇	1	本月汇总	4 2 0 0 0 0 0	2 0 4 9 2 0 0	贷	1 5 2 9 7 2 0 0	√
				本月合计	4 2 0 0 0 0 0	2 9 4 9 2 0 0			
				本年累计(略)					

总　　账

科目：固定资产减值准备

2010年		凭证		摘要	借方	贷方	借或贷	余额	
月	日	种类	号数		千百十万千百十元角分	千百十万千百十元角分		千百十万千百十元角分	
1	1			上年结转			贷		
				……			…		
				……			…		
11	31			……			贷	4 0 0 0 0 0	
				本月合计(略)					
				本年累计(略)					
12	31	汇	1	本月汇总	2 0 0 0 0 0		贷	2 0 0 0 0 0	✓
				本月合计	2 0 0 0 0 0				
				本年累计(略)					

总　　账

科目：短期借款

2010年		凭证		摘要	借方	贷方	借或贷	余额	
月	日	种类	号数		千百十万千百十元角分	千百十万千百十元角分		千百十万千百十元角分	
1	1			上年结转			贷		
				……			…		
				……			…		
11	31			……			贷	1 2 2 6 8 5 0 0 0	
				本月合计(略)					
				本年累计(略)					
12	31	汇	1	本月汇总	5 0 0 0 0 0 0 0	2 0 0 0 0 0	贷	7 4 6 8 5 0 0 0	✓
				本月合计	5 0 0 0 0 0 0 0	2 0 0 0 0 0			
				本年累计(略)					

总 账

科目：应交税费

2010年		凭证		摘要	借方	贷方	借或贷	余额	
月	日	种类	号数						
1	1			上年结转			贷		
				……			…		
				……			…		
11	31			……			贷	7 928 00	
				本月合计(略)					
				本年累计(略)					
12	31	汇	1	本月汇总	9 520 00	9 764 400	贷	9 605 200	√
				本月合计	9 520 00	9 764 400			
				本年累计(略)					

总 账

科目：应付职工薪酬

2010年		凭证		摘要	借方	贷方	借或贷	余额	
月	日	种类	号数						
1	1			上年结转			贷		
				……			…		
				……			…		
11	31			……			贷	21 600 000	
				本月合计(略)					
				本年累计(略)					
12	31	汇	1	本月汇总	21 600 000	21 600 000	贷	21 600 000	√
				本月合计	21 600 000	21 600 000			
				本年累计(略)					

总　　账

科目：应付利息

2010年		凭证		摘要	借方	贷方	借或贷	余额
月	日	种类	号数		千百十万千百十元角分	千百十万千百十元角分		千百十万千百十元角分
1	1			上年结转			贷	
				……			…	
				……			…	
11	31			……			贷	2 7 0 0 0 0 0
				本月合计（略）				
				本年累计（略）				
12	31	汇	1	本月汇总	2 7 0 0 0 0 0		平	0 0 0
				本月合计	2 7 0 0 0 0 0			
				本年累计（略）				

总　　账

科目：盈余公积

2010年		凭证		摘要	借方	贷方	借或贷	余额
月	日	种类	号数		千百十万千百十元角分	千百十万千百十元角分		千百十万千百十元角分
1	1			上年结转			贷	
				……			…	
				……			…	
11	31			……			贷	2 7 5 1 0 0 0
				本月合计（略）				
				本年累计（略）				
12	31	汇	1	本月汇总		1 3 6 8 5 7 0	贷	4 1 1 9 5 7 0
				本月合计		1 3 6 8 5 7 0		
				本年累计（略）				

总　　账

科目：本年利润

2010年		凭证		摘要	借方 千百十万千百十元角分	贷方 千百十万千百十元角分	借或贷	余额 千百十万千百十元角分	
月	日	种类	号数						✓
1	1			上年结转			贷		
				……			…		
				……			…		
11	31			……			平	0 0 0	
				本月合计(略)					
				本年累计(略)					
12	31	汇	1	本月汇总	3 1 5 8 4 0 0 0	3 1 5 8 4 0 0 0	平	0 0 0	✓
				本月合计	3 1 5 8 4 0 0 0	3 1 5 8 4 0 0 0			
				本年累计(略)					

总　　账

科目：利润分配

2010年		凭证		摘要	借方 千百十万千百十元角分	贷方 千百十万千百十元角分	借或贷	余额 千百十万千百十元角分	
月	日	种类	号数						✓
1	1			上年结转			贷		
				……			…		
				……			…		
11	31			……			贷	5 1 0 1 2 0 0	
				本月合计(略)					
				本年累计(略)					
12	31	汇	1	本月汇总	6 7 3 7 1 4 0	1 7 0 5 4 2 7 0	贷	1 5 4 1 8 3 3 0	✓
				本月合计	6 7 3 7 1 4 0	1 7 0 5 4 2 7 0			
				本年累计(略)					

总　　账

科目：主营业务成本

2010年		凭证		摘　要	借方	贷方	借或贷	余额	
月	日	种类	号数		千百十万千百十元角分	千百十万千百十元角分		千百十万千百十元角分	
1	1			上年结转			借		
				……			…		
				……			…		
11	31			……			平	0 0 0	
				本月合计(略)					
				本年累计(略)					
12	31	汇	1	本月汇总	8 1 3 2 7 0 0	8 1 3 2 7 0 0	平	0 0 0	√
				本月合计	8 1 3 2 7 0 0	8 1 3 2 7 0 0			
				本年累计(略)					

总　　账

科目：管理费用

2010年		凭证		摘　要	借方	贷方	借或贷	余额	
月	日	种类	号数		千百十万千百十元角分	千百十万千百十元角分		千百十万千百十元角分	
1	1			上年结转			借		
				……			…		
				……			…		
11	31			……			平	0 0 0	
				本月合计(略)					
				本年累计(略)					
12	31	汇	1	本月汇总	2 0 6 9 4 0 0	2 0 6 9 4 0 0	平	0 0 0	√
				本月合计	2 0 6 9 4 0 0	2 0 6 9 4 0 0			
				本年累计(略)					

总　　账

科目：所得税费用

2010年 月	日	凭证 种类	凭证 号数	摘要	借方	贷方	借或贷	余额	√
1	1			上年结转			借		
				……			…		
				……			…		
11	31			……			平	0 00	
				本月合计(略)					
				本年累计(略)					
12	31	汇	1	本月汇总	456 190 0	456 190 0	平	0 00	√
				本月合计	456 190 0	456 190 0			
				本年累计(略)					

实训八参考答案

1. 11月30日资产负债表

资产负债表

编制单位：太原艾丽制衣有限责任公司　　2011年11月30日　　金额单位：元

资产	期末余额	年初余额	负债和所有者权益（或股东权益）	期末余额	年初余额
货币资金	6 527 728.41	3 222 182.73	短期借款		
交易性金融资产			交易性金融负债		
应收票据	231 087.96	184 870.37	应付票据	2 504 384.00	3 383 313.78
应收账款	1 181 516.36	945 213.09	应付账款	2 162 191.60	2 945 972.44
预付账款	396 587.60	317 270.08	预收账款	987 202.97	1 888 482.67
应收利息			应付职工薪酬	637 116.48	1 573 404.83
应收股利			应交税费	−972 446.92	1 475 777.90
其他应收款	11 598.00	9 278.40	应付利息		51 000.00
存货	532 733.40	426 186.72	应付股利		
一年内到期的非流动资产			其他应付款		23 765.89
其他流动资产			一年内到期的非流动负债		
流动资产合计	8 881 251.73	5 105 001.39	其他流动负债		
非流动资产			流动负债合计	5 318 448.13	11 341 717.51
可供出售金融资产			非流动负债：		
持有至到期投资			长期借款	5 000 000.00	2 800 000.00
长期应收款			应付债券		
长期股权投资	4 329 876.00	4 329 876.00	长期应付款		987 650.00
投资性房地产			专项应付款		
固定资产	7 954 976.40	8 456 511.60	预计负债		
在建工程	11 736 966.48	12 999 407.13	递延所得税负债		
工程物资			其他非流动负债		
固定资产清理	26 928.00	43 578.00	非流动负债合计	5 000 000.00	3 787 650.00

续表

资产	期末余额	年初余额	负债和所有者权益（或股东权益）	期末余额	年初余额
生产性生物资产			负债合计	10 318 448.13	15 129 367.51
油气资产			所有者权益（或股东权益）：		
无形资产	4 416 000.00	4 416 000.00	实收资本（或股本）	20 000 000.00	20 000 000.00
开发支出			资本公积	181 303.27	181 303.27
商誉			减：库存股		
长期待摊费用			盈余公积	89 860.00	89 860.00
递延所得税资产	24 066.41	24 066.41	未分配利润	6 780 453.62	−26 090.25
其他非流动资产			所有者权益（或股东权益）合计	27 051 616.89	20 245 073.02
非流动资产合计	28 488 813.29	30 269 439.14			
资产总计	37 370 065.02	35 374 440.53	负债和所有者权益（股东权益）总计	37 370 065.02	35 374 440.53

2. 11月份利润表

利润表

编制单位：太原艾丽制衣有限责任公司　　　2011年11月　　　　　　　　　　金额单位：元

项目	本期金额	上期金额
一、营业收入	2 296 058.00	2 066 452.20
减：营业成本	1 027 144.63	924 430.17
营业税金及附加	39 305.74	35 375.17
销售费用	8 794.00	9 087.00
管理费用	523 311.93	418 649.54
财务费用	654 321.77	458 025.24
资产减值损失		
加：公允价值变动收益（损失以"−"号填列）		6 754.00
投资收益（损失以"−"号填列）	897 654.00	598 765.00
其中：对联营企业和合营企业的投资收益		
二、营业利润（亏损以"−"号填列）	940 833.93	826 404.08
加：营业外收入	4 532.00	8 765.00
减：营业外支出	45 000.00	4 321.00

续表

项目	本期金额	上期金额
其中:非流动资产处置损失		
三、利润总额(亏损总额以"－"号填列)	900 365.93	830 848.08
减:所得税费用		
四、净利润(净亏损以"－"号填列)	900 365.93	830 848.08
五、每股收益		
(一)基本每股收益		
(二)稀释每股收益		
六、其他综合收益		
七、综合收益总额		

3. 11月份财务指标

(1)资产负债率＝27.61%

(2)产权比率＝0.38

(3)净资产收益率＝3.39%

(4)流动比率＝0.6

4. 12月份现金流量表项目

(1)销售商品,提供劳务收到的现金＝2 824 381.20元

(2)支付给职工以及为职工支付的现金＝586 202.19元

(3)处置固定资产、无形资产及其他长期资产收回的现金净额＝32 420.00元

(4)投资所支付的现金＝108 432.00元

(5)分配股利、利润或偿付利息支付的现金＝31 000.00元

5. 业务题答案(单位:元)

题号	摘要	总账科目	明细科目	借方金额	贷方金额
1	冲销暂估材料	应付账款	暂估材料款	19 740.00	
		原材料	全棉蓝厚水洗布		19 740.00

题号	摘要	总账科目	明细科目	借方金额	贷方金额
2	商业汇票采购	材料采购	全棉蓝薄水洗布	119 008.80	
		材料采购	全棉红薄水洗布	145 455.20	
		材料采购	全棉蓝厚水洗布	117 813.40	
		材料采购	全棉红厚水洗布	124 743.60	
		应交税费	应交增值税(进项税额)	85 339.00	
		应付票据	北京宏伟		582 660.00
		银行存款	工行晋源支行		9 700.00

题号	摘要	总账科目	明细科目	借方金额	贷方金额
3	申请办理银行汇票	其他货币资金	银行汇票存款	13 000.00	
		财务费用		3.50	
		银行存款	工行晋源支行		13 003.50

题号	摘要	总账科目	明细科目	借方金额	贷方金额
4	采购反光条	材料采购	反光条	10 920.00	
		应交税费	应交增值税(进项税额)	1 856.40	
		银行存款	工行晋源支行	223.60	
		其他货币资金	银行汇票存款		13 000.00

题号	摘要	总账科目	明细科目	借方金额	贷方金额
5	缴纳税费	应交税费	未交增值税	253 440.00	
		应交税费	应交城市维护建设税	17 740.80	
		应交税费	应交教育费附加	7 603.20	
		应交税费	应交个人所得税	844.32	
		银行存款	工行晋源支行		279 628.32

题号	摘要	总账科目	明细科目	借方金额	贷方金额
6	购买太原电力股票	可供出售金融资产	太原电力(成本)	108 432.00	
		其他货币资金	存出投资款		108 432.00

题号	摘要	总账科目	明细科目	借方金额	贷方金额
7	报销差旅费	管理费用		4 060.00	
		库存现金			4 060.00

题号	摘要	总账科目	明细科目	借方金额	贷方金额
8	收回应收账款	银行存款	工行晋源支行	200 000.00	
		应收账款	太原红盛实业公司		200 000.00

题号	摘要	总账科目	明细科目	借方金额	贷方金额
9	发放工资	应付职工薪酬	工资	340 368.68	
		银行存款	工行晋源支行		340 368.68

题号	摘要	总账科目	明细科目	借方金额	贷方金额
10	购买固定资产	固定资产	生产设备	52 000.00	
		应交税费	应交增值税(进项税额)	8 840.00	
		银行存款	工行晋源支行		60 840.00

题号	摘要	总账科目	明细科目	借方金额	贷方金额
11	收到罚款	库存现金		400.00	
		营业外收入			400.00

题号	摘要	总账科目	明细科目	借方金额	贷方金额
12	缴纳住房公积金	应付职工薪酬	住房公积金	41 110.00	
		应付职工薪酬	工资	24 666.00	
		银行存款	工行晋源支行		65 776.00

题号	摘要	总账科目	明细科目	借方金额	贷方金额
13	缴纳社会保险费	应付职工薪酬	社会保险费	106 063.80	
		应付职工薪酬	工资	45 221.00	
		银行存款	工行晋源支行		151 284.80

题号	摘要	总账科目	明细科目	借方金额	贷方金额
14	捐赠	营业外支出		50 000.00	
		银行存款	工行晋源支行		50 000.00

题号	摘要	总账科目	明细科目	借方金额	贷方金额
15	销售产品1	应收票据	北京市海淀区劳保用品中心	1 146 600.00	
		主营业务收入	男夏装		272 000.00
		主营业务收入	女夏装		192 000.00
		主营业务收入	男冬装		228 000.00
		主营业务收入	女冬装		288 000.00
		应交税费	应交增值税(销项税额)		166 600.00

题号	摘要	总账科目	明细科目	借方金额	贷方金额
16	支付销售运费	销售费用		5 250.00	
		应交税费	应交增值税(进项税额)	350.00	
		银行存款	工行晋源支行		5 600.00

题号	摘要	总账科目	明细科目	借方金额	贷方金额
17	支付办公电话费	管理费用		2 204.61	
		银行存款	工行晋源支行		2 204.61

业务 18

贴 现 凭 证（收款通知） ④

申请日期 2011 年 12 月 15 日　　　　　　　　　　　第 012 号

贴现汇票	种 类	银行承兑汇票	号码	68791089	持票人	名称	太原艾丽制衣有限责任公司
	出票日	2011 年 12 月 13 日				账号	6222464654546447
	到期日	2012 年 03 月 11 日				开户银行	中国工商银行太原晋源支行

汇票承兑人（或银行）	名称	中国工商银行太原晋源支行	账号		开户银行	

汇票金额（即贴现金额）	人民币（大写）	壹佰壹拾肆万陆仟陆佰元整	￥ 1 1 4 6 6 0 0 0 0

贴现率 每 月	6‰	贴现利息	￥ 2 0 6 3 8 8 0	实付贴现金额	￥ 1 1 2 5 9 6 1 2 0

上述款项已入你单位账号。
此致
贴现申请人

　　　　　备注：

　　　　　银行盖章

此联银行给申请人的收款通知

题号	摘要	总账科目	明细科目	借方金额	贷方金额
18	贴现	银行存款	工行晋源支行	1 125 961.20	
		财务费用		20 638.80	
		应收票据	北京市海淀区劳保用品中心		1 146 600.00

题号	摘要	总账科目	明细科目	借方金额	贷方金额
19	固定资产修理费	管理费用		3 200.00	
		应交税费	应交增值税（进项税额）	544.00	
		银行存款	工行晋源支行		3 744.00

题号	摘要	总账科目	明细科目	借方金额	贷方金额
20	收回应收票据	银行存款	工行晋源支行	117 000.00	
		应收票据	保定劳保用品公司		117 000.00

题号	摘要	总账科目	明细科目	借方金额	贷方金额
21	处置固定资产收入	银行存款	工行晋源支行	32 760.00	
		固定资产清理			28 000.00
		应交税费	应交增值税（销项税额）		4 760.00

题号	摘要	总账科目	明细科目	借方金额	贷方金额
22	发生拆卸费用	固定资产清理		340.00	
		库存现金			340.00

题号	摘要	总账科目	明细科目	借方金额	贷方金额
23	结转锁眼机清理损益	固定资产清理		732.00	
		营业外收入			732.00

题号	摘要	总账科目	明细科目	借方金额	贷方金额
24	支付新产品研究技术开发费	研发支出	费用化支出	3 000.00	
		银行存款	工行晋源支行		3 000.00

题号	摘要	总账科目	明细科目	借方金额	贷方金额
25	支付职工培训费	应付职工薪酬	职工教育经费	6 572.71	
		银行存款	工行晋源支行		6 572.71

题号	摘要	总账科目	明细科目	借方金额	贷方金额
26	报销招待费	管理费用		4 386.00	
		库存现金			4 386.00

题号	摘要	总账科目	明细科目	借方金额	贷方金额
27	收到职工归还借款	库存现金		5 000.00	
		其他应收款	王洁		5 000.00

题号	摘要	总账科目	明细科目	借方金额	贷方金额
28	收取专利权使用费	银行存款	工行晋源支行	86 000.00	
		其他业务收入			86 000.00

题号	摘要	总账科目	明细科目	借方金额	贷方金额
29	支付本月水费	应付账款	自来水公司	2 940.00	
		应交税费	应交增值税（进项税额）	382.20	
		银行存款	工行晋源支行		3 322.20

题号	摘要	总账科目	明细科目	借方金额	贷方金额
30	支付本月电费	应付账款	太原供电分公司	5 696.00	
		应交税费	应交增值税（进项税额）	968.32	
		银行存款	工行晋源支行		

题号	摘要	总账科目	明细科目	借方金额	贷方金额
31	收到存款利息收入	银行存款	工行晋源支行	902.89	
		银行存款	交行五一支行	1 527.78	
		财务费用			2 430.67

题号	摘要	总账科目	明细科目	借方金额	贷方金额
32	支付借款利息	财务费用		31 000.00	
		银行存款	交行五一支行		31 000.00

题号	摘要	总账科目	明细科目	借方金额	贷方金额
33	在建工程完工	投资性房地产	1#楼（成本）	7 864 300.00	
		在建工程	1#楼		7 864 300.00

题号	摘要	总账科目	明细科目	借方金额	贷方金额
34	销售产品2	应收账款	陕西劳保用品公司	1 392 820.00	
		主营业务收入	男夏装		340 000.00
		主营业务收入	女夏装		256 000.00
		主营业务收入	男冬装		266 000.00
		主营业务收入	女冬装		324 000.00
		应交税费	应交增值税（销项税额）		201 620.00
		银行存款	工行晋源支行		5 200.00

题号	摘要	总账科目	明细科目	借方金额	贷方金额
35	支付职工餐费补助	应付职工薪酬	职工福利费	22 200.00	
		银行存款	工行晋源支行		22 200.00

题号	摘要	总账科目	明细科目	借方金额	贷方金额
36	收到上月采购材料发票	材料采购	全棉蓝厚水洗布	20 400.00	
		应交税费	应交增值税（进项税额）	3 468.00	
		银行存款	工行晋源支行		23 868.00

题号	摘要	总账科目	明细科目	借方金额	贷方金额
37	销售产品3	银行存款	工行晋源支行	12 320.00	
		预收账款	东盛实业公司	100 000.00	
		主营业务收入	女夏装		96 000.00
		应交税费	应交增值税（销项税额）		16 320.00

题号	摘要	总账科目	明细科目	借方金额	贷方金额
38	无形资产摊销	管理费用		150 000.00	
		其他业务成本		72 000.00	
		累计摊销			222 000.00

题号	摘要	总账科目	明细科目	借方金额	贷方金额
39	收到前欠货款	银行存款	工行晋源支行	1 369 100.00	
		财务费用		23 720.00	
		应收账款	陕西劳保用品公司		1 392 820.00

题号	摘要	总账科目	明细科目	借方金额	贷方金额
40	报销车间办公费	制造费用		548.09	
		库存现金			548.09

业务 41

职工福利费分配表

2011年12月31日　　　　　　　　　　　　　金额单位:元

受益对象		分配标准	分配率	分配金额
生产车间工人	男夏装	25	150.00	3 750.00
	女夏装	30	150.00	4 500.00
	男冬装	25	150.00	3 750.00
	女冬装	18	150.00	2 700.00
	小　计	98		14 700.00
车间管理人员				750.00
公司管理人员				6 750.00
合　计				22 200.00

审核:李成功　　　　　　　　　　　　　制单:马晓娟

题号	摘要	总账科目	明细科目	借方金额	贷方金额
41	分配职工福利	生产成本	男夏装	3 750.00	
		生产成本	女夏装	4 500.00	
		生产成本	男冬装	3 750.00	
		生产成本	女冬装	2 700.00	
		制造费用		750.00	
		管理费用		6 750.00	
		应付职工薪酬	职工福利费		22 200.00

业务 42

个人所得税计算表

2011 年 12 月 31 日　　　　　　　　　　　　　　　　　金额单位:元

姓名	应付工资	三险一金	应税工资	应交个人所得税
周志强	7 200.00	1 224.00	5 976.00	142.60
李成功	6 200.00	1 054.00	5 146.00	59.60
刘家昌	4 800.00	816.00	3 984.00	14.52
合计				216.72

备注:公司其他职工本月无应交个人所得税

审核:李成功　　　　　　　　　　　　　　　　制单:马晓娟

题号	摘要	总账科目	明细科目	借方金额	贷方金额
42	计提本月个人所得税	应付职工薪酬	工资	216.72	
		应交税费	应交个人所得税		216.72

业务 43

职工薪酬分配表

2011 年 12 月 31 日　　　　　　　　　　　　　　　　　金额单位:元

受益对象		分配标准(工时)	分配率	分配金额
生产车间工人	男夏装	2 250	38.117 2	85 763.70
	女夏装	2 550	38.117 2	97 198.86
	男冬装	1 800	38.117 2	68 610.96
	女冬装	1 900	38.117 2	72 422.68
	小 计	8 500		323 996.20
车间管理人员				18 007.51
公司管理人员				219 196.29
合 计				561 200.00

审核:李成功　　　　　　　　　　　　　　　　制单:马晓娟

题号	摘要	总账科目	明细科目	借方金额	贷方金额
43	分配职工薪酬	生产成本	男夏装	85 763.70	
		生产成本	女夏装	97 198.86	
		生产成本	男冬装	68 610.96	
		生产成本	女冬装	72 422.68	
		制造费用		18 007.51	
		管理费用		219 196.29	
		应付职工薪酬	工资		400 000.00
		应付职工薪酬	社会保险费		103 200.00

续表

题号	摘要	总账科目	明细科目	借方金额	贷方金额
		应付职工薪酬	住房公积金		40 000.00
		应付职工薪酬	工会经费		8 000.00
		应付职工薪酬	职工教育经费		10 000.00

业务 44

固定资产折旧计算表

2011 年 12 月 31 日　　　　　　　　　　　　　　　　　金额单位：元

使用单位和固定资产类别		月初原值	固定资产月折旧率(%)	本月应提折旧额
生产车间	厂房	1 150 000.00	0.40	4 600.00
	生产设备	2 770 000.00	0.80	22 160.00
	小计	3 920 000.00		26 760.00
管理部门	房屋	3 600 000.00	0.40	14 400.00
	运输设备	1 046 000.00	2.00	20 920.00
	管理设备	588 950.00	1.60	9 423.20
	小计	5 234 950.00		44 743.20
无偿提供给高管用车		210 000.00	2.00	4 200.00
小计		9 364 950.00		75 703.20

审核：李成功　　　　　　　　　　　　　　　　　制单：马晓娟

题号	摘要	总账科目	明细科目	借方金额	贷方金额
44	计提折旧	应付职工薪酬	非货币性福利	4 200.00	
		管理费用		44 743.20	
		制造费用		26 760.00	
		累计折旧			75 703.20

题号	摘要	总账科目	明细科目	借方金额	贷方金额
45	处理企业高管用车折旧费	管理费用		4 200.00	
		应付职工薪酬	非货币性福利		4 200.00

业务 46

外购水费分配表

2011 年 12 月 31 日　　　　　　　　　　　　　　　　　金额单位：元

受益对象	耗用量	单价	分配金额
生产车间	500	4.20	2 100.00
公司管理部门	200	4.20	840.00
合　计	700		2 940.00

审核：李成功　　　　　　　　　　　　　　　　　制单：马晓娟

题号	摘要	总账科目	明细科目	借方金额	贷方金额
46	分配水费	制造费用		2 100.00	
		管理费用		840.00	
		应付账款	自来水公司		2 940.00

业务47

外购电费分配表

2011年12月31日　　　　　　　　　　　　　　　　　　金额单位:元

受益对象	耗用量	单价	分配金额
生产车间	5 000	0.80	4 000.00
公司管理部门	2 120	0.80	1 696.00
合　计	7 120		5 696.00

审核:李成功　　　　　　　　　　　　　　　　　　　制单:马晓娟

题号	摘要	总账科目	明细科目	借方金额	贷方金额
47	分配电费	制造费用		4 000.00	
		管理费用		1 696.00	
		应付账款	太原供电分公司		5 696.00

业务48

收料凭证汇总表

2011年12月31日　　　　　　　　　　　　　　　　　　金额单位:元

材料名称	入库数量	计划单价	计划总成本
全棉蓝薄水洗布	4 500	25.80	116 100.00
全棉红薄水洗布	5 500	25.80	140 900.00
全棉蓝厚水洗布	4 000	32.90	131 600.00
全棉红厚水洗布	3 600	32.90	118 440.00
反光条	260	40.00	10 400.00
合　计	—	—	518 440.00

审核:李成功　　　　　　　　　　　　　　　　　　　制单:马晓娟

题号	摘要	总账科目	明细科目	借方金额	贷方金额
48	结转入库材料计划成本	原材料	全棉蓝薄水洗布	116 100.00	
		原材料	全棉红薄水洗布	141 900.00	
		原材料	全棉蓝厚水洗布	131 600.00	
		原材料	全棉红厚水洗布	118 440.00	
		原材料	反光条	10 400.00	

续表

题号	摘要	总账科目	明细科目	借方金额	贷方金额
		材料采购	全棉蓝薄水洗布		116 100.00
		材料采购	全棉红薄水洗布		141 900.00
		材料采购	全棉蓝厚水洗布		131 600.00
		材料采购	全棉红厚水洗布		118 440.00
		材料采购	反光条		10 400.00

业务 49

入库材料成本差异计算表

2011 年 12 月 31 日　　　　　　　　　　　　　　　　金额单位:元

材料名称	入库数量	计划单价	计划总成本	实际总成本	材料成本差异
全棉蓝薄水洗布	4 500	25.80	116 100.00	119 008.80	2 908.80
全棉红薄水洗布	5 500	25.80	141 900.00	145 455.20	3 555.20
全棉蓝厚水洗布	4 000	32.90	131 600.00	138 213.40	6 613.40
全棉红厚水洗布	3 600	32.90	118 440.00	124 743.60	6 303.60
反光条	260	40.00	10 400.00	10 920.00	520.00
合　计	—	—	518 440.00	538 341.00	19 901.00

审核:李成功　　　　　　　　　　　　　　　　　　　　　制单:马晓娟

题号	摘要	总账科目	明细科目	借方金额	贷方金额
49	结转入库材料的材料成本差异	材料成本差异		19 901.00	
		材料采购	全棉蓝薄水洗布		2 908.80
		材料采购	全棉红薄水洗布		3 555.20
		材料采购	全棉蓝厚水洗布		6 613.40
		材料采购	全棉红厚水洗布		6 303.60
		材料采购	反光条		520.00

业务 50

发出材料汇总表
2011 年 12 月 31 日　　　　　　　　　　　　　　　　　　　　　　　　　金额单位:元

材料 用途			生产产品耗用								产品共同耗用		车间一般耗用	
			男夏装		女夏装		男冬装		女冬装					
品名	单位	计划单价	数量	金额	数量	金额	数量	金额	数量	金额	数量	金额	数量	金额
全棉蓝薄水洗布	米	25.8	4 500	116 100.00										
全棉红薄水洗布	米	25.8			5 040	130 032.00								
全棉蓝厚水洗布	米	32.9					3 150	103 635.00						
全棉红厚水洗布	米	32.9							3 600	118 440.00				
扣子	包	10									1 014	10 140.00		
松紧带	卷	75									110	8 250.00		
反光条	圈	40									564	22 560.00		
线	塔	8									606	4 848.00		
311 高级衣车油	瓶	105											6	630.00
总计				116 100.00		130 032.00		103 635.00		118 440.00		45 798.00		630.00

审核:李成功　　　　　　　　　　　　　　　　　　　　　　　　　　　制单:马晓娟

生产车间材料费用分配表
2011 年 12 月 31 日　　　　　　　　　　　　　　　　　　　　　　　　　金额单位:元

产品名称	本期投产量	间接计入											直接计入	材料费用合计
		扣子			松紧带			反光条			线			
		单位消耗定额	分配率	分配额	单位消耗定额	分配率	分配额	单位消耗定额	分配率	分配额	单位消耗定额	分配率	分配额		
男夏装	1 500	0.18	10	2 700.00	1	1.5027	2 254.05	5.2	0.8	6 240.00	0.11	8	1 320.00	116 100.00	128 614.05
女夏装	1 800	0.18	10	3 240.00	1	1.5027	2 704.86	5.1	0.8	7 344.00	0.1	8	1 440.00	130 032.00	144 760.86
男冬装	900	0.2	10	1 800.00	1.1	1.5027	1 487.67	5.4	0.8	3 888.00	0.13	8	936.00	103 635.00	111 746.67
女冬装	1 200	0.2	10	2 400.00	1	1.5027	1 803.42	5.3	0.8	5 088.00	0.12	8	1 152.00	118 440.00	128 883.42
小计				10 140.00			8 250.00			22 560.00			4 848.00	468 207.00	514 005.00

审核:李成功　　　　　　　　　　　　　　　　　　　　　　　　　　　制单:马晓娟

题号	摘要	总账科目	明细科目	借方金额	贷方金额
50	分配结转发出材料计划成本	生产成本	男夏装	128 614.05	
		生产成本	女夏装	144 760.86	
		生产成本	男冬装	111 746.67	
		生产成本	女冬装	128 883.42	
		制造费用		630.00	
		原材料	全棉蓝薄水洗布		116 100.00
		原材料	全棉红薄水洗布		130 032.00
		原材料	全棉蓝厚水洗布		103 635.00
		原材料	全棉红厚水洗布		118 440.00
		原材料	扣子		10 140.00
		原材料	松紧带		8 250.00

续表

题号	摘要	总账科目	明细科目	借方金额	贷方金额
		原材料	反光条		22 560.00
		原材料	线		4 848.00
		原材料	311 高级衣车油		630.00

业务 51

材料成本差异率计算表

2011 年 12 月 31 日　　　　　　　　　　　　　　　　　金额单位:元

材料成本差异		原材料计划成本		材料成本差异率(%)
期初结存	本期增加	期初结存	本期增加	
-3 782.97	19 901.00	146 021.40	498 700.00	2.50%

审核:李成功　　　　　　　　　　　　　　　　制单:马晓娟

发出材料成本差异计算表

2011 年 12 月 31 日　　　　　　　　　　　　　　　　　金额单位:元

车间名称	产品名称	计划成本	材料成本差异率	材料成本差异额
生产车间	男夏装	128 614.05	2.50%	3 215.35
	女夏装	144 760.86	2.50%	3 619.02
	男冬装	111 746.67	2.50%	2 793.67
	女冬装	128 883.42	2.50%	3 222.09
	小计	514 005.00		12 850.13
制造费用		630.00	2.50%	15.75
合计		514 635.00		12 865.88

审核:李成功　　　　　　　　　　　　　　　　制单:马晓娟

题号	摘要	总账科目	明细科目	借方金额	贷方金额
51	结转发出材料成本差异	生产成本	男夏装	3 215.35	
		生产成本	女夏装	3 619.02	
		生产成本	男冬装	2 793.67	
		生产成本	女冬装	3 222.09	
		制造费用		15.75	
		材料成本差异			12 865.88

题号	摘要	总账科目	明细科目	借方金额	贷方金额
52	分配结转发出周转材料成本	生产成本	男夏装	75.00	
		生产成本	女夏装	90.00	

续表

题号	摘要	总账科目	明细科目	借方金额	贷方金额
		生产成本	男冬装	54.00	
		生产成本	女冬装	72.00	
		周转材料	包装物		291.00

业务 53

制造费用分配表

2011 年 12 月 31 日　　　　　　　　　　　　　　　金额单位:元

产品名称	分配标准(工时)	分配率	分配金额
男夏装	2 250	6.213 1	13 979.48
女夏装	2 550	6.213 1	15 843.41
男冬装	1 800	6.213 1	11 183.58
女冬装	1 900	6.213 1	11 804.88
合计	8 500		52 811.35

审核:李成功　　　　　　　　　　　　　　　　　　制单:马晓娟

注:分配率保留小数点后四位,分配金额保留小数点后两位,尾差计入女冬装。

题号	摘要	总账科目	明细科目	借方金额	贷方金额
53	分配制造费用	生产成本	男夏装	13 979.48	
		生产成本	女夏装	15 843.41	
		生产成本	男冬装	11 183.58	
		生产成本	女冬装	11 804.88	
		制造费用			52 811.35

业务 54

期末在产品约当产量计算表

产品名称:女冬装　　　　　2011 年 12 月 31 日　　　　　　　　计量单位:套

工序	工序名称	定额工时(分钟)	完工程度	期末在产品数量	在产品约当产量
1	验布	4	2%		
2	裁布	4	6%	10	0.6
3	缝纫	84	50%	100	50
4	锁眼钉扣	4	94%	10	9.4
5	检验包装	4	98%		
合计		100		120	60

审核:李成功　　　　　　　　　　　　　　　　　　制单:马晓娟

产品成本计算单

车间：生产车间
产品：男夏装　　　　　　2011 年 12 月 31 日　　　　　　完工产品：1 500

成本项目	月初在产品成本	本月发生费用	生产费用合计	期末在产品约当产量	完工产品产量	完工产品总成本	单位成本	期末在产品成本
直接材料		131 904.40	131 904.40		1 500	131 904.40	87.9363	
直接人工		89 513.70	89 513.70		1 500	89 513.70	59.6758	
制造费用		13 979.48	13 979.48		1 500	13 979.48	9.3197	
合计		235 397.58	235 397.58			235 397.58	156.93	

审核：李成功　　　　　　　　　　　　　　　　　　　制单：马晓娟

产品成本计算单

车间：生产车间
产品：女夏装　　　　　　2011 年 12 月 31 日　　　　　　完工产品：1 800

成本项目	月初在产品成本	本月发生费用	生产费用合计	期末在产品约当产量	完工产品产量	完工产品总成本	单位成本	期末在产品成本
直接材料		148 469.88	148 469.88		1 800	148 469.88	82.483 3	
直接人工		101 698.86	101 698.86		1 800	101 698.86	56.499 4	
制造费用		15 843.41	15 843.41		1 800	15 843.41	8.801 9	
合计		266 012.15	266 012.15			266 012.15	147.78	

审核：李成功　　　　　　　　　　　　　　　　　　　制单：马晓娟

产品成本计算单

车间：生产车间
产品：男冬装　　　　　　2011 年 12 月 31 日　　　　　　完工产品：1 500

成本项目	月初在产品成本	本月发生费用	生产费用合计	期末在产品约当产量	完工产品产量	完工产品总成本	单位成本	期末在产品成本
直接材料	74 532.00	114 594.34	189 126.34		1 500	189 126.34	126.084 2	
直接人工	14 250.00	72 360.96	86 610.96		1 500	86 610.96	57.740 6	
制造费用	2 536.50	11 183.58	13 720.08		1 500	13 720.08	9.146 7	
合计	91 318.50	198 138.88	289 457.38			289 457.38	192.97	

审核：李成功　　　　　　　　　　　　　　　　　　　制单：马晓娟

产品成本计算单

车间：生产车间
产品：女冬装　　　　　　2011 年 12 月 31 日　　　　　　完工产品：1 080

成本项目	月初在产品成本	本月发生费用	生产费用合计	期末在产品约当产量	完工产品产量	完工产品总成本	单位成本	期末在产品成本
直接材料		132 177.51	132 177.51	120	1 080	118 959.76	110.147 9	13 217.75
直接人工		75 122.68	75 122.68	60	1 080	71 168.85	65.897 1	3 953.83
制造费用		11 804.88	11 804.88	60	1 080	11 183.57	10.355 2	621.31
合计		219 105.07	219 105.07			201 312.18	186.40	17 792.89

审核：李成功　　　　　　　　　　　　　　　　　　　制单：马晓娟

产品成本汇总表

编制单位：太原艾丽制衣有限责任公司　　　2011年12月31日　　　　　　　　　金额单位：元

项目	男夏装	女夏装	男冬装	女冬装	合计
期初在产品成本			91 318.50		91 318.50
本期生产费用	235 397.58	266 012.15	198 138.88	219 105.07	918 653.68
生产费用合计	235 397.58	266 012.15	289 457.38	219 105.07	1 009 972.18
期末完工产品成本	235 397.58	266 012.15	289 457.38	201 312.18	992 179.29
期末在产品成本				17 792.89	17 792.89

审核：李成功　　　　　　　　　　　　　　　　　　　　　　　制单：马晓娟

题号	摘要	总账科目	明细科目	借方金额	贷方金额
54	结转完工产品成本	库存商品	男夏装	235 397.58	
		库存商品	女夏装	266 012.15	
		库存商品	男冬装	289 457.38	
		库存商品	女冬装	201 312.18	
		生产成本	男夏装		235 397.58
		生产成本	女夏装		266 012.15
		生产成本	男冬装		289 457.38
		生产成本	女冬装		201 312.18

业务55

销售成本计算表

2011年12月31日　　　　　　　　　　　　　　　　金额单位：元

产品	期初结存数量	本期完工产量	本期销售数量	期末结存数量	期初结存成本	完工产品成本	单位成本（加权）	期末存货	销售成本
男夏装	456	1 500	1 800	156	72 244.08	235 397.58	157.28	24 535.68	283 105.98
女夏装	386	1 800	1 700	486	58 502.16	266 012.15	148.45	72 146.70	252 367.61
男冬装	209	1 500	1 300	409	39 808.23	289 457.38	192.67	78 802.03	250 463.58
女冬装	700	1 080	1 700	80	126 392.00	201 312.18	184.10	14 728.00	312 976.18
合计					296 946.47	992 179.29		190 212.41	1 098 913.35

审核：李成功　　　　　　　　　　　　　　　　　　　　　　　制单：陈中华

题号	摘要	总账科目	明细科目	借方金额	贷方金额
55	结转产品销售成本	主营业务成本	男夏装	283 105.98	
		主营业务成本	女夏装	252 367.61	
		主营业务成本	男冬装	250 463.58	
		主营业务成本	女冬装	312 976.18	

续表

题号	摘要	总账科目	明细科目	借方金额	贷方金额
		库存商品	男夏装		283 105.98
		库存商品	女夏装		252 367.61
		库存商品	男冬装		250 463.58
		库存商品	女冬装		312 976.18

题号	摘要	总账科目	明细科目	借方金额	贷方金额
56	结转新产品研发费用支出	管理费用		3 000.00	
		研发支出	费用化支出		3 000.00

题号	摘要	总账科目	明细科目	借方金额	贷方金额
57	确认股权投资收益	长期股权投资	损益调整	1 191 467.55	
		投资收益			1 191 467.55

业务58

坏账损失计算表

2011年12月31日　　　　　　　　　　　　　　　　　金额单位:元

公司名称	应收账款	账龄	比例	估计坏账损失额	坏账准备账户期初余额（贷方）	本期应计提额
宏达公司	126 755.00	逾期2个月	2%	2 535.10		
华伟公司	56 432.00	逾期4个月	4%	2 257.28		
红盛公司	56 652.00	逾期10个月	6%	3 399.12		
百成公司	658 762.00	逾期13个月	10%	65 876.20		
际宇公司	76 854.00	逾期19个月	12%	9 222.48		
新华公司	67 540.00	逾期1个月	2%	1 350.80		
合计				84 640.98	61 478.64	23 162.34

审核:李成功　　　　　　　　　　　　　　　　　制单:陈中华

题号	摘要	总账科目	明细科目	借方金额	贷方金额
58	计提坏账准备	资产减值损失		23 162.34	
		坏账准备			23 162.34

题号	摘要	总账科目	明细科目	借方金额	贷方金额
59	公允价值变动	可供出售金融资产	太原电力(公允价值变动)	3 568.00	
		投资性房地产	1#楼(公允价值变动)	389 700.00	
		资本公积	其他资本公积		3 568.00
		公允价值变动损益			389 700.00

业务60

未交增值税计算表

编制单位:太原艾丽制衣有限责任公司　　2011年12月　　　　　金额单位:元

项目	进项税额	销项税额	未交增值税
金额	101 747.92	389 300.00	287 552.08
合计	101 747.92	38 300.00	287 552.08

审核:李成功　　　　　　　　　　　　　　　　制单:陈中华

题号	摘要	总账科目	明细科目	借方金额	贷方金额
60	转出未交增值税	应交税费	应交增值税(转出未交增值税)	287 552.08	
		应交税费	未交增值税		287 552.08

业务61

应交营业税计算表

2011年12月31日　　　　　　　　　　　　金额单位:元

经营项目	应税营业额	税率	应交营业税额
专利使用费	86 000.00	5%	4 300.00

审核:李成功　　　　　　　　　　　　　　　　制单:陈中华

应交城市维护建设税与教育费附加计算表

2011年12月31日　　　　　　　　　　　　金额单位:元

税目	计税依据	计税金额	税率	应纳税额
城市维护建设税	增值税	287 552.08	7%	20 128.65
	营业税	4 300.00	7%	301.00
	小计	291 852.08		20 429.65

续表

税目	计税依据	计税金额	税率	应纳税额
教育费附加	增值税	287 552.08	3%	8 626.56
	营业税	4 300.00	3%	129.00
	小计	291 852.08		8 755.56

审核：李成功　　　　　　　　　　　　　　　　　　制单：陈中华

题号	摘要	总账科目	明细科目	借方金额	贷方金额
61	计提营业税等	营业税金及附加	营业税	4 300.00	
		营业税金及附加	城市维护建设税	20 429.65	
		营业税金及附加	教育费附加	8 755.56	
		应交税费	应交营业税		4 300.00
		应交税费	应交城市维护建设税		20 429.65
		应交税费	应交教育费附加		8 755.56

业务62

应交财产税计算表

2011年12月31日　　　　　　　　　　　　　　　　　金额单位：元

税种	应纳税额计算								应纳房产税税额合计
	征收方式	从价计征			从租计征				
房产税	项目	房产原值	房产余值	税率	应纳税额	租金收入	税率	应纳税额	
	金额	9 250 000.00	6 475 000.00	1.20%	77 700.00	0.00	0.00%	0.00	77 700.00
车船税	税目	计税单位		单位税额	数量		税额		应纳车船税税额合计
	载客人数9人(含)以下：1.0升(含)以下	辆		30.00	2		60.00		1 860.00
	1.0升以上	辆		360.00	5		1 800.00		
土地使用税	应税面积（平方米）				税率（元/平方米）				应纳土地使用税税额
	12 000.00				2.00				24 000.00
应交财产税总额									103 560.00

审核：李成功　　　　　　　　　　　　　　　　　　制单：陈中华

题号	摘要	总账科目	明细科目	借方金额	贷方金额
62	计提房产税等	管理费用		103 560.00	
		应交税费	应交房产税		77 700.00
		应交税费	应交车船税		1 860.00
		应交税费	应交土地使用税		24 000.00

题号	摘要	总账科目	明细科目	借方金额	贷方金额
63	结转损益类（收入）账户	主营业务收入		2 262 000.00	
		其他业务收入		86 000.00	
		投资收益		1 191 467.55	
		公允价值变动损益		389 700.00	
		营业外收入		1 132.00	
		本年利润			3 930 299.55

题号	摘要	总账科目	明细科目	借方金额	贷方金额
64	结转损益类（费用支出）账户	本年利润		1 903 578.63	
		主营业务成本			1 098 913.35
		其他业务成本			72 000.00
		营业税金及附加			33 485.21
		财务费用			72 931.63
		销售费用			5 250.00
		管理费用			547 836.10
		资产减值损失			23 162.34
		营业外支出			50 000.00

题号	摘要	总账科目	明细科目	借方金额	贷方金额
65	预缴第四季度所得税	应交税费	应交所得税	658 374.07	
		银行存款	工行晋源支行		658 374.07

业务 66

应交所得税计算表

2011 年 12 月 31 日　　　　　　　　　　　　　　　　　　金额单位：元

项目	账面价值	计税基础	可抵扣暂时性差异	应纳税暂时性差异	纳税调整增减额
捐赠支出					50 000.00
技术开发费					−1 500.00
业务招待费					30 624.00
投资收益					−1 191 467.55
应收账款	958 354.02	1 042 995.00	84 640.98		23 162.34
可供出售金融资产	112 000.00	108 432.00		3 568.00	
投资性房地产	8 254 000.00	7 864 300.00		389 700.00	−389 700.00
可抵扣亏损	0.00	0.00	0.00		−34 787.00
小计			84 640.98	393 268.00	−1 513 668.21

续表

项目	账面价值	计税基础	可抵扣暂时性差异		应纳税暂时性差异		纳税调整增减额
年度利润总额	应纳税所得额	应交所得税	递延所得税资产		递延所得税负债		
8 833 264.79	7 319 596.58	1 829 899.15	期初 24 066.41	期末 21 160.25	期初	期末 98 317.00	
所得税费用			1 930 230.31				
资本公积——其他资本公积			892.00				

审核：李成功　　　　　　　　　　　　　　　　制单：陈中华

题号	摘要	总账科目	明细科目	借方金额	贷方金额
66	计提本年度所得税费用	所得税费用		1 930 230.31	
		资本公积	其他资本公积	892.00	
		应交税费	应交所得税		1 829 899.15
		递延所得税资产			2 906.16
		递延所得税负债			98 317.00

题号	摘要	总账科目	明细科目	借方金额	贷方金额
67	结转所得税费用	本年利润		1 930 230.31	
		所得税费用			1 930 230.31

题号	摘要	总账科目	明细科目	借方金额	贷方金额
68	结转本年利润	本年利润		6 903 034.48	
		利润分配	未分配利润		6 903 034.48

题号	摘要	总账科目	明细科目	借方金额	贷方金额
69	计提法定盈余公积	利润分配	提取法定盈余公积	687 694.42	
		盈余公积	法定盈余公积		687 694.42

题号	摘要	总账科目	明细科目	借方金额	贷方金额
70	结转利润分配明细账户余额	利润分配	未分配利润	687 694.42	
		利润分配	提取法定盈余公积		687 694.42

科目汇总表

2011年12月01日至12月31日

编号：01　　附件共70张

第1号至70号共70张
第　号至　号共　张
第　号至　号共　张

凭证号数：

会计科目	借方金额	贷方金额
库存现金	5400.09	933.09
银行存款	294579.47	17423.21
其他货币资金	13000.00	121432.00
应收票据	114660.00	126360.00
应收账款	13928.00	15928.00
其他应收款		5000.00
坏账准备		2316.34
材料采购	5384.00	5384.00
原材料	51840.00	5343.75
材料成本差异		1286.88
库存商品	199901.00	1098913.35
周转材料	99217.929	2910.0
可供出售金融资产	112000.00	
长期股权投资	119146.75	
投资性房地产	8254000.00	
固定资产	520000.00	7570.320
累计折旧		78643.00
在建工程		

会计科目	借方金额	贷方金额
应付职工薪酬	5906.18.91	5876.00
应交税费	13270.239	26440.1316
递延所得税负债	8920.00	9831.00
资本公积		35680.00
盈余公积		6876.94.42
本年利润	107368.43.42	39302.99.55
利润分配	13753.88.84	75907.28.90
生产成本	91865.68	99217.929
制造费用	528.11.35	528.11.35
研发支出	3000.00	3000.00
主营业务收入	2262000.00	
其他业务收入	86000.00	
公允价值变动损益	38970.00	
投资收益	119146.75	119146.75
营业外收入	11320.00	11320.00
主营业务成本	1098913.35	1098913.35
其他业务成本	7200.00	7200.00
营业税金及附加	3348.521	3348.521

实训八参考答案

总页	会计科目	借方金额 十亿千百十万千百十元角分	贷方金额 十亿千百十万千百十元角分
	固定资产清理	1 0 7 2 0 0	
	累计摊销		2 8 0 0 0 0 0 0
	递延所得税资产		2 2 2 0 0 0 0 0
	应付票据		2 9 0 6 1 6
	应付账款	2 8 3 7 6 0 0	5 8 2 6 6 0 0 0
	预收账款	1 0 0 0 0 0 0 0	8 6 3 6 0 0
	合 计	— —	— —

财会主管：李成功　　　　记账：陈中华

续表

总页	会计科目	借方金额 十亿千百十万千百十元角分	贷方金额 十亿千百十万千百十元角分
	销售费用	5 2 5 0 0 0	5 2 5 0 0 0
	管理费用	5 4 7 8 3 6 1 0	5 4 7 8 3 6 1 0
	财务费用	7 5 3 6 2 3 0	7 5 3 6 2 3 0
	资产减值损失	2 3 1 6 2 3 4	2 3 1 6 2 3 4
	营业外支出	5 0 0 0 0 0 0 0	5 0 0 0 0 0 0 0
	所得税费用	1 9 3 0 2 3 0 3 1	1 9 3 0 2 3 0 3 1
	合 计	4 0 0 8 3 4 4 2 0 6	4 0 0 8 3 4 4 2 0 6

复核：李成功　　　　制表：陈中华

利润表

会企 02 表

编制单位:太原艾丽制衣有限责任公司　　2011 年 11 月　　　　　　金额单位:元

项目	本期金额	上期金额
一、营业收入	2 296 058.00	2 066 452.20
减:营业成本	1 027 144.63	924 430.17
营业税金及附加	39 305.74	35 375.17
销售费用	8 794.00	9 087.00
管理费用	523 311.93	418 649.54
财务费用	654 321.77	458 025.24
资产减值损失		
加:公允价值变动收益(损失以"－"号填列)		6 754.00
投资收益(损失以"－"号填列)	897 654.00	598 765.00
其中:对联营企业和合营企业的投资收益		
二、营业利润(亏损以"－"号填列)	940 833.93	826 404.08
加:营业外收入	4 532.00	8 765.00
减:营业外支出	45 000.00	4 321.00
其中:非流动资产处置损失		
三、利润总额(亏损总额以"－"号填列)	900 365.93	830 848.08
减:所得税费用		
四、净利润(净亏损以"－"号填列)	900 365.93	830 848.08
五、每股收益		
(一)基本每股收益		
(二)稀释每股收益		

单位负责人:李大伟　　　　会计主管:李成功　　　　复核　　　　制表:李成功

库存现金日记账

日期	摘要	借	贷	余额
	期初余额			23 987.00
9 日	报销差旅费		4 060.00	19 927.00
11 日	收到罚款	400.00		20 327.00
17 日	支付拆卸费用		340.00	19 987.00
18 日	报销业务招待费		4 386.00	15 601.00
18 日	王洁归还个人借款	5 000.00		20 601.00
31 日	支付车间办公费		548.09	20 052.91

交行日记账

题号	日期	摘要	借	贷	余额
		期初余额			5 000 000.00
31	21日	收到存款利息收入	1 527.78		5 001 527.78
32	21日	支付借款利息		31 000.00	4 970 527.78

工行日记账

题号	日期	摘要	借	贷	余额
		期初余额			1 043 876.65
2	1日	商业汇票采购		9 700.00	1 034 176.65
3	4日	申请办理银行汇票		13 003.50	1 021 173.15
4	7日	采购材料	223.60		1 021 396.75
5	8日	缴纳税费		279 628.32	741 768.43
8	9日	收回应收账款	200 000.00		941 768.43
9	10日	发放工资		340 368.68	601 399.75
10	10日	购买固定资产		60 840.00	540 559.75
12	12日	缴纳住房公积金		65 776.00	474 783.75
13	12日	缴纳社会保险费		151 284.80	323 498.95
14	13日	捐赠银行存款		50 000.00	273 498.95
16	13日	支付销售费用		5 600.00	267 898.95
17	14日	支付电话费		2 204.61	265 694.34
18	15日	贴现	1 125 961.20		1 391 655.54
19	16日	固定资产修理费		3 744.00	1 387 911.54
20	16日	收回应收票据	117 000.00		1 504 911.54
21	17日	处置固定资产收入	32 760.00		1 537 671.54
24	18日	支付新产品研究技术开发费		3 000.00	1 534 671.54
25	18日	支付职工培训费		6 572.71	1 528 098.83
28	19日	收取本年度出租专利技术权租金	86 000.00		1 614 098.83
29	20日	支付水费		3 322.20	1 610 776.63
30	20日	支付电费		6 664.32	1 604 112.31
31	21日	收到存款利息收入	902.89		1 605 015.20
34	26日	销售商品,代垫运费		5 200.00	1 599 815.20
35	28日	支付职工餐厅补助款		22 200.00	1 577 615.20
36	28日	上月购入的材料发票已到		23 868.00	1 553 747.20
37	29日	销售商品,收回货款	12 320.00		1 566 067.20
39	31日	收回货款,发生现金折扣	1 369 100.00		2 935 167.20
65	31日	预交所得税		658 374.07	2 276 793.13